오늘은 우리가 여기에 깃발을 세우자
광나루 언덕에서의 외침

오늘은 우리가 여기에 깃발을 세우자
광나루 언덕에서의 외침

초판 1쇄 인쇄 | 2025년 10월 2일
초판 1쇄 발행 | 2025년 10월 15일

지은이 김운용
펴낸이 김운용
펴낸곳 도서출판 하늘향

등록 제1979-2호
주소 (우)04965 서울시 광진구 광장로5길 25-1(광장동)
전화 02-450-0795
팩스 02-450-0797
이메일 ptpress@puts.ac.kr

값 18,000원
ISBN 979-11-88106-09-7   93230

• 잘못된 책은 바꿔 드립니다.
• 이 책은 저작권법의 보호를 받는 저작물이므로 무단 전재와 복제를 금합니다.

Let Us Raise Our Flag Here Today

오늘은 우리가 여기에 깃발을 세우자

광나루 언덕에서의 외침

김운용

하늘향

* 본서는 김경호 장로님(서소문교회, 평대원 30기)의 후원으로
  출간되었습니다.

하나님 나라의 거룩한 꿈을 꾸며
자신을 그분이 편히 쓰실 도구로 준비해가는
장로회신학대학교 선지생도들과
이들을 기도와 물질로 후원해주신 후원자들께
이 책을 드립니다.

목차

프롤로그 / 9

1부. 다시 복음 세대가 일어서다 / 23
1. 걸어가야 할 길이 우리 앞에 놓여 있다 / 25
2. 우린 다른 노래를 부르도록 부름을 받았다 / 43
3. 그 골짜기의 양치기를 만나보라 / 63
4. 다시 피의 복음을 들고 일어서라 / 75
5. 다시 일으켜 세울 큰 용사여 다시 일어서라 / 89

2부. 그 이름의 능력으로 / 105
6. 모든 것은 거기에서 시작되고 결정된다 / 107
7. 하늘 신비를 전하는 일꾼으로 부름을 받았다 / 123
8. 거기 그 이름의 능력을 간직한 이들이 서 있었다 / 135
9. 어두운 밤 더 강해지면 된다 / 149

3부, 불타는 가슴으로 / 159

10. 복음의 열정: 나의 가슴에 불이 타고 있어서이다 / 161
11. 그대, 그분의 광대하심에 자신을 빠뜨리라 / 175
12. 참 어리석은 그대들이 '희망'이다 / 187
13. 그 길에서 한 번도 물러선 적이 없다 / 199
14. 그대, 지금 무엇에 이끌리고 있는가 / 213

4부, 우리 여기에 깃발을 세우자 / 225

15. 그때, 그 세대가 다시 일어섰다 / 227
16. 모든 중심에 그분이 계시면 된다 / 239
17. 세상 속에서 구별된 자로, 그분의 거룩한 백성으로 살라 / 253
18. 누군가 우뚝 서 있어 봄 동산이 펼쳐진다 / 263
19. 오늘은 우리가 여기에 여호와의 깃발을 세우자 / 273

에필로그 : 그대, 멈추지 마시오 / 291

프롤로그

인사동 처마 끝에
낙숫물 듣는 소리
방금 비둘기가 앉았다 날아간 자리가
파르르 젖는다
— 이시영[1]

저절로 되는 일은 없기에

섭씨 40도에 가까운 폭염이 연일 기승을 부리던 지난 여름, 당도 높은 신선한 여름 자두를 깨물다가 문득 들었던 생각이 있습니다. '이것이 내 입에 들어오기까지 얼마나 많은 이들의 손을 거쳤을까, 세상사 저절로 되는 일은 없지.' 그 생각 끝에 꺼내 읽은 시가 있었습니다. "저게 저절로 붉어질 리는 없다/ 저 안에 태풍 몇 개/ 저 안에 천둥 몇 개/ 저 안에 벼락 몇 개/ 저게 저 혼자 둥글어질 리는 없다/ 저 안에 무서리 내리는 몇 밤/ 저 안에 땡볕 두어 달/ 저 안에 초승달 몇 날."[2] 장석주 시인의 "대추 한 알"이라는 시입니다.

"저 안에 무서리 내리는 몇 밤, 저 안에 땡볕 두어 달"이라는 글귀를 출판할 책 마무리로 허덕이다가 다시 읊조렸습니다. 대추 한 알에도 고통과 눈물이 담겨있고, 그 열매를 맺기 위한 열정과 사랑이 담겨

---

1   이시영의 시, "기억," 전문. 이시영 시집, 『은빛 호각』(서울: 창비, 2003).
2   장석주의 시, "대추 한 알," 일부. 장석주 시집, 『붉디붉은 호랑이』(대전: 애지, 2005).

있다는 시인의 외침을 들으면서 힘이 났습니다. "그렇지, 세상사 저절로 되는 일은 없지." 비바람 불고, 천둥번개 치는 그 숱한 날들, 초승달 희미하게 떠 있다가 사라진 깊은 밤, 아무것도 보이지 않는 그 숱한 밤들을 견디면서 맺은 열매에 그 무더위 속에서 단맛을 채워 넣고 있는 모습을 보여주며 "저게 저절로 붉어질 리 없다"고 외치는 시인이 고마웠습니다. 그 평범한 진리를 감동으로 버무려 전해 주는 시인의 혜안이 고마웠구요. 열매의 단맛에만 취하지 말고 숨겨져 있는 많은 수고를 기억하고, 감사한 마음도 가져야 한다는 외침으로도 다가옵니다.

사람들은 벼락 맞은 대추나무로 도장을 파면 길한 일이 생긴다고 그걸 선호합니다. 요즘에는 많이 사라졌지만, 옛날엔 도장 파주는 집이 많이 있었습니다. 그 도장집에는 벼락 맞은 대추나무가 인기였습니다. 언젠가 정호승 시인이 그의 책에서 한 이야기가 떠오릅니다. '나무가 벼락을 맞는다는 것은 인간을 대신해 맞는 것이 아니겠느냐? 벼락 맞은 대추가 그렇게 많다는 것은 벼락 맞을 인간이 그만큼 많다는 게 아니겠느냐.' 땡볕과 무서리를 참아내며 맺은 달콤한 열매도 모두 내주고, 자신의 상한 몸도 다 내주고, 상처 난 자기 몸뚱이에 이름을 새기고 좋아하면서 고마움을 모르고 사는 인간의 우둔함까지 깨우쳐 주는 자연의 위대함과 넉넉함까지 생각하게 했습니다.

병든 몸이나마 네게 주노니

얼마 전, 밀양시 교회 연합 집회를 인도하러 그곳에 갔다가 연합회 임원들의 안내로 '동양의 알프스'라 불리는 가지산 얼음골에 다녀온 적이 있습니다. 그곳은 울산, 밀양, 양산, 청도, 경주 접경지에 자리 잡은 가지산을 중심으로 해발 1천m 이상인 아홉 개 산이 수려한 산세와

풍광을 자랑하는 곳입니다. 유럽의 알프스와 견줄만한 곳이어서 붙여진 이름일 것입니다. 특별히 '얼음골'은 한여름에도 얼음이 얼고, 한겨울에는 따뜻한 김이 올라오는 신비한 자연 현상 때문에 붙여진 이름입니다. 얼음골은 화산 활동으로 생겨난 화산암이 빙하기를 지나면서 얼고 녹는 과정을 반복하는 가운데 크고 작은 모습으로 조각난 암석이 비탈진 계곡에 쌓이면서 생겨나는 현상인데, 그 작은 바위를 '너덜겅'너덜지대이라고 부릅니다.

　문득 오래전 읽은 소설의 한 장면이 떠올랐습니다. 이은성의 『소설 동의보감』에 나오는 스승 유의태가 제자 허준으로 자신의 몸을 해부하게 하는 장면입니다. 소설은 그 골짜기가 얼음골이라고 알려줍니다. 작가가 51세로 세상을 떠나면서 미완으로 남겨진 이 소설에는 의술의 발전을 위해 자신의 몸을 해부하도록 내놓는 스승과 숭고한 스승의 뜻 앞에서 고개를 숙이는 제자의 모습이 감동적으로 그려집니다. 얼음골에 서니 스승의 시신 앞에 꿇어앉은 제자의 모습이 보이는 듯했습니다. 의술에 대한 열정과 집념을 그리기 위해 소설가 이은성이 그려낸 상상력의 산물일 수도 있지만 그것은 그리 중요하지 않습니다.[3] 인체 해부가 국법으로 금지되어 있던 엄중한 시절, 위암반위으로 죽어가고 있던 스승은 제자의 의술 향상을 위해 자신의 몸뚱이를 내놓을 결심을 하고, 그를 얼음골재약산 동의굴로 불러들입니다.

　부름을 받고 찾아간 골짜기에는 누운 채 자진한 스승의 시신과 그

3　이은성, 『소설 동의보감』, 상중하 (서울: 창작과 비평사, 2001). 작가 이은성은 이 소설을 끝내지 못하고 1988년 51세로 세상을 떠나면서 그의 유작이 되었고, 미완의 소설이 되었다. 실제로 이 소설이 담고 있는 역사적 허구에 대해 문제를 제기하는 목소리들이 많이 있다. 실제로 스승으로 나오는 '유의태'는 허준보다 100여 년 뒤의 인물인 '유이태'을 모델로 한 가상 인물이다. 유이태(劉以泰, 1652-1715)는 숙종의 어의를 지낸 인물로, 당시 가장 치명적 질병이었던 조선 최초 홍역 치료서인 『마진편』을 집필한다. 유철호, 『기억하고 싶은 조선의 참의원 유이태』(서울: 삼부시스템, 2016); 이이화, "소설 『동의보감』은 역사를 옳게 봤는가?," 『역사비평』, 19(1992), 261-68 등을 참고하라.

곁에 놓인 유서가 기다리고 있었습니다. '사람의 병을 다루는 자가 신체의 내부를 모르고서 생명을 지킬 수 없는 법, 병든 몸이나마 네게 주노니 네 정진의 계기로 삼으라'는 스승이 마지막 남긴 말을 가슴에 새기며, 의원의 길을 괴로워하거나, 병든 이를 구하기를 게을리하거나, 이를 빙자해 돈이나 명예를 탐하지 않겠다고 맹세한 후 허준은 스승의 시신을 해부합니다. 이후 허준은 스승의 희생을 가슴에 깊이 새기며 의학 연구에 전념하였고, '사람을 살리는 의술' 발전을 위해 '동의보감'을 저술합니다.

> 천만 마디 훈도보다 더욱 준열하고 확실하게 의원의 참모습과 그 존재를 보여준 이는 유의태 그분이었다. 자신의 온 몸을 흔쾌히 던져 인간 내부의 구석구석 뼈마디의 가닥 가닥을 보여주었던 사람. 자신의 집도 속에 전신이 갈가리 찢기어질 줄 알면서도 그 피바다 속에서 태연했던 이여. 피비린내도 없었다. 쏟아지는 눈물과 온몸을 떨리게 하던 감동이 있었을 뿐.[4]

'이 세상 병을 모두!' 얼음골, 스승 유의태의 죽음 앞에서 하늘을 우러러 맹세한 그때의 결심으로 허준은 평생을 달려갑니다. 위대한 스승이 있어, 거기에서 제자가 빚어지는 아름다운 모습을 보여주고, 그것이 바로 세상의 이치임을 깨닫게 합니다. 그래서 신영복은 긴 감옥살이에서 벗어난 후 제일 먼저 이곳 얼음골을 찾습니다. 그의 책에서 그는 그렇게 적고 있습니다.

---

4 이은성, 『소설 동의보감』, 하권, 127.

내가 20년의 징역살이와 7년여의 칩거 후에 가장 먼저 찾아온 곳이 이곳 얼음골이라는 사실이 내게도 잘 설명이 되지 않습니다. 갇힌 사람들에게 '출소'의 가장 큰 의미는 '독보'獨步입니다. 혼자서 다닐 수 있는 권리를 그곳에서는 '독보권'이라 하였습니다. 가고 싶은 곳에 혼자서 갈 수 있다는 것은 참으로 가슴 설레는 해방감이었습니다. 이제 어머님에 이어 홀로 남아계시던 아버님마저 세상을 떠나셨습니다. 나는 차라리 허전한 마음으로 기차를 타고 무작정 떠나왔습니다. 오뉴월이 아닌 가마볼 얼음골에는 이미 얼음이 없었습니다. 그러나 그것은 그리 중요한 일이 아니었습니다. 스승과 제자가 서로를 처절하게 승계하는 현장에서 나는 배우고 가르치는 일의 엄정함 하나만으로도 가슴 넘치는 감회를 금할 수 없었습니다. 우리는 어차피 누군가의 제자이면서 동시에 스승이기도 합니다. 이 배우고 가르치는 이른바 사제의 연쇄를 더듬어 확인하는 일이 곧 자신을 정확하게 통찰하는 길이라 생각합니다….

산천과 사람, 스승과 제자의 원융圓融, 이것이 바로 삶의 가장 보편적인 모습이 아닐까 생각됩니다. 어둠에 묻혀가는 얼음골 위로 석양을 받아 빛을 발하고 있는 암봉巖峰이 문득 허준의 얼굴처럼 보이기도 하고 스승 유의태의 얼굴처럼 다가오기도 합니다. 동의보감의 찬술을 명한 왕의 교서에 다음과 같은 구절이 있습니다. "우리나라에서 많이 나는 약재를 자세하게 적어서 지식이 없는 사람, 가난한 사람들도 쉽게 이해할 수 있고 누구나 병을 고칠 수도 있도록 하여야 한다…." 이 글에 나타난 민족의식과 백성들에 대한 애정은 선조 왕의 것이 아니라 허준의 마음이고 허준을 가르친 스승의 뜻이라고 생각됩니다….

더구나 동의보감의 완성은 오로지 허준 혼자만의 외로운 작업이었고 그나마 절해고도의 유배지에서 이루어졌기 때문입니다. 300년 후 이제마 李濟馬의 사상의학이 나오기까지 우리 풍토와 체질에 맞는 유일한 의학서로서 수많은 사람들의 목숨을 구해낸 책이었습니다…. 나는 얼음골에 쌓이는 어둠 속에 앉아서 한 사람의 허준이 있기까지 그의 성장을 위하여 바쳐진 수많은 사람의 애정과 헌신에 대하여 생각하였습니다. 한 송이의 금빛 국화가 새벽이슬에 맑게 피어나기 위하여 간밤의 무서리가 내리더라는 백거이 白居易의 시, "국화"가 생각납니다. '청년들아 나를 딛고 오르거라'던 노신의 얼굴이 떠오르기도 하였습니다. 옛날의 어머니들은 자기가 무엇이 되겠다는 생각보다는 저마다 누군가의 자양이 되는 것을 삶으로 생각하였습니다. 그래서 자모 慈母라 하였습니다….

우리는 무대 위를 걷든, 객석에 앉아 있든, 어차피 삶의 현장으로 돌아와 저마다 그 미완성의 의미를, 그 침묵과 담론의 완성을 천착해 가는 사람들 속을 걸어갈 수밖에 없다고 생각됩니다. 화사한 언어의 요설이 아니라 결국은 우리의 앞뒤 좌우에 우리와 함께 걸어가는 수많은 사람들의 삶으로써 깨닫고, 삶으로써 가르칠 뿐이라 믿습니다.[5]

어려운 때 지식인으로 살아가면서 시대의 아픔을 안고 긴 고난의 시간을 보낸 후,[6] 새로운 생을 시작하면서 신영복은 "스승과 제자가 서

---

5 신영복, 『나무야 나무야』 (서울: 돌베개, 1997), 13-16.
6 1968년, 중앙정보부가 발표한 통일혁명당 사건은 실체가 있는 대표적 공안 사건이었던 것은 분명하지만 당시 독재 정권에서 수없이 양산한 사건과 비슷하게 상당 부분은 고문을 통해 만들어진 조작 사건이었음이 밝혀지고 있다. 서울상대 재학 중에 진보적 사상을 담은 책을 독서했고, 후배들과 스터디 모임에서 세미나를 열었던 것은 사실이지만, 그 자체가 죄가 되어 나중 그를 묶는 족쇄로 작용한다. 대학원 재학 시절, 선배인 김질락 등과 몇 차례 만난 것이 통혁당의 핵심 인물로 지목되었고, 그로 인해 그는 "비싼 징역"을 살게 된다. 1968년 생일날, 신영복은 육군사관학교 교수로 재직 중에 체포되어 20년을 복역하고 1988년 생일날 석방된다. 그는 체포될 때까지 통혁당에 대해 알지도 못

로 처절하게 승계하는 현장에서 나는 배우고 가르치는 일의 엄중함" 하나로 일어섭니다. 가슴 벅찬 감회를 지울 수가 없었고, 우린 어차피 누군가의 제자이면서 동시에 스승이기도 하다는 엄정한 배움의 자리를 깊이 생각했었답니다. 그것은 본인에게도 큰 깨우침이었습니다. 책이 넘쳐나는 시대, 이 작은 책을 출간한들, 과연 몇 명이나 이걸 읽을까 생각이 들어, 일정도 많고 곧 퇴임인데 하는 생각 때문에 쓰다가 내려놓기를 몇 번이나 거듭했습니다. 하지만 신영복의 글을 읽으면서 내려놓았던 책의 원고 파일을 다시 열었습니다.

작은 대추 알도 저절로 붉어지지 않는다는 한 시인의 외침과 함께 '담론의 완성'을 위해 물처럼 끝까지 흘러가야 한다는 신영복의 권고가 마음 깊이 와닿아서요. 더불어 한승원은 1997년, 고향인 전남 장흥에 귀향하여 거처를 정하고 여든이 넘은 나이에도 매일 글은 쓴다는 이야기가 귀에 맴돌았기 때문입니다. "글을 쓰는 한 살아있을 것이고, 살아있는 한 글을 쓸 것이다."

평양에서 광나루까지 124년 역사 동안 장로회신학대학교는 18명의 리더를 세우셔서 신학교육의 사명을 수행하게 하셨습니다. 그중 부족한 사람이 18번째로 부름을 받았다는 감격 하나로 어려운 상황을 헤쳐올 수 있었습니다. 코로나 팬데믹, 학교와 본인에 대한 외부 공격, 허위사실 유포와 비방, 산적한 과제와 파도처럼 밀려오는 난제들은 수많은 불면의 밤과 눈물의 기도를 만들어냈습니다. 참 어려운 때였습니다. 어떻게 헤쳐 나가야 할지 몰라 새벽마다 엎드렸고, 그때마다 저의 주

했고, 중앙정보부의 혹독한 고문에도 그것을 인정하지 않았다. 육사에서 강의를 한 날로 명백한 증거에도 불구하고, 그 기간에 북한을 다녀온 것으로 혐의가 씌워졌고, 통혁당에 가입한 적도 없고, 선배인 김질락과 몇 번 만난 것 외에는 지도부를 알지도 못했지만, 그는 그 단체의 지도 간부로 억지 굴레가 씌워졌다. 군사재판소에서 사형이 선고되었고, 나중 무기로 감형된다. 한홍구, "신영복의 60년을 사색한다" 『한겨레21』, 609호 (2006년 5월 11일); "감옥으로부터 인간 개조," 『한겨레21』, 615호 (2006년 6월 22일); 신영복, 『청구회 추억』(파주: 돌베개, 2010) 등을 참고하라.

인께서는 말씀과 찬양, 통찰력과 지혜를 입술에, 가슴에 담아 주셨습니다. 저는 그것을 공동체와 나눴고, 그것을 붙잡고 달렸습니다. 하나님께서 주신 것들로 한국교회를 책임질 신학도들을 깨웠고, 도전했습니다.

본서는 그것들을 다시 정리한 것입니다. 여기에서 정한 주제는 일부이긴 하지만 그동안 예배의 자리에서, 강의와 세미나 자리에서, 대화와 교제의 자리에서, 지역교회 강단에서 임기 동안 나눈 생각과 작은 통찰입니다. 시와 찬양으로 그것들을 더 깊게 하려고 시도했습니다.[7] 한국교회 미래를 책임질 젊은 신학도들이 주어진 바통을 쥐고, 정해진 트랙을 잘 달리길 바라는 마음을 담았습니다. 이제 현직에서 은퇴하지만, 천국 가는 그날까지 남은 믿음의 여정을 달려갈 저에게 던지는 외침이기도 합니다. 이것은 일차적으로 하나님 나라의 일꾼을 세우는 사명을 수행하는 장신공동체를 향한 외침이고, 다음으로는 영원한 우리의 사랑인 교회와 하나님 나라를 함께 세워갈 그리스도인들을 향한 당부를 담았습니다.

등단 55주년이 되던 2021년, '숙명적 글쓰기로 채워진 삶'을 표현하기 위해 팔순을 훨씬 넘긴 나이에 소설가 한승원은 자서전을 출간합니다. 눈길을 끄는 것은 작가의 딸이자 국내 최초 노벨문학상 수상 작가 한강의 추천 글이었습니다. "아버지는 다시 태어났고 자랐고 살았던 것이다. 이 페이지들 사이에서." 한승원은 자서전을 쓰게 된 배경을 이렇게 설명합니다.

> '나'라는 생명체는 어떻게 만들어지고, 누구에게 어떤 호혜를 입으며 성장하고, 언제 무슨 상처를 입었으며, 그것은 어떤 흉터와 외상

---

[7] QR코드를 찍으면 음원을 들을 수 있다.

후 스트레스 장애^{트라우마}로, 무슨 색깔, 어떤 무늬와 결과 옹이들이 생성되고, 그것들이 내 성정과 사상과 삶의 역정을 어떻게 굴절시켜왔고 지금 어떤 자세로, 외계로의 먼 여행을 준비하고 있는지를 진술하기로 한다. 아마도 나의 마지막 진술이 될지도 모르는 이 책은 _{'아라비안나이트'의 저술자가 그랬듯} 내가 이야기를 통해 삶의 빛을 얻고, 순전히 이야기의 힘으로 살아왔음을 증명해 주는 것일 터이다.[8]

'순전히 이야기의 힘으로' 살아왔다는 노작가의 외침이 긴 여운으로 남아있습니다. 저도 지난 임기 동안 말씀과 수많은 이들의 기도와 격려, 도움으로 빛을 얻었고, 순전히 그 힘으로 살아왔습니다. 망설이다가 이것을 책으로 엮기로 한 것은 그 힘을 공급해 주신 분들께 감사를 표하기 위해서이고, 우리가 달린 길을 이어 달려갈 후배들에게 작은 외침을 들려주고 싶어서입니다.

몇 년 전, 미국에서 연구 학기를 보내고 있을 때, Father's Day^{아버지날}인 6월 둘째 주일 저녁, 돌아가신 아버지 생각이 나서 한 노래를 계속 듣고 있었습니다. '하늘나라에 계신 아빠에게 띄우는 편지' 형식으로 만든 곡이라고 해서 반복해 듣는데 눈물이 나왔습니다. 내 인생의 거름이 되어주신 아버지와 그 역경의 세월을 눈물의 기도로 이겨내신 내 어머니가 생각이 나서 몇 시간째 그 노래를 듣고 있었습니다. 저녁 늦게 귀가한 큰 아이가 말을 걸어왔습니다. "아빠도 이 노래 좋아하시네. 그런데, 아빠 울어?" "오늘이 Father's Day라 할아버지 생각이 나서…."

그리고 이어진 대화 속에서 놀랍게도 그 가수는 큰 아이와 고등학교 때 같은 친구였으며, 아들은 그와 관련된 생생한 이야기를 들려주

---

8 한승원, 『산돌 키우기: 한승원 자서전』(파주: 문학동네, 2021), 6.

었습니다. 중학생 때 친구 아빠가 투병 중에 세상을 떠나신 이야기, 사춘기 방황한 이야기, 그리고 천국에 계신 아빠에게 보내는 편지 형식으로 이 곡을 작사하고 작곡했다는 이야기까지 들으니 그의 노래는 더 감동으로 다가왔습니다. 그 감동 때문에 지금도 어버이날, 부모님 기일, 명절에는 자주 꺼내 듣곤 하는 노래가 되었습니다.

주로 천국 가신 부모님 생각하며 부르다가 요즘엔 멀리 있는 자녀들 생각하면서 꺼내 듣기도 합니다. 전자의 경우엔 '아빠를 닮아있네' 부분에서 울게 되고, 후자의 경우엔 '당신의 웃음꽃 피우길' 부분에서 그런 염원과 함께 울게 됩니다. '부모가 너희들 거름이 되어줄 터이니 웃음꽃 활짝 피우렴.' 노래를 들을 때마다 울지 않은 때가 거의 없어서 가끔은 피할 때도 있습니다. 이 부분을 쓰다가 다시 노래를 들으며 눈물을 훔치는 제 모습을 보며, 참 대책이 없다는 생각에 허허로운 웃음을 짓기도 합니다.

김진호,
"가족사진"

바쁘게 살아온 당신의 젊음에/ 의미를 더해 줄 아이가 생기고/ 그날에 찍었던 가족사진 속에/ 설레는 웃음은 빛바래 가지만/ 어른이 되어서 현실에 던져진/ 나는 철이 없는 아들이 되어서/ 이곳저곳에서 깨지고 또 일어서다/ 외로운 어느 날 꺼내본 사진 속/ 아빠를 닮아있네/ 내 젊음 어느새 기울어 갈 때쯤/ 그제야 보이는 당신의 날들이/ 가족사진 속에 미소 띤 젊은 우리 엄마/ 꽃피던 시절은 나에게 다시 돌아와서/ 나를 꽃피우기 위해 거름이 되어버렸던/ 그을린 그 시간들을 내가 깨끗이 모아서/ 당신의 웃음꽃 피우길.⁹

---

9 김진호 작사, 작곡, "가족사진," 일부.

걸어 온 인생길에도 돌이켜 보니 제 인생에 거름이 되어주신 분들이 다 거명할 수 없을 정도로 참 많이 있었습니다. 특히 지난 5년, 총장으로 학교를 이끄는 동안 참 많은 분에게 사랑의 빚을 지고 달려왔습니다. 어려운 여건 속에서도 한국교회 미래 영적 지도자를 세우는 일을 위해 장학금을 보내주신 분들, 계속되는 교육환경개선 공사를 위해 큰 기금을 보내주신 분들, 소액기부운동인 테바 프로젝트와 TIM 프로젝트[10]에 동참해 주신 분들과 교회, 학교를 위해 전심으로 기도해 주신 70여 '기도후원동역교회'에도 깊은 감사를 전합니다.

참 많은 분이 기억나지만 그중 깊은 감사가 솟구치는 두 분이 있습니다. 도서관 환경개선이라는 큰 공사를 진행하면서 크리스천 사업가를 좀 연결해 주시도록 새벽마다 참 많이 기도했습니다. 몇 분을 찾아 뵙기도 했지만, 큰 성과가 없었습니다. 실망하고 있는 제게 하나님께서는 '너는 돈을 의지하느냐, 나를 의지하느냐' 책망의 음성 주셔서 깊이 회개하고, '하나님 바라보겠습니다' 다짐하며 달렸습니다. 임기동안 만나처럼 필요한 부분을 채워주셔서 풍성하게 하셨습니다. 무엇보다 하나님의 일하심을 보면서 저의 가슴을 풍성하게 하셨습니다.

그때 하나님께서 붙여주신 분이 있었습니다. 후원요청을 드리지도 않았는데, 그분은 직접 총장실로 달려오셨습니다. 부군과 함께 일본과 미국의 이민교회를 섬기시면서 평생을 검소하게 사신 분이셨습니다. 더욱이 일본의 한 대학 교수였던 장남—저와 동갑이었습니다—이 갑자

---

10 히브리어 테바(הבָּתֵ)는 성경에 두 번 나오는 단어로, 한번은 방주(창 6장)로, 또 한번은 갈대 상자(출 2장)로 번역되었다. 노아가 방주를 지었듯이, 요게벳이 눈물로 갈대 상자를 엮었듯이, 이 위기의 시대를 복음으로 세워갈 영적 지도자를 세우는 신학교육을 성도님들과 함께 수행하는 프로젝트이다. 'TIM 프로젝트'는 에베소교회 젊은 지도자 디모데는 그냥 하늘에서 떨어진 것이 아니라 외할머니 로이스와 어머니 유니게와 영적 스승인 바울, 에베소 교회가 함께 세운 것(딤후 1:5)임에 착안하여, 한국교회 미래를 책임질 일꾼들을 교회와 함께 세워가기 위해 시작하였다. 이것은 학교 홈페이지에 링크되어 있어 자세한 정보를 얻을 수 있다.

기 세상을 떠나 장례를 치른 후 달려오신 걸음이었습니다. 오래전, 선교사로 사는 딸을 위해 부모님께서 은퇴 후 거처로 삼으라고 작은 아파트를 유산으로 물려주셨는데, 그것을 정리한 후 도서관 교육환경개선 기금으로 들고 오셨습니다. 도서관 공사 후원 기금 중 가장 큰 액수였습니다. 하나님의 일하심에 전율을 느꼈습니다. 그래서 도서관 메인층을 '75기 장세정 동문 기념층'으로 삼았습니다. 그 이후에도 강의동인 소양주기철기념관의 보일러가 수명을 다하여 멈춰서서 일부 강의실은 난방 없이 겨울을 지나게 되었다는 소식을 들으시고 소양관 냉난방 공사에도, 선교지의 현지 지도자 교육을 보다 체계적으로 감당하기 위해 계속 조성 중인 '미션 펀드'에도 큰 기금을 보내주시기도 했습니다. 참 눈물 나게 고마운 분입니다.

또 한 분은 교육부 장관 후보로 정부의 부름을 받은 적도 있지만, 거절하고 평생 교육자로 사신 남편이 암 투병 중 천국 가신 후, 살던 아파트를 줄여 작은 아파트로 이사하였습니다. 그렇게 기금을 마련하여 학교로 달려오신 분이 계셨습니다. 그분은 장신한마음기도회가 열릴 때마다 참석하셔서 늘 학교를 위해 깊이 기도하시던 분이셨습니다. 열정적으로 찬양하고 기도하는 학생들을 보며 흐릿한 강단 조명을 바꾸는 일에 헌신해 주셨습니다. 그래서 한경직기념예배당 조명기구 일체를 새로 설치할 수 있었습니다. 기도회에서 학생들이 춤추며 뜨겁게 찬양하는 모습을 보며, 그렇게 행복해하셨습니다. 학교는 채플 조명기 설치 후, 그 정성을 기억하기 위해 "고 김승재 집사, 윤명신 권사 여의도제일교회 후원"이라는 명패를 부착하여 두분의 헌신을 깊이 기리기로 했습니다.

지난 임기동안 이런 아름다운 헌신은 다 언급할 수 없을 정도로 계속 이어졌습니다. '그을린 그 시간들을 내가 깨끗이 모아서 당신의 웃음꽃 피우길…' 아버지를 향해 절규하듯 외치는 젊은 청년의 노랫말처럼 바로 그런 감사의 마음을 담아 이 책을 내놓습니다. 돌아보면 모든 것이 은혜, 은혜임을 새롭게 고백하게 됩니다. 이 여정을 함께 해 준 아내 박혜신 님과 젊은 생각을 아낌없이 늘 아빠와 나눠준 우리 가정의 보석 같은 3남매 한솔, 한결, 한빛, 늘 섬세하게 모든 일을 도와준 비서실 식구인 김지은 계장님, 정홍원, 윤가화 선생님, 함께 하나님 나라를 꿈꾸며 열심히 달려준 우리 학생들, 신학교육의 사명을 함께 수행해 온 교수님들과 직원 선생님들, 참 감사드릴 분이 많습니다. 그들은 함께 소명의 길을 걷는 동역자들이었으며, 조력자들이었습니다.

무엇보다 본서는 김경호 장로님 서소문교회, 평대원 30기의 후원으로 출간되었습니다. 깊은 감사를 드립니다. 또한 책 출간을 위해 큰 도움을 주신 학술연구처 양정호 교수님과 출판부 직원들의 수고에도 깊은 감사를 전합니다.

머물렀던 자리를 떠나면서, 달려온 길과 살아온 날들을 돌아보면서 드릴 고백은 한 가지밖엔 없습니다. "모든 것이 은혜, 한없는 은혜." 어린아이 때부터 지금까지, 당연한 것은 하나도 없었고, 누군가 때문에 내 인생길에 허락하신 것임을 떠올리며, 기도의 자리에서, 예배의 자리에서 강단에서 말씀을 선포하면서 지난 몇 개월은 그 고백 때문에 늘 눈가가 축축했습니다. 평생 감사의 마음 잃지 않고 기도의 손 모으며 살겠습니다.

2025년 9월

하늘 아름다움이 내려와 온 땅을 덮는
광나루 언덕 총장실에서
저자 김 운 용

1부
다시 복음의 세대가 일어서다

아무리 작아도 선한 존재는
그 자체로 어두운 세상의 등불이니
아무리 무력한 듯해도 선한 사람은
선한 존재 자체로 내뿜는 영향력이 있으니
진실로 선하게
끝까지 선하게

— 박노해, "선한 영향력이 있으니,"
『너의 하늘을 보아』, 365.

1
Road*
걸어가야 할 길이 우리 앞에 놓여 있다

살아 있다는 것은
파도처럼 끝없이 몸을 뒤집는 것이다
내가 나를 사랑하기 위해 몸을 뒤집을 때마다
악기처럼 리듬이 태어나는 것이다
— 문정희[1]

길을 가는 사람들

얼마 전 서재에 앉아 설교를 준비하는데 오래된 시집 한 권이 눈에 들어왔다. 『마침내 시인이여』, '17인의 신작 시집'이라는 부제가 붙은 오래전 창비사에서 나온 시집이었다. 신군부에 의해 『창작과 비평』이 강제 폐간된 후, 작품을 발표할 장이 없어져 신작 시집을 기획해서 발간된 시리즈 시집 가운데 한 권이다. 양성우, 김지하, 허형만, 김용택 등 17인의 신작 시를 묶은 것이다. 신경림은 서문에 그렇게 쓰고 있었다. "우리 시대의 삶에 대한 하나의 증언이 되기를 기대하면서, 민족의 현실 발견과 그것에 기초한 언어로 나뉜 민족의 화합에 기여하는 시를 쓰고 싶어서 시집을 내놓게 되었다."[2]

---

1 문정희의 시, "살아 있다는 것은," 『살아 있다는 것은』 (서울: 생각 속의 집, 2014).
2 정희성의 시, "길" 전문. 이시영 편, 『마침내 시인이여』 (서울: 창작과 비평사, 1984). 신군부의 서슬이

오랜 추억이 있는 시집이어서 펼쳐 들었다. 시집 뒤편에는 그렇게 쓰여있었다. "1984년 4월, 군 제대 5개월 앞두고 읍내에 나왔다가 간절한 기다림으로 남은 돈을 모두 털어서 산 시집." 전역을 앞두고 신대원 복학을 기다리고 있던 때였다. 장교여서 가능한 일이지만 어느 주말, 화천군 사내면 읍내에 잠깐 외출을 나왔다가 볼일을 보고서 계획에 없던 서점에 들렀다. 시집 제목이 좋아서 가진 돈을 몽땅 털어서 산 시집이었다. 버스비까지 털어 책을 샀기 때문에 한 시간 넘게 걸어서 부대로 복귀해야 했다. 시집을 들고 먼 길을 걸어오면서 좋은 시집을 샀다는 뿌듯함에 전혀 힘들지 않았다.

길었던 복무 기간 때문에, 동기들은 전방에서 소대장 근무를 마치면 일반적으로 후방으로 전출 명령이 나곤 했었다. 함께 사단에 배속되었던 동기들은 모두 후방으로 전출이 되었지만 나만 그러지 못하고 전방에서 긴 복무 기간을 다 채우고 전역을 해야 해서 억울함이 컸다. 대대장이 놓아주지 않아서였다. 열심히 한 것에 대한 후회도 들었다. 그렇게 세월이 흘러 전역할 날이 다가옴을 느끼는 때, 긴 시간 중단한 신학대학원 학업이라는 새로운 길을 간절하게 기다렸던 시간에 샀던 시집이기에 선명히 기억으로 남아있었다.

그런 옛 추억과 함께 몇 편의 시를 꺼내 읽는 가운데 정희성 시인의 "길"이라는 제목의 시가 유난히 마음에 와닿았다.

시퍼렇던 1980년, 계간지『창작과 비평』, 봄호에서 서남동, 송건호, 강만길, 백낙청의 좌담을 실었다가 계엄사 검열단에 의해 전문이 삭제되어 발행되었고, 같은 해 4월, 양성우 시집『북 치는 앉은뱅이』가 판금이 되었다. 그해 7월 말,『창작과 비평』은 결국 신군부에 의해 강제 폐간되었다. 시인들의 시를 발표할 지면이 줄어들면서 신작 시집을 기획하였다. 1981년, 13인 신작 시집, 『우리들의 그리움은』을 시작으로, 두 번째는 1982년에 출간한 21인 신작 시집,『꺼지지 않는 횃불로』, 세 번째가 17인 신작 시집,『마침내 시인이여』가 그것이다. 시집에 수록된 시인은 고은, 조태일, 김지하, 양성우, 정희성, 이동순, 허형만, 김영석, 송기원, 하종오, 이영진, 김정환, 나해철, 김용택, 김용락, 김희수, 이은봉 등이다.

아버지는 내가 법관이 되기를 원하셨고/ 가난으로 평생을 찌드신 어머니는/ 아들이 돈을 잘 벌기를 바라셨다/ 그러나 어쩌다 시에 눈이 뜨고/ 애들에게 국어를 가르치는 선생이 되어/ 나는 부모의 뜻과는 먼 길을 걸어왔다/ 나이 사십에도 궁티를 못 벗은 나를/ 살 붙이고 살아온 당신마저 비웃지만/ 서러운 것은 가난만이 아니다/ 우리들의 시대는 없는 사람이 없는 대로/ 맘 편하게 살도록 가만두지 않는다/ 세상 사는 일에 길들지 않은/ 나에게는 그것이 그렇게도 노엽다/ 내 사람아, 울지 말고 고개 들어 하늘을 보아라/ 평생에 죄나 짓지 않고 살면 좋으련만/ 그렇게 살기가 죽기보다 어렵구나/ 어쩌랴, 바람이 딴 데서 불어와도/ 마음 단단히 먹고/ 한 치도 얼굴을 돌리지 말아야지.[3]

1970년대 암울하던 시절에 대학을 다녔고, 신군부가 억압하던 시대에는 시인으로, 교사로 살면서 자신이 택한 길을 당당히 걷고 있었지만 늘 그 길을 바로 걸어가려는 시인의 깊은 고민을 마주하게 된다. "평생에 죄나 짓지 않고 살면 좋으련만 그렇게 살기가 죽기보다 어렵구나." 지도교수 정한모의 권유도 있었고, 모교 서울대 국문과 교수가 될 수 있는 길을 권유 받았지만 "다들 잡혀가고 죽고 하는데 혼자서 잘 살겠다고 대학교수 공부하는 것이 싫다"면서 평생 고교 교사로, 시인으로 35년을 살았던 시인이다. 혼탁한 시대에 자기 앞에 놓여 있는 길을 성실하게 고뇌하며 걸었기에 그는 '한국 문학계의 큰 선생'으로 평가받는 것이리라. 힘들지만 당당하게 그 길을 간 시인이 크게 느껴지고, 그런 분이 계셔서 이 땅의 민주주의가 세워졌다는 생각에 감사가 가득하다.

---

3   정희성의 시, "길" 전문. 위의 책.

축복의 땅을 향하는 길목에서

인간은 누구나 자기 앞에 놓인 길을 걸어간다. 넓고 아름다운 길을 걸어가는 이도 있고, 거칠고 굽은 길을 걸어가는 이도 있다. 시절에 비견하면 희망 가득한 '봄 길'도 있고, 온갖 것을 다 갖춘 호화로운 '여름 길'도 있으며, 하나둘 떨어져 내리는 쓸쓸한 '늦가을 길'도 있고, 춥고 어두운 '겨울 길'도 있다. 양심과 신앙에 거리낌이 없이 당당히 길을 가는 이도 있고, 몰래 부끄러운 길을 가는 이도 있다. 꼭 가야 하는 길이 있고, 가지 않아야 할 길도 있다. 특히 하나님 앞에서 살아가는 그리스도인들이라면 더더욱 그렇다.

그때 이스라엘 백성들도 길을 가고 있었다. 어려움도 있었고, 가슴 벅찬 순간들도 있었다. 40년 넘게 이어져 온 힘든 광야 길이 그렇게 끝이 나고, 이제 그들 앞에는 새로운 가나안 길이 펼쳐지고 있었다. 지난 주간, 여리고 성 전투는 지금 생각해도 전율이 일어날 정도로 짜릿한 경험이었다. 하나님의 말씀이 주어졌을 때 사실 걱정과 염려가 없었던 것이 아니다. '모든 군사가 법궤를 앞세우고 하루에 한 번, 일곱째 날에는 성을 일곱 번 돌라.' 아무리 하나님의 말씀이라지만 생명을 걸어야 하는 전쟁터에서 전력을 다 노출하며 무방비 상태로 성을 돈다는 것은 전쟁을 진두지휘하는 지휘관으로서는 상상도 하기 싫은 일이었다. 그건 목숨을 걸어야 하는 위험한 일이었기 때문이다. 하지만 그날 여호수아와 이스라엘 백성들은 그 길을 힘차게 걸어간다.

그게 대단한 전략이어서가 아니었다. 그 길을 따라가면 잘 된다는 보장이 있었기 때문도 아니었다. 그것은 순전히 하나님의 말씀 때문이었고, 그 말씀을 따라갔기 때문이다. "주님께서 여호수아에게 말씀하셨다. '내가 여리고와 그 왕과 용사들을 너의 손에 붙인다'" 수 6:2, 새번역. 그래서 그들은 묵언 수행하는 수도사처럼 7일 동안 침묵하며 그 길을 걸었다. 깊이 숙고하지 않아도 그건 목숨을 걸어야 하는 행위였다. 이윽고 그들은 상상하지도 못했던 하나님의 역사를 경험하였고, 놀라운 승리를 맛보게 된다. 얼마나 감격스러웠을까? 그들이 앞으로 걸어가야 할 길은 명료해졌다. 하지만 그들은 얼마 후 처절한 패배를 경험하는데, 그로 인해 많은 사람이 죽었고, 온 백성들은 깊은 절망과 혼동에 빠져들었다. 모두 두려움에 몸을 떨었고, 지도자는 종일 하나님 앞에 엎드려 있었다.

길을 벗어난 사람 이야기

여호수아서는 참패 소식뿐만 아니라 그 이유까지 상세하게 알려준다. 난공불락의 성 전투에서 그들은 아무것도 하지 않았지만 승리했고, 아주 작은 아이 성을 공략하는 전투에서는 전략과 작전계획을 공교하게 세웠지만 큰 패배를 당한다. 소규모 병력만 보내도 넉넉히 승리할 수 있을 것이란 판단이 들었던 작은 전투에서 처절한 패배를 당한다. 깊은 혼란에 사로잡힌다. 그래서 참담함에 옷을 찢고 엎드려 있었다. "'어찌하여' 이 백성을 인도하여", "내가 '무슨' 말을 하오리이까", "주의 크신 이름을 위하여 '어떻게' 하시려 하나이까?" 열거되는 부사어만 읽어도 그 참담한 심정을 넉넉히 읽을 수 있다.

그 탄식의 기도를 들으시고, 하나님께서는 그 패배의 이유를 선명하게 들려주신다. "이스라엘이 죄를 지었다. 나와 맺은 언약, 지키라고 명령한 그 언약을 그들이 어겼고, 전멸시켜서 나 주에게 바쳐야 할 물건을 도둑질하여 가져 갔으며, 또한 거짓말을 하면서 그 물건을 자기들의 재산으로 만들었다" 수 7:11, 새번역. 하나님과 맺은 언약을 어긴 것, 그분께 바쳐야 할 물건을 도둑질한 것, 그것을 자기 재산으로 만든 것이 전쟁에서 참패한 이유였다. 일반적으로 영토, 재화, 인적 자원 등을 얻기 위해 전쟁을 벌인다. 그러나 그 전투를 시작하면서는 그 어떤 것도 취해서는 안 되고 폐기하라고 명령하셨다. "**이 성과 그 가운데에 있는 모든 것은 여호와께 온전히 바치되 … 너희는 온전히 바치고 그 바친 것 중에서 어떤 것이든지 취하여 너희가 이스라엘 진영으로 바치는 것이 되게 하여 고통을 당하게 되지 아니하도록 오직 너희는 그 바친 물건에 손대지 말라**" 수 6:17-18, 개역개정.

하나님의 명령은 분명했다. 다 이해할 수 있었던 것은 아니지만, 그래도 그들은 하나님께서 지로指路 하신 길을 한마음으로 걸어가고 있었다. 솔직히 탐나는 물건도 있었고, 불태워 버리기엔 아까운 것도 있었으며, 솔직히 요긴하게 쓸 수 있겠다는 생각이 들었던 물건도 있었다. 하지만 말씀 앞에서 그 생각을 다 내려놓고, 그 길을 걸어가고 있었다. 그런데 그 중 한 사람이 전혀 다른 길로 걸어갔다. 그 결과는 크고 중했다. 처음엔 영문을 몰라 많은 이들이 우린 말씀의 길을 벗어난 적이 없었다고 항변도 한다. 하지만 아무도 모르게, 은밀하게 진행된 범죄를 하나님은 보고 계셨고, 알고 계셨다.

여호수아는 바로 백성들을 소집하여 조사에 착수한다. 조사 결과 유다 지파에 속한 한 사람이 하나님의 명령을 어기고, 시날산바벨론제 외투 한 벌과 은 200 세겔, 금 50 세겔을 챙겼음이 확인되었다. 은 한 세겔은 당시 일반 노동자의 4일 임금이었고, 금 한 세겔은 은 세겔의 15배의 가치가 있었으니 60일 치 임금에 해당한다. 최저시급으로 하루 8시간 아르바이트를 하여, 일당을 약 8만원으로 계산하면은 200 세겔은 약 6,400만 원 정도이고, 금 50 세겔은 약 2억 4,000만 원 정도이니, 대략 3억 원 가까운 큰 금액이다. '그거면 오른 전세금을 쉽게 해결하고 이사를 안 해도 되네. 요즘 최고 인기인 외투는 어떤가? 선진국 바벨론이 만든 외투가 좋다는 이야길 많이 들어서 누구나 갖고 싶어 하는 것인데, 그걸 어떻게 불태워 버린단 말인가? 그건 낭비이다. 저것 하나면 갑자기 기온이 떨어진 광야의 밤도 문제가 되지 않을 것이다. 그걸 보존하는 것은 얼마나 현명하고 지혜로우며, 현실적인 선택인가?" 그리 강변強辯해도 설득력이 있다. 지금 그는 하나님의 백성들이 걸어야 할 길을 벗어나 다른 길을 걷고 있었다.

'사람의 길'을 벗어나면

한승원은 사람이 마땅히 걸어야 할 길에 대해 이렇게 노래한다.

사람에게는 사람의 길이 있고/ 개에게는 개의 길이 있고/ 구름에게는 구름의 길이 있다/ 사람 같은 개도 있고/ 개 같은 사람도 있다/ 사람 같은 구름도 있고/ 구름 같은 사람도 있다/ 사람이 구름의 길을 가기도 하고/ 구름이 사람의 길을 가기도 한다/ 사람이 개의 길을 가기도 하고/ 개가 사람의 길을 가기도 한다/ 나는 구름인가 사람인가 개인가/ 무엇으로서 무엇의 길을 가고 있는가."[4]

평생 탐욕과 오만으로 잃어버린, 인간이 되찾아야 할 길을 탐구해 온 시인은 "나는 구름인가, 사람인가, 개인가"를 물으면서, 나는 지금 '무엇으로서, 무엇의 길을 걷고 있는지'를 스스로에게 질문한다.

그래서 자전적 구도 소설인 『사람의 길』에서 그는 "신선같이 살고 싶은데 쥐새끼처럼 간요奸猾한 것이 제 속에 들어 있어서 나를 괴롭힌다"며, 평생 구도자로 사람의 길을 찾아가는 중이라고 고백한다. 한국

---

[4] 한승원의 시, "길" 전문. 한승원 시집, 『꽃에 쐬어 산다』 (서울: 문학들, 2019).

전쟁, 산업화, 민주화로 이어지는 대한민국 현대사는 그에게 탐욕과 오만으로 '인간의 길을 잃어버린 야만의 세월'이었다. 도시는 자연을 묶어버렸고, 인간 삶을 돌봐야 하는 정치는 폐기 처분된 강대국의 이데올로기의 늪에서 허우적거리며 퇴색된 진영논리에 벗어나지 못하고 있었다. 그는 소설에서 자기 속에 있는 "간사한 쥐새끼를 만족시키기 위해 사는 허위의 삶"을 풍자하면서, "야만의 세상에서 사람의 길을 벗어나면 벌레_{짐승}가 된다"고 강변한다. 왜 사람의 길을 걸어야 하며, 어떻게 하면 사람의 길을 걸어갈 수 있는지를 실험적으로 제시한다.[5]

야만의 세상을 질타하는 노인장을 통해 사람마다 가슴 속에 품고 있는 '쥐새끼'를 척결하는 일이야말로 '사람의 길'이란다. 사람의 길을 벗어나면 이미 사람이 아니라 짐승이 되기 때문이다. "어지러운 안개 같은 혼돈" 속에서 "맑은 빛살 같은 길"을 찾아가는 길은 쉽지 않다. 그는 늙은 남자를 찾아가는 '거무' 이야기를 통해 노작가는 책을 통해, 말씀 속에 찾아가야 할 길이 있고, 그 길을 머리에 먼저 떠올리며 하얀 종이에 그려 넣으면 바른길을 찾아가는 지도가 완성될 것이라고 교훈한다. 그려지지 않으면 책을 읽고, 정신을 가다듬고 다시 읽고 또 읽는 것이 유일한 길임을 알려준다. 그리고 "책을 읽기 시작한 때로부터 10년이 지난 어느 날부터 길이 보이기 시작했다"면서 한승원은 이렇게 적는다.

> 들길을 걸어가고 나룻배를 타고 강을 건너가고 오솔길을 따라 산을 오르는 길이 있었다. 나지막한 산과 드높은 산들을 오르는 길들이 사방팔방으로 관통해 있었다. 사막을 횡단하다가 오아시스를 만나

---

5 한승원, 『사람의 길』(서울: 문학동네, 2024).

고 또다시 사막을 걸어야 하는 길도 있고, 고개를 넘고 또다시 가파른 고개를 넘고 골짜기의 가시밭길을 가야 하는 길도 있었다. 그 길들은 대개 산꼭대기를 향해 나아가곤 했다. 별들이 수런수런하는 밤하늘을 향해 훨훨 날듯이 나아가야 하는 길도 있었다. 벼슬을 하기 위해 과거를 보러 가는 길도 있고, 부자가 되기 위해 봇짐을 짊어지고 장사를 하러 다니는 길도 있고, 옹기나 도자기를 구워서 팔러 다니는 길도 있었다. 고기를 잡고 농사를 짓기도 하며 아름답고 향기롭게 사는 길도 있었다. 거무는 그 길들을 열심히 따라가 보았다. 그러다가 사람들이 우러러보는 여러 길을 만났다. 올바르게 살기를 가르치고 다니다가 가시관을 쓰고 십자가를 끌며 가파른 언덕을 올라간 사람의 길을 만났다.[6]

걸어야 할 길, 사람의 길은 예수님의 길과 통한다고 한 이현주의 주장도 이런 맥락과 연결된다.[7] 그 길을 찾아가는 길에 중요한 것은 하나님의 말씀이다. 그것이 우리가 걸어야 할 길의 지표이며, 이정표이다. 우리는 한 책의 사람이며, 거기에서 걸어야 할 사람의 길, 예수의 길을 찾아가는 구도자들이다. 그 여정에서 이야기는 지혜를 발견하는 중요한 요소로 작용한다. 그에게 이야기는 "모두 알 수 없는 힘"을 가지고 있으며, "무식과 착각으로 인하여 알 수 없는 혼돈의 세계"에서 벗어나게 하고, 사람의 생각과 습관을 바꾸게 하는 힘으로 작용한다.[8] 한 가지 예를 더 들어보자.

초의 선사가 쌍봉사에서 늙은 스님과 선문답을 하는 장면은 그것

---

6 위의 책, 9~42.
7 이현주, 『사람의 길 예수의 길』, ebook (서울: 신앙과지성사, 2021).
8 한승원, 『사람의 길』, 141.

을 더 생생하게 만든다. 늙은 스님이 절을 마치고 정좌한 초의에게 가느다란 목소리로 무얼 하러 왔느냐고 물었다. 그러자 초의 선사는 가슴 깊이 담긴 말을 거침없이 내뱉는다. "여기 늙은 쥐새끼 한 마리가 사람 껍질을 쓰고 앉아 있다고 해서 본디 자리로 돌려보내려고 왔다." 그런데 늙은 스님은 겸손하게 그 사실을 인정한다. "너처럼 그렇게 한눈에 내 속에 기생하는 그 쥐새끼를 꿰뚫어 봐버린 놈은 처음 본다." 그리고 가까이 오라고 하더니 갑자기 초의의 코를 잡아 비틀었다. 아픔을 참을 수 없어서 늙은 스님의 손을 두 손으로 잡아 젖히려고 버둥거리다가 깨달음을 얻게 되었다. 어쩜 사람의 길은 나 자신부터 모두가 추구해야 할 공동의 선과 같은 것임을 깨우쳐 준다. 모든 것을 희화화하면서 진실을 찾아가려는 노력, 진정한 사람의 길을 향해 나아가려는 노력을 통해 야만의 세상에서 사람의 길, 올바른 길을 찾아가려는 시도가 다양하게 펼쳐진다.

    모두 더 많이 가지려는 인간의 욕심을 "소인 근성"이라고 규정하면서 자신의 욕망과 야망을 이루기 위해, 그 영역을 사수하기 위해 카르텔을 형성하여 군림하고 지배하려는 야만의 세상에서 사람의 길을 걷도록 하는 것이 신학이 해야 할 일이라는 깨우침도 얻게 된다. 그는 민요 '아리랑 고개'를 들어 설명한다. 아리랑 고개 이쪽은 "폭압과 배반과 거짓과 폭력으로 가득 차 있는" 세상이라면, 고개 너머에는 "평화와 안식"의 세계이다. 리더가 해야 할 일은 야만적인 세상에서 '사람의 길을 사는 것, 올바르게 사는 길'을 찾아가도록 돕는 것이다.⁹

    우리 안에 내재 되어 있는 '소인 근성'을 버리는 길은 하나님의 말씀 밖에는 없다. 야간의 실패는 하나님의 말씀을 소홀히 여김에서부터

---

9 "김용출의 문학 삼매경: 한승원 장편소설 『사람의 길』," 『세계일보』 (2024년 1월 23일).

시작된다. 그 길을 힘차게 걸을 수 있는 비결을 성경은 우리에게 알려준다.

> 정도를 벗어나지 않고/ 하나님께서 알려주신 길을/ 한결같이 걷는 사람은 복이 있다/ 하나님의 지시를 따르고/ 최선을 다해 그분을 찾는 사람은 복이 있다/ …어떻게 해야 젊은이가 깨끗하게 살 수 있는가?/ 주님의 말씀의 지도를 꼼꼼히 살피고 따라가는 것입니다/ 내가 일편단심 주님만 따라가리니/ 주께서 세우신 길 위의 표지판을 놓치지 않게 하소서.[10]

깨어 있는 개는 어둠 속에서 어른거리는 형상이 있으면 '울리는 지축'을 향해 짖는다. 소리 나는 쪽으로 돌아보고 짖는 것인데, 한승원은 이것을 '그곳에 길이 있기 때문'이라고 주장한다.[11] 그리스도인에게는 그 '소리'가 중요하고, 항상 '소리 나는 쪽'을 보아야 한다. 엄밀히 말해 아간의 실패는 바로 거기에서부터 시작된다. 하늘 소리는 외면하고, 자기 소리, 땅의 소리를 따라 걸어간 것이 근본 원인이었다.

원초적 진리

결국 그는 아골 골짜기로 끌려가 처형을 당한다. 아주 가혹한 처벌이었다. 언젠가 이 말씀을 읽던 한 청년이 항의하듯이 이메일을 보내왔다. "하나님께서 전권을 가진 대장이시니 할 말은 없지만 이건 좀 아닌 것 같습니다. 아무리 그렇다고 밤기운이 차가워서 좋아 보이는 외

---

10 시 119:1-2, 9-10, *The Message*.
11 한승원, 『사람의 길』, 327.

투 한 벌 챙겼다고 사람을 죽이다니요? 어차피 불태워 버릴 것인데 헐벗은 사람이 그것 좀 챙겼다고 사람을 죽인다는 것은 이해가 되지 않습니다. 그 한 사람만 죽이면 되지, 가족들은 왜 죽입니까? 그게 정말 정의로운 일인가요? 일전에 들은 설교에서도 이해가 안 되는 부분이 또 있어요. 사도행전인가요? 어느 부부는 집 팔아서 일부 남겨두고 헌금했다가 현장에서 죽임을 당했다면서요? 그게 말이 되나요? 어디 무서워서 신앙생활 하겠어요? 사랑의 하나님, 자비로우신 하나님이라면서요?"

이 질문에 대해 어떻게 답을 할 수 있을까? '가나안 땅에 들어가는 경사스러운 일에 이런 일로 재를 뿌리시면 사역을 어떻게 하겠는가? 동업자인데 하나님께서 좀 도와주셔야지, 이건 사역의 길을 막아버리는 것이 아닌가? 조금의 융통성도 허용되지 않고, 이런 냉혹함이 지배하는 길이라면 어떻게 계속 걸어갈 수 있겠는가? 정말 너무 가혹하다.' 그런 생각이 들지 않는가? 하지만 이것은 그리스도인 삶의 원초적 특징을 보여준다. 하나님의 말씀을 따라 살 것인가, 아니면 자신의 욕심을 따라 살아갈 것인가? 그분을 의지하며 살아갈 것인가, 내가 가진 것을 의지하며 살 것인가? 여호와 이레의 하나님을 의지하며 살 것인가, 아니면 세상이 주는 달콤함에 사로잡혀 살아갈 것인가?

'가나안의 길'을 걷는 하나님의 백성들에게 주시는 답은 선명하다. '자기 생각과 욕심에 사로잡혀 살아가게 되면 너희는 망한다. 하나님의 사람들에게는 그 능력이 군사의 수에서 나오는 것이 아니고, 정확한 계산이나 통계를 통해 되는 것도 아니다. 그 길에서의 능력은 하나님을 경외함에서 나오고, 하나님의 말씀대로 살아내려는 '거룩한 삶'에서 나온다. 적어도 네가 하나님의 사람이라면 하나님의 말씀을 벗어난 죄악된 행위들은 네가 걸은 길의 모든 것을 무너뜨릴 것이다.' 가나안 땅에서 살아갈 하나님의 사람들에게 신앙의 원초적 진리를 전해 주고 있다.

지금 너도 그 길에서 서성이지 않는가

근본적인 문제는 하나님을 신뢰하는 믿음과 여기까지 인도하신 하나님의 은혜에 대한 감격과 떨림이 사라진 것이었다. 독일의 신학자, 루돌프 오토 Rudolf Otto 가 말한 '성스러움의 체험'에서 오는 황홀함의 상실에서부터 시작된다. 오토는 1917년 출판한 그의 책에서 이런 신비의 차원을 '누미노제' numinose 로 설명한다. 절대타자 das ganz Andere 에 대한 경험, 인간의 경지를 넘어서는 "말로는 형언할 수 없는 강력하고도 압도적 경험"을 지칭한다. 그는 이것을 "두려운 신비" mysterium tremendum 라고 설명한다. 하나님의 현존을 경험하면서 최고의 떨림과 압도적 감정, 절대 의존 감정과 생동성을 갖게 된다. 이것을 오토는 "누멘적 활력"이라고 규정한다.[12]

초월적 실재를 경험하면서 그 신비에 사로잡히게 될 때, 두려움과 떨림 tremendum 의 차원으로 이어진다. '두려운 신비' mysterium tremendum 와 '매혹적 신비' mysterium fascinosum 를 경험하는 사람은 황홀함과 매혹 fascinosum 에 사로잡히게 된다.[13] 아들을 바치라는 하나님의 명령에 이끌려 모리아로 사흘을 걸어간 아브라함의 길이 바로 이런 특성을 잘 보여준다. 아간의 가장 큰 문제는 이것이다. 생생한 하나님의 역사와 일하심의 현장에서 하나님의 현존과 역사하심에 대한 떨림이 사라져 버림에서부터 모든 것이 시작된다. 하나님의 신비에 대한 거룩한 떨림이 사라

---

12 Rudolf Otto, *Das Heilige*, 길희성 역, 『성스러움의 의미』, 개정판 (왜관: 분도출판사, 2009), 4, 6장.
13 위의 책, 79.

지니 욕심에 이끌린다.

　기독교 예배와 설교는 '미스테리움'^mysterium 사역이다. 인간 이성으로 다 이해할 수 없고, 하나님의 계시를 통해서만 이해할 수 있는 '신비' 사역이다. 그래서 본질적으로 "하나님의 신비의 가장자리에서 춤추는"^dancing the edge of God's mystery 사역이 될 수밖에 없다. 그런 사역자가 우뚝 서 있을 때 "복음을 펼쳐 보이는 비범한 사역"^the extraordinary service of the gospel 을 세상은 경험하게 된다.[14] 그 사역을 감당하고 있지만 그 세계를 다 알 수 없고, 그분의 빛 비춤을 통해서만 가능한 사역이라는 점에서 설교자가 '가장자리'^edge 에 서 있다는 표현이 얼마나 멋지고 적절한가? 경험한 그 세계가 너무나 놀랍고 감격스러워 설교자가 지금 춤을 추는^dancing 모습은 얼마나 아름다운가?[15] 떨림과 감격이 사라지는 곳에서 생명력도 함께 사라지는 이치를 이해하게 된다.

　하나님께서는 아이성 전투와 아간 사건을 통해 그것을 경고하신다. 그래서 이스라엘 백성들을 멈춰 세우셨다. 코로나 팬데믹은 한국전쟁 중에도 이어졌던 예배를 멈춰 세웠고, 당연한 것으로 여겼던 모든 신앙 활동도 다 멈춰 세웠다. 그 시간, 우리는 예배드릴 수 있음이, 함께 모이는 일이, 하루하루 이어지는 일상이 얼마나 큰 축복인지를 온 가슴으로 인지하게 되었다. 그 묶임의 시간, 가장 많이 고백했던 찬양이 그것이 아니었던가? "모든 것이 은혜 은혜 은혜/ 한 없는 은혜/ 내 삶에 당연한 건 하나도 없었던 것을/ 모든 것이 은혜 은혜였소."[16]

　모든 것이 멈춰선 시간, 그들은 생각해야 했다. 아간의 행동은 이

14　David Buttrick, *Homiletic: Moves and Structures* (Philadelphia: Fortress Press, 1987), 186.
15　예배와 설교가 가지는 이러한 특성을 살펴보기 위해서는 김운용, 『예배, 하늘과 땅이 잇대어지는 신비』(서울: 장로회신학대학교 출판부, 2018); 『하늘 신비를 담아내는 설교』(서울: 장로회신학대학교 출판부, 2025)를 참고하라.
16　손경민 작사, 작곡, "은혜."

스라엘의 모든 것을 멈춰 세웠다. '나 때문에' 멈춰 세워진다면 참 두려운 일이 아니겠는가? 거룩한 사역을 수행할 사역자들에게 '떨림'이 사라지면 안 되는 이유이다. 이 영적 차원을 세상과 나누도록 이스라엘을 불러 세우셨고, 많은 은혜로 덮으셨는데, 가나안 문턱에서 그들은 변질의 길을 걷는다. 두려움과 떨림은 다 잃어버리고 '바벨론 산' 털외투에 온 마음이 빠져있었다.

선교 140주년을 맞는 한국교회 안에도 많은 문제가 배태되고 있다. 탈종교화 현상이 가시화되고 있고, 젊은 세대의 교회 이탈률이 갈수록 높아지고 있으며, 출구가 보이지 않는다. 유럽과 북미교회가 경험하고 있는 심각한 추락이 지금 한국교회에도 나타나고 있다. 가나안 정복 전쟁을 수행하는 그들에게 멈춤의 순간이 필요했다. 그때, 그들은 무엇을 하였던가? 엎드림이었다. 참담한 패배를 경험하면서 여호수아는 지금 하나님 앞에 엎드려 있다. 한 시인의 고백이 우리의 고백이 되어야 하는 이유이다.

이렇게 살아도 되는 걸까/ 어둠 속에서 어깨를 떨며 서 있을 때/ 다시는 죄짓지 말라고/ 말없이 다독여주시던 손길을 잊고/ 눈물을 멈출 수 없어 부끄럽게 돌아앉아 있을 때/ 가까이 와 낮은 소리로 일으켜주시던 말씀을 잊고/ 내가 이렇게 살아도 되는 걸까/ 아니다 아니다 하면서 헛된 이름을 팔며/ 보이게 보이지 않게 허물을 늘려가는 하루 또 하루/ 지킬 수 없는 말들을 하며/ 욕되게 사는 삶 팔아 양식을 벌고/ 욕되게 쓰는 글 팔아 목숨을 이어가는/ 차마 이렇게 살아도 되는 것일까/ …잠자리를 펴고 누웠다가도 문득문득/ 소스라쳐 눈이 떠지곤 하는 하루 또 하루/ 정말 이렇게 살아도 되는 걸까.[17]

하나님의 살아계심과 역사하심을 증거 해야 할 사명을 가진 우리는 무엇을 할 수 있을까? 사람들이 주목할 더 멋진 털 외투에 온 마음을 빼앗기고 살아도 되는 것일까? 우리도 지금 길을 걷고 있다. '여호수아의 길'과 '아간의 길'이, 사람의 길과 짐승의 길이, 생명의 길과 사망의 길이 우리 앞에 놓여 있다. 혹시 지금 우리도 '털외투'에 마음을 두고, 그것을 차지하기 위해 안간힘을 쓰고, 차지한 외투에 만족하고, 자랑하고 있지는 않는가? 혹 더 멋진 털외투를 차지하지 못해, 속상해 하고 있지는 않는가?

오래전 보았던 영화, 「신과 함께 가라」Vaya con Dios[18]의 한 장면이 생각이 난다. '찬양만으로 신께 다가갈 수 있다'는 교리를 신봉한다는 이유로 로마가톨릭교회로부터 파문당하고 단 2개의 수도원만 남아 겨우 명맥을 이어가고 있던 '칸토리안 교단' 수도원인 독일 '아우스부르크 수도원'에는 각자 뚜렷한 개성을 가진 4명의 수도사가 있다. 고지식하고 세상 물정 모르는 원장 신부, 젊었을 때 놀아본 경력이 있으나 현재는 높은 학구열로 무장한 '벤노', 확고부동한 유머로 단단히 무장한 시골 농부 스타일 '타실로', 그리고 아기 때부터 수도원에서 자란 순수한 미소년 '아르보'가 그들이었다. 원장 신부의 갑작스러운 죽음으로 평화롭던 수도원은 위기에 봉착하게 되고, 3명의 수도사들은 원장의 유언에 따라 교단의 보물인 '우르반 규범집'을 전하기 위해 이탈리아 '몬테 체 볼리 수도원'을 향한 험난한 여정을 시작한다.

오랫동안 속세와는 담을 쌓고 살아온 이 순진무구한 수도사들에게 세상 밖의 길을 걷는 여정은 만만한 것이 아니었다. 자신이 맡은 일만

---

17 도종환의 시, "이렇게 살아도 되는 걸까," 일부. 도종환 시집, 『당신은 누구십니까』(서울: 창작과 비평사, 1993).
18 Zoltan Spirandelli(Director), *Vaya con Dios, German Film* (2002).

열심히 하면 되는 평화롭던 수도사 생활에 익숙해져 있는 그들에게 쉬운 일은 하나도 없었다. 그러다가 한 사람은 연로하신 어머니를 만난 후 마음이 약해져 흔들리고 있었고, 한 수도사는 신학교 교장이 된 동창이 권력의 실세로 서있는 모습을 보면서 마음이 흔들리고 있다. 미소년 '아르보'는 난생 처음 이성에 대한 사랑이란 감정을 느끼며 혼란을 겪는다. 그들은 모두 쓰러졌고, 전해야 할 소중한 규범을 담은 책은 이제 전해질 수 없게 되었다. 그때 무너지는 그들의 모습을 안타깝게 여긴 한 여인의 도움으로 찬양을 통해 다시 회복된 다음, 모든 유혹을 떨치고 일어나, 다시 길을 걸어가는 장면이 그려진다.

혼자서는 갈 수 없는 길, 함께였기에 끝까지 걸어갈 수 있었다. 자기 힘으로는 갈 수 없었지만 함께 찬양하면서 가는 길이었기에 가능했다. 백무산은 그의 시에서 이것을 잘 알려준다.

우리는 장작불 같은 거야/ 먼저 불이 붙은 토막은 불씨가 되고/ 빨리 붙은 장작은 밑불이 되고/ 늦게 붙은 놈은 마른 놈 곁에/ 젖은 놈은 나중에 던져져/ 활활 타는 장작불 같은 거야/ 몸을 맞대어야 세게 타오르지/ 마른 놈은 단단한 놈을 도와야 해/ 단단한 놈일수록 늦게 붙으나/ 옮겨붙기만 하면 불의 중심이 되어/ 탈거야 그때는 젖은 놈도 타기 시작하지/ 우리는 장작불 같은 거야/ 몇 개 장작만으로는 불꽃을 만들지 못해/ 장작은 장작끼리 여러 몸을 맞대지 않으면/ 절대 불꽃을 피우지 못해/ 여러 놈이 엉겨 붙지 않으면/ 쓸모없는 그을음만 날 뿐이야/ 죽어서도 잿더미만 클 뿐이야/ 우리는 장작불 같은 거야.[19]

---

19 백무산의 시, "장작불" 전문. 백무산 시집, 『만국의 노동자여』 (서울: 청사, 1988).

2
The Song
우린 다른 노래를 부르도록 부름 받았다

내 노래는 당신의 사랑입니다
당신의 이름이 내 혀를 닳게 하소서
이제 다가오는 불 장마 속에서
'노아'의 배를 타게 하옵소서
— 구상[1]

칠흑 같은 어두운 밤

언젠가 한 가정경영연구소에서 부모가 자녀에게 하는 말 가운데 '상처 주는 말'과 '격려가 되는 말', 다섯 가지를 선정했다는 기사를 읽은 적이 있다. 상처 주는 말로는 "네가 잘하는 게 뭐 있니?, 멍청한 자식, 너 때문에 지겨워 못 살겠다, 마음에 드는 게 있어야지, 썩 꺼져 나쁜 자식아" 등이었다. 격려되는 말로는 "이 세상에서 네가 가장 소중하단다, 늘 너를 위해 기도한다, 엄마 아빠는 너를 사랑한다, 대단하다 난 너를 믿는다, 자랑스럽다" 등이었다. 마음을 환하게 만드는 말도 있고, 어둡게 만드는 말도 있다. 만나는 사람 중에도 늘 힘을 주고 격려가 되는 이가 있는가 하면, 힘들게 만들고, 좌절하게 만드는 이도 있다.

---

1 구상의 시, "기도," 일부. 구상 시집, 『초토의 시』 (서울: 청구출판사, 1956).

하늘이 무너지는 것 같은 재난 가운데 있는 사람들의 이야기를 담고 있어서, 에스겔서는 첫 장부터 무거운 단어들로 가득 차 있다. 나라가 망하여 강대국의 포로로 잡혀간 이들의 이야기로 시작하여, 중간 부분25-32장에는 주변 민족에 대한 심판 메시지가 기다랗게 펼쳐진다. 심판과 멸망에 대한 말씀으로 가득 채워져 있다. 특별히 당시 바벨론의 강력한 맞수였던 이집트애굽에 대한 심판 메시지는 7개의 단락으로 구성되어 있는데, 그 분위기는 아주 어둡고 무겁다. 그 말씀에는 독특한 점이 있는데, 말씀이 시작되는 부분에서 항상 때를 언급한다는 점이다. "열째 해, 열째 달, 열두째 날에"겔 29:1, "스물일곱째 해, 첫째 달, 초하루에"겔 29:17. 이 숫자는 무엇을 뜻하는 것일까? 그것은 첫 장에서도 같은 특징을 보여준다. "서른째 해 넷째 달 초닷새에 내가 그발 강가 사로잡힌 자 중에 있을 때에 하늘이 열리며 하나님의 모습이 내게 보이니 여호야긴 왕이 사로잡힌 지 오 년 그 달 초닷새라"겔 1:1-2. 여기에서 '서른째 해'는 일반적으로 에스겔이 30세 되던 해, 즉 제사장으로 부름을 받아 사역을 시작한 때로 추정한다. '넷째 달'은 담무스 월인데 태양력으로는 6~7월에 해당한다. '왕이 사로잡힌 지 5년'이란 표현은 나라가 망해 왕이 포로로 붙잡혀 간 지가 5년이 되었다는 의미이다. 왕도 끌려갔으니, 백성의 삶은 얼마나 피폐했을지를 가늠하게 만드는 구절이다.

나라가 회복되기를 그들은 얼마나 간절하게 기다렸을까? 그런데 회복될 기미는 전혀 보이지 않고, 5년의 세월이 지나가고 있던 때에 에스겔에게 하나님의 말씀이 임했다. "열째 해, 열째 달, 열두째 날에"라는 표현은 포로로 잡혀간 지 10년째 되는 해, 열 번째 달, 즉 주전 587년 1월을 뜻한다. "스물일곱째 해, 첫째 달, 초하루에"라는 표현은 포로로 끌려간 지 27년째 되는 해, 즉 주전 570년 4월에 해당한다. 그러니

1절 이하의 말씀이 주어진 지 17년 후에 말씀이 주어졌다는 뜻이고, 그 땅에 끌려온 온 지 10년째 되는 해, 즉 27년이 되는 해에 말씀이 주어졌다는 뜻이다. 얼마나 답답하고 암담했을까? 점점 회복 가능성이 사라져 가는 상황, 민족도, 교회도, 사역도 회복될 것 같지 않은 암울한 현실 앞에 서 있었다는 뜻이다.

다시 말씀에 사로잡힌다

그때 에스겔에게 하나님의 말씀이 임하였단다. 그 암울한 시간, 그 시대 사람들에게 말씀이 임하였음을 반복해서 강조하는 구조를 취한다. "내가 그발 강 가 사로잡힌 자 중에 있을 때에 하늘이 열리며, 하나님의 모습이 내게 보이니… 갈대아 땅 그발 강 가에서 여호와의 말씀이 부시의 아들 제사장 나 에스겔에게 특별히 임하고 여호와의 권능이 내 위에 있으니라"겔 1:1, 3. 하늘을 열어주시고, 하나님 모습을 보여주시며, 여호와 말씀이 그에게 특별히 임하였단다. 또한 여호와의 권능이 그의 위에 있었음이 강조되고 있다. 여기에서 '권능'으로 번역된 히브리어 '야드'ㄱ는 '손'을 뜻하는 단어인데, '하나님의 손이 그를 붙들고 있는 모습'을 상징적으로 보여준다.

길고 암울했던 시간을 견딜 수 있었던 것은 하나님의 손이 그를 붙들고 계셨기 때문이었다. 말씀은 오늘도 역사하시는 하나님의 손길을 구체적으로 보게 만든다. 때로는 어루만지는 손으로, 때로는 싸매시는 손으로, 때로는 일으켜 세워주시는 손으로, 때로는 매를 때리시는 손으로, 벼랑 끝에서 붙들고 계시는 손으로 다가오신다. 고난 가운데 있는 이스라엘 백성과 하늘 아버지가 연결되어 있다. 박두진 시인은 "내가 달아나는 속도와 거리는 당신이 내게로 오시는 거리와 속도에 미치지 못합니다"라고 노래하면서, "별에까지 들리고, 달에까지 들리고, 가슴속이 핑핑 도는 혼자만의 울음/ 침묵보다 더 깊은 눈물 듣고 계시는/ …당신 앞을 떠날 수가 없습니다"라는 시구가 이 차원을 표현한다.[2]

　　심판의 메시지를 담고 있는 에스겔 29장도 그 어려운 삶의 자리에 하나님께서 임재하셨다는 사실이 강조되면서 말씀이 시작된다. 첫 번째 유닛의 시작부 첫 절인 1절, "열째 해 열째 달 열두째 날에 여호와의 말씀이 내게 임하여 이르시되", 두 번째 유닛의 첫 절인 17절, "스물일곱째 해 첫째 달 초하루에 여호와의 말씀이 내게 임하여 이르시되"가 같은 맥락을 계속 강조한다. 그리고 "주 여호와께서 이같이 말씀하셨느니라"겔 29:8는 구절이 병치된다. 어려움의 상황과 하나님의 말씀이 함께 강조되는 기법이다. 하나님의 말씀은 에스겔의 어두움을 밝힌다. 도무지 이해하기 어렵고, 용납할 수 없는 아픔, 부조리한 현실 가운데서도 말씀은 벌떡 일어서게 하는 힘이었다.

　　세상 권세자는 어두움을 만들고, 억압과 압제로 묶어 버리지만, 하나님은 말씀으로 그 어두움을 거두시고, 묶임과 억압에서 풀어놓으신다. 놀라운 은총 앞에서 그는 지금 그렇게 고백한다. "포로 된 지 5년이 되던 해, 10년이 되던 해, 그 암담한 시간에 하나님이 말씀이 저에게 임하였습니다. 27년째 되는 해에도 하나님께서 동일하게 말씀하셨습니다. 날마다 깨우쳐 주시고, 일으켜 세우시는 그분의 임재와 말씀이 우릴 세웠습니다. 하나님의 말씀은 긴 시간 고초를 당하고 있는 우리를 지켜주는 힘이었습니다." 캄캄하고 암담한 상황에서도 하나님의 말씀이 들어가니 살아나고 있다. 27년째 묶여 있는 포로 생활은 희망을 노래할 수 없는 '마른 뼈의 상황'이었다. 하지만 하나님의 약속은 말씀

2　박두진의 시, "가을 당신에게," 일부.

이 들어가면 소성케 된다는 약속이고^{겔 37장}, 말씀의 생수가 흘러가는 곳에 회복의 역사가 일어난다^{47장}는 약속이었다. 지금 그들은 사막과 같은 삶의 자리에 서 있었지만, 한 설교자를 통해 말씀을 통한 회복과 소망이 넘쳐나고 있었다.

언젠가 힘든 일로 인해 가슴앓이하다가 집어 든 시집이 있었다. 읽어 내려가다가 마치 마음을 훔쳐본 사람이 말을 걸어오는 것 같아 나도 모르게 눈물이 흐르는 것을 경험한 적이 있다. 자신이 겪은 고난을 소재로 쓴 김소엽 시인의 시집이었다.[3] 시인은 40대 초반 젊은 나이에 남편을 먼저 떠나보내는 아픔을 겪었고, 연이어 유일한 가족인 외동딸을 외국으로 떠나보내야 하는 이중의 이별 앞에 서 있었다. 거기에다가 암이 발병하여 생사의 갈림길에서 긴 투병의 아픔도 경험했다. 온통 사막이었다. 어느 정도 호전되었을 때, 친구들이 주선하여 위로 여행을 떠나게 되었다. 여행길에 들린 모하비 사막은 황량했고, 삭막했다. 하지만 거기에도 얼마나 놀라운 아름다움을 담아놓으셨는지를 발견하면서 전율을 느꼈다. 사막과 같은 자신의 인생길에도 감사할 일, 아름다운 사건들을 가득 담아 놓으셨음을 새롭게 발견하면서 감사의 눈물이 솟구쳤다. "사막에 가서/ 나는 나를 만나고/ 돌아오는 길에서/ 하나님을 만났네."[4] 길이 없는 것 같은 인생의 시간, 답답해서 울다가 거기에 우뚝 서 계시는 분의 손을 잡고 나니 하늘길이 열림을 경험한 사람의 외침이 들려온다. "길은 사막에서 끝나고/ 길은 사막에서 시작되네/ 땅의 길이 없어지니/ 하늘의 길이 열리네."[5]

그분의 임재, 말씀하심을 사막에서도 그를 일으켜 세웠다. 인생길

---

3 김소엽 시집, 『사막에서 길을 찾네』(서울: 문학세계사, 2008).
4 김소엽의 시, "사막에서1," 전문. 위의 책, 12.
5 김소엽의 시, "사막에서2," 전문. 위의 책, 13.

에서 수없이 만나는 사막길, 땅의 길이 다 없어진 곳, 산이 다 없어지고, 길이 다 없어진 곳, 도시의 사막에서 상한 영혼들이 거기에서 안식을 얻고 위로를 얻는다. 그런 사막이 좋아 '어린 왕자' 앙투안 드 생텍쥐페리 Antoine de Saint-Exupéry는 그곳으로 달려가 별이 되었던가? 당시 프랑스에서 식민지 알제리, 세네갈 등에 국제우편을 운반하는 소형비행기 조종사로 근무한 그는 1935년, 파리에서 사이공까지의 구간 비행시간 단축 신기록에 도전하였다가 리비아 사막에 추락한다. 엔진이 부실하던 때이니 추락사고가 처음 있었던 것은 아니었다. 그때는 다행히 목숨을 건졌지만, 결국 그는 다른 추락사고로 생을 마감한다.[6]

비행기 엔진, 통신 장비, 안전장치가 열악했던 시절, 사막에서의 조난은 죽음으로 이어진다. 하지만 불볕 사막을 한 걸음씩 걸어 사막에서의 경험을 세심한 서사로 풀어내고 있는 자전적 소설, 『인간의 대지』는 그때의 경험을 통해 인간의 보편적 사실 존엄, 윤리, 태도, 책임, 용기 등에 대해 기술한다. 북아프리카에 근무 중인 한 프랑스 군인은 물품을 배달해 주는 비행기가 오는 날을 손꼽아 기다린다. 인간의 외로움과 한계, 사막이란 공간과 환경, 하늘을 날면서 바라본 대지, 자기 초월적 삶의 경험과 인간에 대한 깊은 사색을 책에 담아낸다.

> 대지는 저 모든 책들보다 우리들에 관해 더 많은 것을 가르쳐 준다. 그것은 대지가 우리에게 저항하기 때문이다. 인간은 장애와 맞서 겨룰 때 스스로를 발견하게 된다…. 항공노선의 도구인 비행기도 인간을 저 모든 오래된 문제들 속으로 던져 넣는다…. 아르헨티나로 첫 야간 비행을 나갔을 때의 모습이 지금도 눈에 선하다. 들판에 드문

---

[6] 1944년 2차 세계대전에 참전하여 정찰 비행을 수행하던 중에 귀환하지 못하고 실종된다. 그때 나이 44세였다.

드문 뿌려진 몇 안 되는 불빛들만이 마치 별처럼 반짝이던 어두운 밤. 그 불빛 하나하나는, 암흑의 대해 속에서, 기적처럼 깨어 있는 의식들을 가리키고 있었다. 그 불빛이 새어 나오는 곳에서 누군가 책을 읽고, 사색에 잠기고, 마음속 비밀을 쫓고 있었다…. 들판 군데군데에서 그 불들은 태울 것을 요구하며 타오르고 있었다…. 저 살아 있는 별들 가운데 닫혀 있는 창문들이 얼마나 많을 것인가. 빛을 잃어버린 별들, 잠들어버린 사람들이… 서로 만나려고 해야 한다. 들판에 띄엄띄엄 떨어져 타고 있는 그 불들 중 누군가와 소통하려고 해야 한다.[7]

칠흑같은 어두움과 작은 불빛 하나, 거기 깨어 있는 누군가가 있고, 어두운 밤에 소통하려는 이가 있어 세상은 아름다워진단다. "인간에게 있어 진리란 인간답게 만드는 것"이며, 우리 역할을 인식할 때 비로소 인간은 행복해질 수 있단다. 누군가 우리에게 자신을 이해시키고 싶다면 쉬운 말로 이야기해야 하고, 일체감을 느낄 수 있어야 한단다.[8] 열사의 사막에서는 하루 반이면 수분이 빠져나가 죽음에 이르게 하는 자리인데, 그는 200km 이상을 헤매다 베두인 상인에게 발견되어 기적적으로 생명을 구한다. 혼자였으면 이길 수 없는 상황이었는데, 동승한 정비사 프레보 André Prévot가 함께여서 그 어두움을 뚫고 나올 수 있었다. 그가 처음 비행을 배울 때 선배가 해 준 말도 그것이다. "폭풍우나 안개, 눈 때문에 힘들 때도 있을 거야. 그런 때는 자네보다 먼저 그런 일을 겪은 사람들을 생각하게나. 그리고 이렇게 생각해 봐. '남들이 해낸 일은 나도 꼭 할 수 있다'라고." 그는 마지막 문장을 그렇게 적는다.

---

7 Antoine de Saint-Exupéry, *Terre des Hommes*, 김윤진 역, 『인간의 대지』(서울: 시공사, 2014), 11-12.
8 위의 책, 198, 203.

"오직 '정신'만이 진흙에 숨결을 불어넣어 '인간'을 창조할 수 있다."⁹

나 중심의 사고를 넘어

그때 거기에도 깨어있는 한 사람이 있었고, 그의 불빛은 작아 보였지만 높이 들려 있었다. 긴 묶임의 시간, 절망의 자리에도 계시는 하나님, 말씀하시는 하나님의 임재와 말씀을 온 가슴에 담고 있었던 사람, 에스겔이 있어 세상은 희망을 노래할 수 있었다. 하나님께서는 그런 그를 부르신 후 가슴에 말씀을 담아주신다. 에스겔 29장의 '애굽을 향해 외치라'는 메시지는 아주 독특하다. "인자야 너는 애굽의 바로 왕과 온 애굽으로 얼굴을 향하고 예언하라" 겔 29:2. 강대국 이집트와 최고 권력자에 대한 심판의 메시지이다. "애굽의 바로 왕이여, 내가 너를 대적하노라. 너는 자기의 강들 가운데에 누운 큰 악어라. 스스로 이르기를 나의 이 강은 내 것이라. 내가 나를 위하여 만들었다 하는도다" 겔 29:3.

'내 것'이라는 표현은 단순한 소유 개념을 넘어 자신이 만들었고, 다스리고 있다는 '절대적 소유 권한을 가리킨 표현'이다. 이것은 이집트 왕이 스스로 말하기를 '내가 나를 위해 만들었다'라는 표현은 '교만한 자기 신격화'로 '자신의 신성과 창조성을 드러내려는' 의도이다. '내가 만들었고, 내가 세웠고, 내가 열심히 공부하고 노력해서 돈을 벌었고, 내가 이루었고….' '내가, 내가, 내가'를 강조한다. 하지만 '내가 주인이고, 내가 이루었고, 내가 지키고', 자기를 절대화하는 이 표현을 뒤집어 하나님께서는 '너'로 상대화시키면서 심판의 메시지를 주신다.

당시 바벨론과 함께 최고 강대국이었던 이집트의 왕이 '자기의 강

---

9   위의 책, 209.

들 가운데에 누운 큰 악어'라고 말한 것에서 우쭐대는 자기 과시와 교만을 읽게 된다. 권력자의 전형적 특징이다. 나일강은 백성들에게 생명의 젖줄이었다. 그 권력자는 그것을 '자기 강'이라면서, 자기 주권을 주장하면서 '내가 만들었고, 내 것이다'고 외친다. '악어'로 번역된 히브리어 '타닌'תנין은 본래 "짐승, 큰 뱀, 괴물" 등을 가리키는 말이지만 나일강의 생태적 특성을 고려하여 개역 개정판에서는 '악어'תנים로 번역한다. 악어는 강력한 포식자이다. 강력한 표현을 통해 자기 과시, 신격화에 대해 혼돈을 조장하는 이집트 왕을 향해 혼돈의 바다 괴물로 규정하면서, 하나님께서 갈고리로 그것을 꿰어, 끌어낼 것이라는 심판과 멸망의 메시지를 발하신다겔 29:3-4.

문제는 하나님의 백성들이다. 긴 고난의 시간이 이어지면서 그들의 고백이 희미해졌고, 지금 그 믿음과 고백이 흔들리고 있다. 고대 4대 문명 발상지였던 이집트는 초강대국이었고, 이스라엘이 부러워하던 풍요와 번영의 땅이었다. 이집트 황제 파라오는 자신을 신격화하면서 단순한 왕을 넘어 신을 자처했고, 곳곳에 신전과 신상을 세워 신격화했고, 자신을 '살아있는 신'호루스으로 숭배하도록 요구했다.[10] 파라오는 죽은 뒤에도 신으로 숭배를 받았다. 에스겔 29장은 이런 이집트 왕권 신앙에 철퇴를 가하면서 파라오를 끌어내려 심판할 것이라고 말씀하신다.

이스라엘은 바벨론의 공격을 받아 나라가 위태로웠다. 그런 상황에서 약소국 이스라엘은 강대국 이집트를 의지할 수밖에 없는 상황이

---

10 기원전 14세기, 이집트 황제였던 아멘호테프 3세의 신전 비문에는 "왕은 태양신 라의 아들이며, 태양처럼 스스로 빛을 내는 자"로 새겨져 있다. 또 다른 비문에서는 "신의 형상으로 창조되었으며, 영원히 라와 동일하다"고 되어 있다. 이것은 아들에서 '라와 하나된 존재'로 묘사한다. 기원전 13세기, 람세스 2세 당시 신전 비문에는 "라는 나를 낳았고 나는 그의 몸에서 나왔다. 그러나 나는 스스로를 다시 태어나게 했다"고 되어 있다. 고대 이집트에서 황제(파라오)는 단순한 정치적 통치차가 아니라 신적 존재로 이해되었다.

었다. 하나님께서는 그들이 의지하는 강대국을 향해 "갈대 지팡이"라고 말씀하신다겔 29:6. 험한 길을 갈 때, 다리 힘이 약한 사람에게 지팡이는 필수 품목이다. 이스라엘도 지금 도와줄 강대국, '지팡이'가 필요했다. 오늘로 치면 나를 도와줄 사람, 이끌어줄 사람, 든든한 후견인이 되어줄 사람이 필요한 상황이다. 강대국 이집트는 혈맹 우방이라고 생각하는 이들을 향해 하나님께서는 그것은 "상한 갈대 지팡이"이라고 규정하신다. 잡으면 부서져 손에 상처를 입히고, 기대면 부러져 넘어지게 만드는 것이란다. "보라 네가 애굽을 의지하도다. 그것은 상한 갈대 지팡이와 같으니 사람이 그것을 의지하면 그의 손에 찔려 관통되리라"사 36:6.

겉보기에는 그럴싸해 보일지 모르지만 상해서 금이 간 지팡이, 즉 기대면 부러져 손에 상처를 입히게 될 것이라고 규정한다. 이집트의 왕권 의식과 신격화, 허상과 교만을 지적한 것이다. 겉보기에는 의지가 될 것처럼 보이지만 별 도움이 되지 않는 거짓 권력을 '갈대 지팡이' 은유로 설명하신다. 단순한 갈대 지팡이가 아니라 '상한'ישועה이라는 형용사를 붙여 설명한다. 이것은 월터 브루그만의 용어를 빌리면 허위의식false consciousness에 대한 폭로이고, 해체였다. '악어'와 '상한 갈대 지팡이' 은유를 통해 하나님만이 참된 주권자임을 선언하신다. 이것은 실제로 이집트를 향한 심판 강화이지만, 엄밀히 말하면 이스라엘 백성들을 향한 메시지였다.

놀랍게도 이것은 앗수르가 북왕국 이스라엘을 침공하여 성을 포위한 후 이집트를 의지하던 그들을 향해 랍사게가 조롱할 때 사용한 표현이다. "이제 네가 너를 위하여 저 상한 갈대 지팡이 애굽을 의뢰하도다. 사람이 그것을 의지하면 그의 손에 찔려 들어갈지라. 애굽의 왕 바로는 그에게 의뢰하는 모든 자에게 이와 같으니라"왕하 18:21. 심리전의 방법으로 사용하였다고 하지만 세상 사람들도 다 아는 사실을 하나님의 사람들은 잘 모르고 있었다는 것이 문제였다.

개혁 신학은 '하나님의 주권' Sovereignty of God 신앙을 토대로 한다. '성삼위 하나님께서 역사의 주관자이시고, 온 피조 세계를 친히 다스리신다. 교회와 인생의 주인은 하나님이시다'는 고백을 기초로 한다. 하나님의 주권을 인정하는 사람은 '하나님 앞에서' Coram Deo 의 신앙으로 살아가게 된다. 개혁교회 신학의 토대를 놓은 장 칼뱅 Jean Calvin 은 어디를 가든 무엇을 하든 하나님 앞에 서 있는 자신을 보았으며, 여호와의 눈이 항상 자기를 감찰하고 계신다는 고백 위에 자신의 신학을 세워갔다. 개혁 신학은 창조와 섭리, 구원, 인간 역사, 신자의 삶의 영역에서의 하나님의 주권을 강조한다. 그것을 계승한 청교도 신학 역시 하나님 주권을 신앙과 삶의 중심에 둔다. '전적인 주권'은 구원, 섭리, 삶과 연결된다. 하나님이 주권자이시니 성도들은 삶의 모든 영역, 즉 가정, 직장, 사회에서 하나님의 영광을 위해 살아야 한다는 삶의 윤리, 직업 윤리, 노동 윤리 등을 정립한다. 청교도들은 신대륙으로의 이주를 하나님의 섭리적 인도로 이해하면서 광야, 새언약 공동체, 새로운 출애굽 등으로 개념화 한다. 개혁 신학이 하나님의 절대 주권과 영광을 강조했다면 청교도 신학은 그것을 계승하면서 삶 전반으로 확대하여 실천적 적용을 시도한다.

자신의 주권을 강조하는 이집트 파라오를 향해 경고하신다. 이스라엘 백성들은 '야웨 신앙'을 버리고 그 신상을 섬기라고 강요를 받았다. 그러면 이 땅에서 번성하고, 행복하게 될 것이라면서 회유와 압박을 가한다. 지금 통치자들이 세상을 움직여 가는 '지배 의식' royal consciousness 에 대항하여 하나님의 백성들은 세상에 대안 의식을 제시해야 한다. 그리스도인으로 산다는 것은 세상을 지배하는 거짓 의식에 대해 아니라고 말하고, 그 흐름에 저항하며 다른 방향으로 걸어간다는 의미를 가진다.

　장마철, 큰 탁류를 이루며 흘러가는 강줄기에는 생명 없는 온갖 것이 떠내려가지만 생명 있는 작은 물고기는 그것을 거슬러 올라간다. 저항의 삶이다. 봄날 꽃구경하러 간다고, 가을 단풍 구경 간다고 모두 난리법석일 때, 예배를 드리기 위해 달려가고 있다면 그도 지금 저항의 삶을 살고 있는 셈이다. 브루그만이 '저항으로서의 안식일'sabbath as resistance, 즉 예배의 날^{안식일, 주일}을 저항의 관점으로 본 것이 그런 의미이다. 아무도 가지 않아도 주님이 기뻐하시면 그 길을 가는 것, 모두가 가는 길이어도 주님이 기뻐하지 않으시는 그 길은 가지 않는 것, 그것이 신앙생활이다. 살아계신 하나님께서는 이렇게 말씀하신다. "사람의 아들아, 이집트 왕 바로와 정면으로 맞서라. 그와 모든 이집트 사람을 대적하여 **말씀을 전하여라**" 겔 29:2, *The Message* . 거짓에 대해, 억압에 대해, 지배 관념에 대해, 허위의식에 대해, 거짓 희망에 대해, 거짓 평화에 대해 맞서라고 말씀한다. 교회는 세상에 대해 대안 의식을 제시하고 보여주는 '대안 공동체'여야 한다.

다른 노래를 부르도록

　우리는 세상과 다른 노래를 부르도록 부름을 받았다. 그리스도인들은 공부도 열심히 하고, 돈도 많이 벌고, 책도 많이 읽고, 그래서 더 좋은 갈대 지팡이, 더 그럴싸하고, 더 최신인 갈대 지팡이를 취하기 위해서 사는 사람이 아니다. 만약 그렇다면 우리는 잘못 살고 있다. 모두가 부러워할 그럴싸한 것, 남들보다 더 큰 것에 온 마음을 두고 서성거리고 있다면 우리는 지금 잘못 살고 있다. 이 사역을 위해 에스겔을 따로 부르셨다. 모든 것이 끝난 것 같은 칠흑 같은 밤, 그는 노래하고 있다. 에스겔이 불렀던 노래의 제목은 '하나님의 임재와 말씀'이었고, 주제는 '하나님의 주권과 통치하심'이었다. 그는 노래했고, 하나님은 일하셨다.

잔머리 굴리지 말고 하나님 말씀 붙잡고, 그분을 신뢰하면서 믿음으로 달려가는 훈련을 계속하라. 아무도 가지 않는 외로운 길이지만 주님의 미소를 욕심내며 혼자서 걸어가는 훈련도 필요하다. 쉬운 길로만 가려고 하지 말고, 무엇이 바른 길인지 늘 찾고, 그 길을 걸어가려고 하라. 돈이 되고, 세상적으로 찬란하고 사람들이 모두 부러워하는 곳으로만 가려고 하지 말고, 하나님이 기뻐하시는 길인지를 늘 먼저 생각하라. 세상의 군왕들이 세워놓은 '거대한 신상'들 기웃거리며 이해타산의 주판을 두들기는 사람, 늘 잔머리 굴리며 사는 사람은 갈 수 없는 길이다.

'잔머리'하면 떠오르는 생각이 있다. 우리 집의 첫아이가 3월 1일에 태어났다. 성탄절에 사역하는 남편 따라 밤을 지새운 후, 8개월 되던 때 아이를 잃었기 때문에 일찍 결혼한 친구들보다 아이가 조금 늦은 편이었다. 당시, 초등학교 입학 나이 기준이 2월 28일이었다. 3월 1일생부터는 그다음 해에야 입학할 수 있었다. 하루 차이로 1년을 늦게 학교에 보내야 하는 상황이라 조금 잔머리를 썼다. 하루를 당겨서 2월 28일로 출생신고를 한 것이다. 그래서 아이는 초등학교를 한해 먼저 들어가게 되었다. 그런데 담임 목회를 하다가 늦은 나이에 유학길에 오르게 되었다. 4살 된 아이는 부모와 함께 미국으로 건너가 그곳 초등학교에 입학했다. 미국은 가을에 새 학년이 시작되기 때문에, 아빠의 잔머리는 아무 소용이 없게 되었다. 2월 28일, 아들 생일을 지낼 때마다 자주 들려오는 음성이 있다. "운용아, 잔머리 굴리지 마라!"

세상에는 온통 잔머리를 굴리며 사는 사람이 많다. 진실함과 우직함으로 자리를 지키는 사람보다는 잔머리 잘 쓰는 사람이 인정도 받고, 출세도 하는 세상이다. 그래서 온통 잔머리가 지배하는 세상이 되었다. 오죽했으면 "못생긴 나무가 산을 지킨다"라는 말이 생겨났을까? 어렵고, 힘들어서 도와줄 사람, 힘이 되어줄 사람이 필요하다. 신학교에서도 성골, 진골, 금수저, 흙수저 이야기를 심심찮게 듣게 된다. '개천에서 용 났다'는 말이 통하지 않는 시대가 되었다. 의지할 사람, 도와줄 사람이 필요해서 찾아 헤매는데, 성경은 가까스로 찾아낸 그것이 상한 갈대 지팡이란다.

흔히 음을 정확히 찾지 못하는 사람을 '음치', 길눈이 어두운 사람은 '길치', 혹은 '방향치'라고 한다. 언젠가 읽은 시가 긴 여운으로 남아 있다.

> 나는 방향치입니다/ 길을 걷다가도 조금이라도/ 모르면 사람을 잡고/ 묻기 시작합니다/ 표지판이 있어도/ 약도가 있어도/ 사람에게 물어봐야 하는/ 나는 방향치입니다// 주님/ 나는 방향치입니다/ 인생을 살다가 조금이라도 힘들면 사람을 잡고 묻기 시작합니다/ 이 길이 맞다는/ 주님의 약도를/ 손에 들고 있어도/ 삶이 고통스러우면/ 그 길이 아닌 것 같이 느껴지는/ 아, 나는 방향치입니다.[11]

신앙생활을 하다 보면 믿음으로 잘 살아지지 않을 때가 많이 있다. 힘든 일이 생기고, 속상한 일이 생기면 믿음이 잘 작동하지 않을 때가 있다. 이 길이 맞는 것인지, 내가 바로 가고 있는 것인지 의문이 들 때

---

11 무명, "방향치," 『낮은 울타리』(1999년 6월호).

도 있다. 어디로 가야 할지 방향을 찾을 수 없을 때도 있다. 방향치로 살지 않기 위해 필요한 것은 그분의 현존, 역사하심, 통치하심에 대한 확고한 믿음이다. 그 믿음 위에 늘 나를 올려놓는 방법밖에는 없다.

미국에서 석사과정을 마무리하면서 박사과정을 응시해 놓고 기다리고 있을 때였다. 당시 설교학 분야 박사과정을 오픈하고 있는 곳은 몇 학교밖에 없었고, 그나마 전액 장학금을 주는 곳은 두 곳밖에 없었다. 그중 한 곳에서 입학 허가를 받지 못하면 공부를 중단해야 하는 상황이었는데, 그 두 학교에 학생들이 몰려서 경쟁이 치열하다는 것이었다. 좋은 학점을 받기 위해 전념하던 때여서 집안일은 늘 아내 몫이었다. 운전하는 것을 부담스러워했지만 아이 등하교도 아내가 감당했다. 어느 날 방과 후에 아내가 학교에서 아이를 데리고 오다가 교통사고를 당했다. 사거리에서 빨간 신호등에 멈춰 섰다가 신호가 바뀌면서 막 출발했는데, 무리하게 건너려던 중형트럭이 아내가 운전하는 차를 들이받은 것이다. 차는 5-6m 밖으로 나가떨어졌고, 피곤하다고 해서 뒷자리에 눕게 했던 아이가 머리를 다쳐 피가 많이 나고 있었다. 주변 가게에 도움을 받아 경찰에 신고하고서 구급차가 오기를 간절히 기다렸다. 10여 분 만에 도착한 구급차에 아이를 싣고 막 출발하려고 하는데, 경찰이 리포트에 사인을 하고 가라고 했다. 아이 이마에서 피가 많이 흐르고 있어 손수건으로 그것을 막고 있었고, 아이가 지금 얼마나 다쳤는지 몰라 마음이 급했던 아내는 자세히 보지도 않고 사인을 해 주었다. 자기가 잘못한 것이 없는데 경찰이 어련히 알아서 했을까 순진한 생각에서였다. 그리고 허겁지겁 병원으로 달렸다.

소식을 듣고 병원에 달려가서 아이 응급처치하는 의사를 잠시 만난 후, 복도에서 기다리면서 자초지종을 들을 수 있었다. 아내가 잘못한 것은 아무것도 없어 보였다. 아내에게 경찰이 리포트 카피 주지 않더냐고 물었더니, 주머니를 뒤지더니 접어진 종이를 건네주었다. 종이를 펴보니 제일 먼저 내 눈에 들어온 글씨가 있었다. "Violation of a Red Light" 빨강 신호등 위반. 그런데 그 밑에 아내는 용감하게 사인을 한 것이다. 아이를 빨리 병원으로 옮겨야 하는 엄마 눈에는 그 글씨가 들어오지 않은 것이다. 나중 경찰청에 가서 경찰 리포트 원본을 떼어 보니 완전히 아내가 잘못한 것으로 리포트가 작성되어 있었다. 놀란 아이가 심하게 울어서 대화가 어렵기도 했지만 어떻게 한마디도 물어보지 않고 가해자인 백인 운전자 설명만 듣고 이렇게 작성했을까 분노가 느껴졌다.

변호사를 만나 보았더니 백인하고 연루된 교통사고에서 이런 경우 이긴 케이스를 본 적이 없다면서 빨리 마음 접으라고 했다. 학교에 변호사 출신 학생이 있어서 그들도 만나 보았지만 같은 이야기였다. 아내가 사인한 것은 그것을 인정한 것이기 때문에 어렵다고 했다. 더욱이 저쪽에는 증인까지 한 명 확보해서 증언을 청취해 기록해 놓았기 때문에 뒤집을 확률은 거의 없다고 했다. 나중에 그 증인에게 어떻게 그렇게 거짓말을 할 수 있느냐고 전화해서 따졌지만 아무 것도 바뀌지 않았다. 하지만 법정에서 아이가 다친 상황에서 경찰이 한쪽 의견만 듣고 리포트를 꾸민 것은 분명한 인종차별이니까 그 점을 한번 부각시켜 보라고 했다. 변호사 살 돈도 없어 법정에 가서 직접 설명하였지만 소용이 없었다. 인종차별이 역력하게 느껴졌다. 결국 벌금까지 물고 법원을 나와야 했다. 돈 아낀다고 상대편 차만 커버해 주는 보험을 들어 놓았기 때문에 차를 다시 고치려고 했더니 5천 불, 거의 600만 원 정도의 견적이 나왔다. 말로만 듣던 인종차별을 온몸으로 경험하던 순간이었다. 다행히 아이는 목 부근의 뼈만 부러졌고 다른 곳은 크게 다치지 않았다. 입원해서 하룻저녁을 보냈는데 의료보험이 없으니 하루 병원비가 5천 불이 나왔다. 한쪽만 커버하는 보험이어서 자동차 수리비가 5천불이 넘게 나왔다. 폐차 하라는 말이었다. 사인을 한번 잘못해서 한 순간에 1만 불의 돈이 날아갔다. 가난한 유학생에겐 1년 생활비였다.

재판에서 지고 돌아오던 날, 정말 억울해서, 학교 예배실에 가서 엎드렸다. "하나님, 차라리 그 돈을 헌금이나 하게 하시지 가난한 유학생 목사가 이렇게 억울하게 손해를 봐야 합니까?" 하나님께 항변했다. 투정하고 있는 나에게 마음속에 주님은 세미한 음성을 들려주셨다. "너는 그것으로 억울하다고 하느냐? 나는 내 사랑하는 아들을 너를 위해서 주고도 한 번도 억울하다는 이야기해 본 적이 없다. 내가 책임질 텐데 왜 걱정하느냐? 도대체 목사란 놈이 믿음이 어디 있느냐?" 그리고 주님은 입술에 찬양을 담아주셔서 부르게 하셨다. 그 자리에서 주시는 찬양을 받아 적으며 울었다.

우리가 알거니와 하나님을 사랑하는 자/ 그 뜻 따라 부름 받은 자에겐/ 모든 것 합력하여 선을 이루느니라/ 염려 말라 두려 말라 내가 너를 도우리라/ 염려 말라 두려 말라 모든 것 다 맡기어라/ 능력의 오른팔로 내가 너를 도우리라.

홍해를 가르신 주 하늘 만나 먹이신 주/ 반석에서 물을 내신 여호와/ 너를 향한 뜻 가지고 인도하고 계시니라/ 도우시리 도우시리 주가 너를 도우시리/ 도우시리 도우시리 주가 널 도우시리/ 능력의 오른팔로 주가 너를 도우시리.

아무것 염려 말고 믿음으로 의지하라/ 네 구할 것 주님 다 아시니/ 아무 염려하지 말고 주님께 기도하라/ 입히시리 먹이시리 주가 너를 돌보시리/ 공중 새도 먹이셨다 하물며 너희일까/ 능력의 오른팔로 주가 너를 돌보시리.

너는 내게 존귀한 자 너는 나의 어여쁜 자/ 내가 너의 힘이 되어 주마/ 너의 걱정 떨쳐 내고 주님만 의지하라/ 너는 내게 존귀한 자 너는 나의 어여쁜 자/ 버리지 아니하며 내가 널 사랑하리/ 능력의 오른팔로 내가 너를 사랑하리.[12]

우리가 알거니와
(악보)

결국 우리가 드려야 할 기도는 한가지로 축약된다. "주님, 우리도 방향을 잃지 않게 하소서. 끝까지 잘 달리게 하옵소서!" 하나님을 신뢰하기에 우직하게 믿음을 지키고, 묵묵히 걸어갈 수 있는 담대함이 우리에게 필요하다. "내가 여호와를 항상 내 앞에 모심이여 그가 나의 오른쪽에 계시므로 내가 흔들리지 아니하리로다"[시 16:8]. 늘 주님 앞에 서 있기에 우직하게 믿음의 길을 걷는 그 모습이 아름답다. 종종 꺼내 읽는 신현림의 시는 미소를 심어주고, 마음의 담대함을 불러일으킨다.

행복은 행복하리라 믿는 일/ 정성스런 손길이 닿는 곳마다/ 백 개의 태양이 숨 쉰다 믿는 일/ 그리운 사람들을 부르며/ 소처럼 우직하게 일하다 보면/ 모든 강 모든 길이 만나 출렁이고/ 산은 산마다 나뭇가지 쑥쑥 뻗어 가지/ 집은 집마다/ 사람 냄새 가득한 음악이 타오르고/ 폐허는 폐허마다 뛰노는 아이들로 되살아나지/ 흰 꽃이 펄펄 날리듯/ 아름다운 날을 꿈꾸면/ 읽던 책은 책마다 푸른 꿈을 쏟아내고/ 물고기는 물고기마다 맑은 강을 끌고 오지/ 내가 꿈꾸던 행복은 행복하리라 믿고/ 백 개의 연꽃을 심는 일/ 백 개의 태양을 피워

---

12 김운용 작사, 작곡, "우리가 알거니와" (1995).

내는 일.[13]

묵묵히 자기 자리를 지키며, 믿음을 따라 나아가는 그 우직함과 고요함이 느껴지지 않는가? 묵묵히 백 개의 연꽃을 심고, 태양을 피워 내는 그 모습이 참 아름답지 않는가? 그 우직하게 삶의 자리를 지키는 이가 있어 "모든 강, 모든 길이 만나 출렁"인다는 시인의 외침에서 전율이 느껴진다. 폐허의 땅이 회복되고 생명이 살 수 없는 죽은 강이 회복되어 맑은 강으로 바뀌고 거기 힘찬 물고기의 움직임으로 가득하여 그려보는 이의 가슴을 미소로 가득 채운다.

1901년, 우리 민족이 깊은 어두움 가운데 있을 때, 하나님께서는 평양 땅에 작은 학교를 시작하셨다. 학생 2명, 교수는 선교사들 4-5명. 뿌려진 작은 씨앗은 124년을 지나면서 이제는 신학도 2,500여 명이 재학하는 큰 나무가 되었다. 내가 섬기고 있는 장로회신학대학교 이야기이다. 민족과 함께, 교회와 함께 달려온 학교는 공산주의 핍박을 피해 남쪽으로 내려와, 남산을 거쳐 광나루 언덕에 자리 잡았다. 민족의 아픔을 동일하게 경험하면서, 통일 시대를 감당해 갈 복음의 일꾼을 양성하는 일을 계속 이어오고 있다. 그 어간, 약 3만 7천의 동문을 배출하였고, 현재는 95개국에서 사역을 이어가고 있다.

초기 졸업생과 재학생들은 3·1만세운동에서는 민족 대표로 활동하기도 했고, 지역의 영적 지도자로 만세운동을 이끌기도 했다. 수많은 이들이 투옥되고 고통을 당했다. 신사참배 강요를 거부하며 학교를 자진 폐교하기도 했고, 많은 이들이 옥고를 치르고, 순교의 제물이 되기도 했다. 해방의 기쁨도 잠시, 공산주의의 회유에 저항하다가 4대 교장

---

13 신현림의 시, "행복," 전문.

김인준 박사, 5대 교장 이성휘 박사는 순교를 당한다. 시대는 어두웠고, 대처할 능력을 갖춘 것도 아니었지만 그들은 하나님 앞에 엎드렸고, 그분을 의지하고 신뢰하며 우직하게 섬겼다. 그들은 묵묵히 사명의 길을 걸었고, 하나님께서는 일하셨다. 밤이 깊어 변절의 길을 걷는 이들이 많았지만, 그 어두움의 시간, 믿음의 노래로 덮어가기 시작했다. 그때 하나님께서 역사하셨다.

4대 교장 김인준

5대 교장 이성휘

백석 문학상, 정지용 문학상, 문병란 문학상 등을 수상한 이시영은 칠십 평생, 올곧게 한 길을 걸었던 시인이다. 세상 어두움과 정면 대결하면서 민족적 사실주의와 깊은 서정으로 시대를 일깨운 시인이었다. 어두움 가득한 인생길에서 가져야 할 자세를 잘 그려주고 있어 즐겨 읽는 시가 있다. "아침부터 까치 한 쌍이/ 머리 위의 온 하늘을/ 가르며 찢고 까불고/ 생각하느니/ 내게도 저리 기쁜 날이 있었던가."¹⁴ 시를 읽으면 저절로 오늘 나의 삶을 돌아보게 된다. 눈 쌓이고 먹을 것 없는 차가운 겨울 아침에도, 모든 것이 묶여 있는 그런 상황에서도 주신 새날을 감사하며 그저 온 하늘을 날며 저리 찢고 까부는 저 까치처럼 나도 저런 환희와 기쁨으로 지금 소명의 길을 달리고 있는가? 우리는 다른 노래를 부르도록 부름 받았다. 우리 선배들은 겨우, 억지로, 마지못해 부르는 것이 아니라 터질 듯한 가슴으로 그 노래를 불렀다.

---

14 이시영의 시, "좋은 기쁜 날," 전문. 이시영 시집, 『은빛 호각』 (서울: 창작과 비평사, 2014).

3

Ability

그 골짜기의 양치기를 만나보라

일상의 모든 시간 속에 깃든
하늘의 빛을 알아차릴 때
삶은 신비가 된다.
— 유진 피터슨[1]

거친 파도가 만들어내는 것

인생길에는 '위기'로 느껴지는 순간이 자주 있다. 그 순간이 참 힘이 드는 것은 지금까지 쌓아온 것이 송두리째 무너져 내리거나, 대처할 힘이 내게 부족하다고 느낄 때 갖게 되는 감정이다. 종종 경험하는 일이다. 아무 말도 할 수 없어 그저 침묵하며 주님 앞에서 탄식해야 할 때도 있다. 학교가 어려워져 총장직무대행으로부터 시작하여 등 떠밀려 총장직을 수행하게 되었다. 너무 힘이 들어 어느 때는 아무도 없는 깊은 산 숲속에서 하루를 보내고 싶다는 생각이 들 때도 있었지만, 산적한 업무 때문에 무거운 걸음으로 학교를 향할 때도 있었다. 견디기 힘든 무게 때문에 혼자 울 때도 있었고, 다 내려놓고 싶었을 때도 있었다. 학교를 책임지고 세워야 하는 중책이 주어졌으니 그리할 수도 없

---

1   Eugene H. Peterson, *Light in a Lovely Miles*, 홍종락 역, 『길 위의 빛, 예수 그리스도』(서울: 복있는 사람, 2024).

어 새벽 제단에 늘 엎드릴 수밖에 없었다.

우리는 개인 차원에서 위기 상황을 경험하기도 하지만, 국가적, 교회적 위기를 경험할 때도 있다. 오늘 유월의 산하는 푸르름이 짙어가고 참 아름답게 다가온다. 하지만 어느 시대에는 온 나라가 쑥대밭이 되고, 어린아이들을 등에 업고 머리에 짐을 이고 수천 리 길을 걸어야 했다. 목적지도 없이 그저 남쪽을 향해 걸었고, 산과 들은 젊은이들의 주검으로 넘쳐나던 전쟁의 시대도 있었다. 이 땅의 민주화를 위해 목이 터질 듯 외치다가 젊은 생명을 내려놓기도 했던 민주화 항쟁 시대도 있었다. 우리는 그 위기와 폐허 속에서도 꽃을 피워 냈다.

바람과 돛을 이용하여 동력을 만들던 범선帆船이 항해할 때 항해사들이 가장 두려워했던 것은 '무풍지대'였다. 맞바람도 잘 이용하면 앞으로 나아갈 수 있지만, 바람이 안 불면 오도 가도 못하기 때문에 그들은 그 지대를 피해 가기 위해 고심했다. 그래서 바람 한 점 없는 적도 부근을 그들은 '죽음의 바다'라고 부르기도 했다. 기계 동력을 이용해 항해하던 시대에 가장 두려워한 것은 '폭풍'이었다. 그 시대의 항해사들은 파고와 파장을 가늠하면서 항해했다. 어느 시대든, 그 위기 상황에 제대로 대응하지 못하면 낭패를 당하기 때문이다. "비관주의자는 바람이 부는 것을 불평한다. 낙관주의자는 바람의 방향이 바뀌기를 기대한다. 현실주의자는 바람에 따라 돛의 방향을 조정한다." 윌리엄 아서 워드 William Arthur Ward가 한 말을 인용하면서 시인 고두현은 "거친 파도가 유능한 뱃사람을 만든다"고 주장한다.[2]

---

2   고두현, "거친 파도가 유능한 뱃사람을 만든다," 『한국경제』 (2021년 5월 29일).

그날 엘라 골짜기

국가적 위기 앞에서 유능한 뱃사람이 파도를 헤쳐가듯, 그 위기의 순간을 대처해 가는 모습을 구약의 한 말씀이 우리에게 선명하게 보여 준다. 이스라엘 평지 쉐펠라 지역은 "유대 산맥으로 이어지는 능선과 계곡이 동쪽에서 뻗어 나와 넓고 광활한 지중해 연안의 평야"로 이어지는 곳이었다. 엘라 골짜기는 그곳의 다섯 골짜기 중의 하나이다. 당시 포도밭과 밀밭, 나무숲이 펼쳐지는 그곳은 "숨 막힐 듯 아름다운 풍경을 자랑하는 곳"이며 "전략적 요충지"였다. 그래서 수 세기 동안 그 지역을 차지하려는 전쟁이 이어진 곳이다. 그 지역은 유대 고원 지역의 헤브론, 베들레헴, 예루살렘으로 진군하기 좋은 교두보와 같은 곳이었다. 능선을 따라 산악지형을 지나면 베들레헴에 이르고, 남쪽으로 가면 다윗 당시 수도였던 헤브론에 이르며, 북쪽으로 가면 예루살렘과 첫 번째 수도 기브아에 이른다. 예루살렘과 헤브론을 차단하거나 동시 공략이 용이한 전략적 요충지였다.

그곳에는 다섯 골짜기가 있는데, 북쪽에서 남쪽으로 이어지는 순서로 보면 기브온과의 전투에서 여호수아가 해와 달을 멈추게 했던 아얄론 골짜기 수 10장, 삼손의 전투와 관련이 있는 소렉 골짜기 삿 16장, 그리고 다윗과 골리앗의 전투가 벌어진 엘라 골짜기 삼상 17장, 엘라 골짜기 남쪽 마레사와 관련이 있고, 고대 유대와 블레셋의 경계선이 되었던 구벨 골짜기, 쉐펠라 남쪽의 대표적 통로였고, 앗수르 산헤립이 침공할 때 점령했던 라기스 골짜기 왕하 18장 등

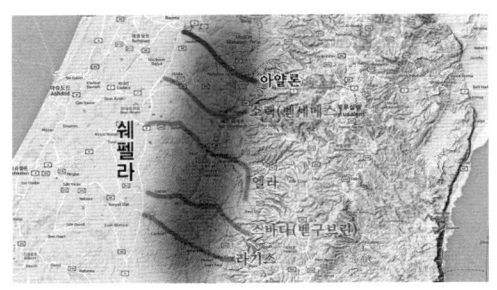

쉐펠라 골짜기

이다. 그 중, 엘라 골짜기는 12세기 십자군이 이집트의 살라딘 왕을 맞아 싸운 격전지였고, 마카비 전쟁의 주 무대이기도 했다. 골짜기 양편에는 약 50m 높이의 산이 있고, 골짜기 중앙에는 약 400m 정도의 평지가 형성되어 있었다.

당시 지중해 해변을 점령하고 있던 블레셋은 이 골짜기를 넘어 그 세력을 확장하려고 했고, 그것을 막아내려던 이스라엘 군대와 엘라 골짜기에서 충돌한 것이다. 크레타섬 출신인 블레셋 사람들은 팔레스타인으로 이주하여 해안에 정착하여 살고 있었다. 그들은 풍부한 전투 경험을 지닌 민족이었고, 베들레헴 근처까지 진출하기 위해 진군을 했다. 사울의 통치하에 산악 지대에서 무리를 지어 살던 이스라엘 백성들이 그들을 막고 있었다. 블레셋 군대는 엘라 골짜기 남쪽 능선에 진지를 구축했고, 이스라엘 군대는 북쪽 능선을 따라 반대편에 진지를 구축하면서 전선이 형성되었다. 평지를 지나 적군이 진을 치고 있는 반대편 능선으로 접근하는 것은 죽음을 뜻하는 것이기에 서로 관망하고 있었고, 전투는 교착상태였다. 그런 상태를 풀기 위해 적은 전체를 대표하여 한 사람이 나와 싸우는 일대일 싸움 방식을 제안한다. 그것은 당시 일반적인 전투방식이었다.

블레셋의 군대는 가장 뛰어난 전사를 능선 아래로 내려보낸다. 당시 전쟁에 나서는 군인은 보통 세 종류가 있었다. 말을 타거나 말이 이끄는 전차를 타는 '기병'이 있는데 지금으로 치면 '기갑' 병과인 셈이다. 둘째는 갑옷을 입고 칼과 방패로 무장한 '보병'이다. 세 번째는 오늘로 치면 '포병'에 해당하는 발사병, 혹은 투석병이었다. 블레셋의 대표 선수는 보병이었고, 중무장하고 있었다. 성경은 그의 키가 여섯 규빗 한 뼘이었다고 전하는데, 오늘로 치면 약 2m 90cm가 넘는 거인 장수였다.[3] 성경은 그 광경을 이렇게 전한다.

블레셋 사람은 한쪽 산 위에 있고, 이스라엘 백성은 반대쪽 산 위에 있는데, 그 사이에 골짜기가 있었다. 블레셋 진영에서 키가 거의 3m나 되는 거인 하나가 넓게 트인 곳으로 걸어 나왔다. 그는 가드 사람 골리앗이었다. 머리에는 청동 투구를 쓰고 갑옷을 입었는데 갑옷의 무게만 57kg이나 되었다. 그는 또 청동 각반을 차고, 청동 칼을 들고 있었다. 그의 창은 울타리의 가로장만큼 굵었고 창날의 무게만 해도 7kg에 달했다. 그의 앞에서는 방패를 드는 자가 걸어 나왔다 삼상 17:3-7, The Message.

적국의 장수는 일대일로 결투해서 결판을 내자고 계속 소리를 질러댔다. 40일 동안 아침저녁으로 그 자리에 나와 소리쳤다. 이스라엘 진영에선 아무도 나설 자가 없었고, 적당한 대책도 없어서 골머리를 앓으며 떨고 있었다. 그런 상대와 맞설 수 있는 사람은 없었다. 그런데 이스라엘 진영에서 자원한 사람이 있었다. 기병, 보병, 포병 중에서 과연 어느 부대 소속 용감한 장수가 나선 것인가? 그 어디에도 속하지 않은 한 10대 소년이 나섰다.

당시 입대 가능한 나이가 스무 살이었고, 형들이 세 명이나 복무 중이었으니 여덟째인 다윗은 나이가 많아도 10대 중반 정도였을 것이다. 들에서 양을 돌보다가 부모님 심부름으로 형들에게 물건을 전하기 위해 달려간 걸음이었다. 심부름하러 갔다가 우연히 그 상황을 본 것이었다. 겁 없는 십대가 러시안 룰렛 Russian Roulette [4]이 얼마나 위험한 것인지 모르고 나선 것이다. 그런데 수없이 작전회의를 했을 이스라엘 진영 지휘부에서는 그 어린 소년을 이스라엘 대표 선수로 내보내기로

---

3   대략 한 규빗은 45cm, 한 뼘은 20cm 정도이다.
4   권총에 탄환을 한 발 넣고 실린더를 돌린 뒤 차례로 방아쇠를 당겨 승부를 결정짓는 위험한 놀이.

결정한다. 국가의 명운이 달린 일에 어떻게 어린 소년을 대표 선수로 내보낼 수 있단 말인가? 이해가 되지 않는 상황이다. 능선에서 그 광경을 지켜보던 군인들은 이제 끝났다고 생각했을 것이다. 당시 전투에 나가는 병사는 청동 투구를 쓰고, 전신을 갑옷으로 두르고, 던지는 창과 찌르는 창, 그리고 칼을 차고 나간다. 그의 앞에는 보조병 한 명이 날아오는 화살을 막기 위해 큰 방패를 들고 서 있다. 그에 비해 어린 다윗은 제대로 무장도 하지 않고, 맨몸으로 혼자서 나간다는 것이 말이 되는가? 자기들의 운명을 결정할 사람인데, 그를 보면서 얼마나 불안했을까?

노래하는 그 양치기

오늘의 상황은 사역자로 나선 사람들을 위축시키기에 넉넉하다. 그날 엘라 골짜기에 서 있던 젊은 그 군인들도 그랬다. 모두가 깊은 두려움에 떨고 있었지만, 거기에 믿음의 노래를 부르는 사람이 있었다. 그 두려운 현장에서 어떻게 그는 힘차게 믿음의 노래를 부를 수 있었을까? 세상 물정 잘 모르고, 전쟁터가 어떤 곳인지 몰라서 그런 것인가? 무엇이 그를 노래하게 하였을까? 무엇이 그를 춤추게 만든 것일까? 그 이유를 찾으려면 엘라 골짜기에 서 있는 그 양치기를 한번 만나보아야 한다.

무엇보다 그에게는 흔들릴 수 없는 '거룩한 확신'이 있었다. 모두가 떨고 있는 현장에 그가 나섰을 때 노련한 백전노장 사울이 그렇게 말했다. "저 블레셋 사람과 너는 싸울 수 없다, 너는 너무 어리고, 경험도 없고, 가진 것도 없어서 저 장수는 네가 못 이긴다." 백번 지당한 말이다. 그런데 그 젊은이가 사울에게 대답한다. "저는 그동안 목자로서 아버지의 양을 돌봐 왔습니다. 사자나 곰이나 양 떼에게 접근해 새끼 양을 채어갈 때면 쫓아가서 그 짐승을 때려눕히고 새끼 양을 구했습니다…. 사자의 이빨과 곰의 발톱에서 저를 구해내신 하나님께서 저 블레셋 사람에게서도 구해 내실 것입니다" 삼상 16:34-37, The Message. 사울은 현상에 근거한 이야기를 하고 있고, 소년 다윗은 믿음에 근거한 이야기를 하고 있다. 다윗의 가슴에는 지금 하나님의 현존과 역하심에 대한 확신으로 가득 차 있다. 모두가 적국 장수의 거대한 키, 무중한 갑옷, 무시무시한 칼과 창, 그를 보호하는 거대한 방패를 보며, 그 현상에 지배당하고 있고, 한 사람은 천지의 대주재이신 분의 현존에 이끌리고 있다.

    그것은 저절로 된 것이 아니라 삶의 현장에서 경험을 통해 체득한 것이다. '시퍼렇게' 살아계신 하나님, 그의 삶의 현장에서 경험한 하나님을 신뢰하는 믿음 위에 굳게 선다. 섬세하게 준비해 주시는 여호와 이레, 늘 이기게 하시는 여호와 닛시, 여기까지 도와주신 에벤에셀의 하나님을 내 하나님으로 경험한 사람에게서 나온 확신이었다. 아버지의 하나님을 내 하나님으로, 아브라함의 하나님을 내 하나님으로, 성경 속의 하나님을 내 하나님으로의 경험한 그 체험은 우리 안에 거룩한 확신을 낳는다. 그 확신은 나의 정체성을 확고하게 만든다.

    뜰을 붉게 물들이는 장미의 계절, 한 시를 읽으면서 미소와 함께 그 정경이 선명하게 그려졌다.

경복궁 맞은편 육군 병원엔 울타리로 넝쿨장미를 심어놓았습니다. 조경사의 실수일까요, 장난일까요. 붉고 탐스런 넝쿨장미가 만발한 오월, 그 틈에 수줍게 내민 작고 흰 입술들을 보고서야 그중 한 포기가 찔레인 줄을 알았습니다. 그토록 오랜 세월, 얼크러설크러 졌으면, 슬쩍 붉은 듯 흰 듯 잡종 장미를 내밀 법도 하건만 틀림없이 제가 피워야 할 빛깔을 기억하고 있었습니다. 꽃잎은 진 지 오래되었지만 찔레 넝쿨 가시가 아프게 살을 파고듭니다. 여럿 중에 너 홀로 빛깔이 달라도 너는 네 말을 할 수 있겠느냐고.[5]

찔레는 화려한 장미들 틈바구니에 서 있어도 기죽지 않고 자기만의 색깔로 꽃을 피운다. 아무리 오랜 시간 서 있어도 틀림없이 자기만의 색깔로 피어난다. 여러 중에 너 홀로 색깔이 달라도 너는 그리스도인으로서 너만의 색깔로 설 수 있겠느냐? 묻고 있다. 창조주께서 내 안에 넣어 주신 정체성 때문이다. '나는 하나님의 사람이다.' 자기 정체성 확인이 중요하다. 놀라운 것은 10대 중반의 어린 양치기가 이런 확신으로 일어섰을 때, 사울 왕도 그를 인정하고 있다. 그에게도 그동안 희미해진 믿음이 작동하기 시작했다는 의미이다. "가거라. 하나님께서 너를 도우시기를 빈다." 40일 동안 밤낮으로 소리를 지르고 하나님을 야유할 때 아무 대꾸도 못하고 가슴 조이고 있던 사울에게 믿음이 가동하기 시작한 것이다. "하나님께서 너를 도우실 것이다."

또 하나의 요소는 '거룩한 야성'이었다. 가슴에 이런 확신이 넘쳐났을 때 그는 일어설 수 있었다. 그때 달려갈 수 있는 믿음의 야성이 작동한다. 그 야성은 '왕의 갑옷'을 내려놓게 만든다. 전쟁터에서 갑옷은 생명 싸개이다. 그런데 그 갑옷은 성인용이라 너무 크고, 거추장스러웠고, 부자연스러웠다. 그것들을 다 벗어버리고 전쟁터로 나갈 수 있었던 것은 '야성' 때문이었다. 적국의 장수는 청동 비늘 수백 개를 중첩해 만든 정교한 철 갑옷으로 챙겨 입고 있지만, 조금도 기죽지 않을 수 있었던 비결이었다. 이 엘라 골짜기의 양치기는 도대체 무엇을 믿고

---

5 반칠환의 시, "장미와 찔레," 전문. 반칠환 시집, 『뜰채로 죽은 별을 건지는 사랑』(대전: 지혜사랑, 2012), 105.

있었기에 그 생명 싸개를 벗어던진 걸까? 세상이 보증한 그 갑옷을 어떻게 내려놓는가? 갑옷을 의지하는 사람은 결코 그것을 내려놓을 수 없다. 그가 내려놓을 수 있었던 것은 그가 갑옷을 의지하며 산 사람이 아니었기 때문이다. 그가 의지하였던 것은 화려한 갑옷이 아니었다. 그가 의지했던 것은 역사를 주관하시는 하나님의 능력의 손이었다.

주님이 나와 함께 하신다는 확신이 있어 갑옷을 내려놓을 수 있었다. 거룩한 야성은 확신에서 파생된다.

> 너는 칼과 창과 도끼를 가지고 내게 오지만 나는 네가 비웃고 저주하는 만군의 하나님, 이스라엘 군대의 하나님의 이름으로 나아간다. 바로 오늘 하나님께서 너를 내 손에 넘겨주실 것이다…. 이스라엘에 참으로 놀라우신 하나님이 계심을 온 땅이 알게 될 것이다. 하나님께서는 칼이나 창으로 구원하는 분이 아니심을 여기 모인 모든 사람이 깨닫게 될 것이다. 전투는 하나님께 속한 것이니 그분께서 너희를 우리 손에 손쉽게 넘겨줄 것이다.[6]

이 확신과 야성이 느껴지는가? 오늘 진정으로 우리에게 필요한 것도 하나님만을 신뢰하는 믿음에서 나오는 야성이다.

그리고 그가 집어 든 것이 무엇이었던가? 목자의 지팡이, 매끄러운 돌 다섯 개, 물매였다. 그것이 전부였다. 거기에 믿을 수 없는 기적이 일어난다. 이길 수 없는 전쟁에서 어린 양치기가 승리하는 역사가 일어난다. 승리의 비결이 무엇이었던가? 거룩한 확신, 거룩한 야성, 물맷돌 다섯 개였다. 한가지 더 필요한 것이 있었는데 물맷돌과 그것을

---

6 삼상 16:45-47, *The Message*.

던질 줄 아는 숙련된 기술이었다. 말콤 그래드웰Malcolm Gladwell은 그의 책에서 이렇게 설명한다.

> 투석병은 긴 밧줄 양쪽 끝에 매어놓은 가죽 물매를 가지고 있었다. 이들은 물매 안에 돌 또는 납 구슬을 넣고 이를 휘돌려서 점점 크고 빠른 원을 그렸다. 그리고 밧줄의 한쪽 끝에 놓으면 돌은 앞으로 날아간다. 투석은 엄청난 기술과 연습을 필요로 한다. 숙련된 병사의 물매는 아주 치명적인 무기였다. 중세 시대의 그림을 보면 투석기로 날아가는 새도 떨어뜨릴 정도였다. 사사기에서는 투석병의 정확도를 머리카락 굵기 안이라고 묘사할 정도였다.[7]

맹수로부터 자기 양을 지키기 위해 쉼 없이 연습하고 숙련하였다는 말이다. 그 분야의 최고가 되기 위한 노력 위에 하늘의 도우심이 있었고, 그때 위대한 승리가 가능했다.

물맷돌도 없고 던질 줄도 모른다

우리도 오늘 영적 전투의 현장에 서 있다. 그런데 주머니에 물맷돌이 없다. 그것만이 아니다. 물맷돌을 던질 줄도 모른다. 아니, 던지긴 하는데 정확도가 현저히 떨어진다. 물맷돌도 없으면서 골리앗 이기겠다고 하지 말고, 물맷돌을 준비하라. 그리고 하나님께서 쓰실만한 도구로 자신을 훈련하라. 오늘 우리도 엘라 골짜기에 서 있다. 그날 엘라 골짜기의 이스라엘은 블레셋 장수 앞에서 아무 대꾸도 못하고 모두 숨죽

---

[7] Malcolm Gladwell, *David and Goliath: Underdogs, Misfits, and the Art of Battling Giants*, 선대인 역, 『다윗과 골리앗』(서울: 21세기북스, 2014), 24.

이고 있었다. 미래에 대한 불확실성에 두려움을 느끼며 떨고 있었다. 하지만 그 골짜기의 양치기는 믿음의 노래를 부르고 있었다. 힘차게 전진하고 있었다. 그를 만나보라. 그가 부르는 믿음의 노래를 입술과 가슴에 담으라.

　냇물은 아무 장애물이 없으면 고요하게 흐르지만, 앞에 장애물이 있으면 노래하기 시작한다. 거대한 장벽과 같은 골리앗이 가로막고 있을 때, 다윗의 가슴에서는 믿음의 노래가 흘러나온다. 살아계신 하나님의 나라가 모욕을 당하고 있을 때 자신을 내놓았던 그 헌신의 사람 가슴에서는 노래가 흘러나온다. 헌신은 계산하는 곳에서 나오지 않는다. 계산하고 전쟁에 나가지 않았다. 출세해 보려고 나간 것도 아니었다. '주님의 나라를 위해 내 젊음을 드리리라.' 그 헌신의 자리에서 믿음의 노래가 나왔다. '저 골리앗을 무너뜨리고 하나님의 영광을 바로 세우리라.' 그 열정의 자리에서 나온 것이다.

　거창한 구호도 필요하지만, 오늘 정말 중요한 것은 물맷돌이고, 그것을 던질 수 있는 탁월함과 정확성이다. 민족 복음화니, 세계 복음화니 목소리를 높이는 것도 필요하지만, 정작 내 주머니는 텅 비어 있고, 내 가슴은 텅 비어 있지 않은지를 늘 점검해야 한다. 그것은 그냥 생겨나지 않고, 하나님 나라를 위한 치열한 준비와 자기 훈련에서 나온다. 엘라 골짜기의 그 양치기에게 있었던 그 물맷돌이 오늘 내 주머니에도 있는가? 깊이 자신을 성찰할 때마다 입술에 맴도는 찬송이 있었다.

십자가의 길
순교자의 삶

내 마음에 주를 향한 사랑이/ 나의 말엔 주가 주신 진리로/ 나의 눈에 주의 눈물 채워주소서/ 내 입술에 찬양의 향기가/ 두 손에는 주를 닮은 섬김이/ 나의 삶에 주의 흔적 남게 하소서/ 하나님의 사랑이 영원히 함께 하리/ 십자가의 길을 걷는 자에게/ 순교자의 삶을 사는 이에게/ 조롱하는 소리와 세상 유혹 속에도/ 주의 순결한 신부가 되리라/ 내 생명 주님께 드리리.[8]

---

8 하스데반 작사, 작곡, "십자가의 길 순교자의 삶."

4

Gospel

다시 피의 복음을 들고 일어서라

아무도 널 보아주지 않는 듯한
그런 싸늘한 마음이 드는 날에도
하늘은 하나도 빠뜨리지 않고
널 지켜보고 계시단다
힘들고 억울하고 원망이 생길 때마다
고귀한 뜻을 품은 깨끗한 마음으로
기도하고 기도하거라
네 마음만은 누구도 어찌하지 못한단다
— 박노해[1]

죽이는 사람 살리는 사람

어느 교구 신부가 임종이 가까운 교인을 만나기 위해 병원으로 심방을 갔다. 마지막으로 고해성사를 하게 하려고 가족들은 모두 밖으로 나가게 하고 사제와 환자만 남았다. "마지막으로 하실 말씀은 없습니까?" 환자는 몹시 괴로운 표정으로 힘을 다해 손을 허우적거렸다. "말하기가 힘드시면 글로 쓰셔요." 환자에게 종이와 연필을 주었다. 환자는 아주 고통스럽게 버둥거리며 힘들게 몇 자 적다가 결국 숨을 거두었다. 신부님은 그 종이를 가지고 병실 밖으로 나와 슬퍼하는 가족들

---

1 박노해의 시, "넌 아주 특별한 아이란다," 일부. 박노해, 『너의 하늘을 보아』 (서울: 느린걸음, 2022), 264.

에게 그렇게 말했다. "우리의 사랑하는 형제는 바로 전 주님 곁으로 편안히 가셨습니다. 힘든 가운데서도 고인이 마지막으로 남기신 마지막 유언을 제가 읽어 드리겠습니다." 신부님은 종이를 펴서 읽기 시작했다. "발 치워, 너 지금 호흡기 줄을 밟았어."

사람을 살리기 위해 달려갔는데, 결국 죽게 만들었다. 그때 모세도 하나님께서 주신 사명을 안고 생명을 살리기 위해서 애굽으로 달려갔는데 정반대의 결과가 펼쳐진다. 하나님 말씀대로 가서 전했고, 하나님께서 행하신 놀라운 기적도 펼쳤다. 그 결과가 무엇이었는가? 사람들을 더 힘들게 만들고, 그들의 원성이 자자하게 만들었다. 모세도 바로의 압제에서 이스라엘을 해방시킨다는 것이 결코 쉬운 일이 아님은 알고 있었다. 하지만 하나님께서 역사하시면 바로가 곧바로 항복할 줄 알았다. 엄청난 재앙이 계속되는데도 바로는 여전히 완악했고, 상황은 더 어려워지고 있었다.

삶이 어려운 것은 내 계획과 예측대로 잘 되지 않는다는 데 있다. 배운 대로, 성실하게, 바르게 감당해도 공식대로 인생사는 꼭 그렇게만 진행되지 않는다. 그래서 순간순간 엎드릴 수밖에 없고, 무릎을 꿇을 수밖에 없다. 하지만 그 일에 목숨을 거는 사람, 쉼 없이 말씀에 이끌리고 하나님의 영에 이끌리는 사람들이 서 있는 곳에서 하나님의 일하심은 구체화 된다. 한 시대 속에서 놀라운 역사를 감당했던 이들의 이야길 한 시인은 이렇게 아름답게 풀어낸다.

구루펠 선교사 일행이/ 북극에 도착했을 때/ 짐을 내린 후/ 타고 온 배를 불 질러 버렸습니다/ 되돌아가지 않기 위해서/ 오직 하나님만 바라보기 위해서/ 죽음으로 선교하기 위해서였습니다/ 북극 선교는 이렇게 시작되었습니다/ 능력은 땅에서 오지 않습니다/ 더욱 머리

에서 나오지 않습니다/ 오직 여호와를 앙망하는 자에게만 옵니다.[2]

그래도 무너질 수 없었다

모세도 타고 온 배를 일찍이 불 질러 버렸다. 그 거룩한 사명을 위해 목숨을 걸었다. 그런데도 계획대로, 원하는 대로, 기도한 대로 풀리지 않았다. 인생길 걸어가다 보면, 사역의 길을 걸어가다 보면 원하고, 바라고, 기도해도, 계획대로 안 될 때가 더 많이 있다. 부조리한 현실 앞에서 분노가 솟구칠 때도 있고, 등에 칼이 꽂히는 것 같은 상황에서 신음도 낼 수 없을 때도 있다. 모세도 그랬다. 말씀에 붙들려 큰 뜻을 품고 달려갔다. 하지만 상황은 갈수록 어려워졌다. 원망이 터져 나오고, 좌절감이 몰려올 수 있는 상황이었다. 그래서 모세가 무너졌는가? 그렇지 않았다. 포기했는가? 포기하지 않았다. 오히려 단호하게 외친다. "우리 하나님은 살아계신다. 우리 하나님은 오늘도 일하고 계신다. 그러니 나는 절대 무너지지 않는다."

그의 강함의 이유가 그 자신에게 있지 않았음을 강조하기 위하여 성경은 한 표현을 반복해서 들려준다. "여호와께서 모세에게 이르시기를…" 이것을 반복하여 들려주시는 이유는 핵심을 놓치지 말라는 뜻이다. 주춤거리던 모세가 일어나 사명의 자리로 나아갈 때부터 그가 걸어가는 길목마다 계속 반복해서 들려오는 말씀이었다. 그 어려운 상황에서 무너지지 않은 이유가 무엇이었는가? '여호와께서 이같이 말씀하셨다' כֹּה אָמַר יְהוָה. 주님의 말씀이었다. 하나님은 말씀하셨고, 하나님의 사람은 인생의 어두움의 시간에 그분께 주파수를 맞추고, 그 말씀을 듣고 있다.

---

2 고훈의 시, "선교 일기1," 전문. 고훈 시집, 『비탈에 선 나무』(서울: 베드로서원, 1996), 164.

이스라엘을 볼모로 잡은 땅, 하나님의 백성들을 죽이는 땅, 도무지 강퍅하여 하나님의 말씀에 귀를 기울이지 않는 땅, 하나님의 사람들에게 고통을 주고, 아픔을 주는 그런 땅에서 산다는 것 자체가 어두움이다. 그런데 그곳에서 하나님의 말씀이 들려오고 있다. 하나님께서 팽개쳐 둔 것이 아니고, 잊으신 것이 아니고, 하나님께서 다스리시는 순간이었다. 그 어둡고, 가슴 시린 자리에 혼자라고 생각했는데, 거기에 하나님이 함께 계셨다. 하나님께서는 계속 확인해 주신다. 그래서 실망하지 않았고, 원망하지 않았다. 다른 길을 기웃거리지도 않았고, 다른 신을 찾지도 않았다. 하나님의 말씀에 모든 것을 걸고 다시 일어선다.

어린양을 잡아라

그 상황에서 온 회중에게 전하라고 주신 말씀이 무엇이었는가? '각자 어린 양을 잡아, 그 피를 좌우 문설주와 인방에 바르라.' 문제의 해법은 '어린 양의 피'였다. 그런데 신약에 와서도 그와 같은 사실이 동일하게 강조된다. 동서를 잇는 항구 도시인 고린도는 무역과 상업이 발달하면서 풍요를 누리던 상업중심지요, 아가야의 수도였다. 물질적 부요는 반드시 타락한 문화를 양산하기 마련인데 고린도도 예외가 아니었다. 그런데 도시에 넘실대던 타락한 문화가 교회에도 들어와 깊은 혼란을 일으키고 있었다. 그 교회를 향한 해법이 무엇이었던가? 십자가였다. 로마의 사형수와 그를 죽음에 이르게 한 사형 틀이 과연 해법이 될 수 있을까? 하지만 하나님의 메시지는 선명하다. 아예 중간 지대는 없었다. 어린 양의 피가 있는 집은 살고, 없는 집은 죽으리라. '어린 양의 피, 그 피를 볼 때에 내가 넘어가리라.'

그날, 생명을 건지기 위한 조건은 단 한 가지였다. 많이 배웠느냐,

어느 학교를 나왔느냐, 어느 가문 출신이냐, 어느 지방에서 태어났느냐, 어느 교회를 출석하느냐, 공부는 얼마나 했고, 어떤 학위를 가지고 있는지, 재산이 얼마인지, 외모는 어떻고 몸매는 어떤지, 그것들은 생명 구원을 위한 필요충분조건이 아니었다. 어린양의 피, 그 피가 있는 집은 살았고, 없는 집은 죽었다. 오직 한 가지만 필요했다. 어린양의 피! 아니, 웬 동화 같은 이야기인가? 아이들 장난도 아니고 피가 묻어 있는 집은 살고, 그렇지 않은 집은 죽는다는 것이 말이나 되는 이야기인가? 그 마을은 피 냄새로 진동했을 것이고, 쇠파리들로 넘쳐났을 것이다. 하지만 그것은 하나님의 구원 방법이었다.

생명을 얻기 위해서는 누군가가 죽어야 했다. 어린 양이 대신 죽은 그곳에서만 생명은 살아난다는 복음의 비밀을 담고 있다. 아무 피가 아니라 어린양의 피, 수송아지도 아니고 암염소도 아니고 오직 하나님께서 지명하신 어린양의 피, 나를 위해 죽은 어린양의 피가 있어야 했다. 말씀에 순종하여 어린양의 피가 문설주에 묻어 있는 집만 구원을 받았다. 그것이 바로 이스라엘의 '유월절' Passover 이었다.

대신 죽은 어린양의 피가 묻어 있는 집은 지나가신다. 죗값을 물어 심판하셔야 하나 대신 죽은 어린양이 있으니 지나가시겠단다. 공의의 하나님은 죄인을 용납하실 수 없는 분이시다. 그런데 하나님께서 스스로 규칙을 깨뜨리시고, '아름다운 위반'을 하신다. 그 때문에 우리가 생명을 얻게 되었다. 한 시인이 전하는 위반은 살며시 미소까지 안겨준다.

기사 양반! 저짝으로 조깐 돌아서 갑시다/ 어찧게 그란다요 버스가 머 택신지 아요?/ 아따 늙은이가 물팍이 애렁께 그라제/ 쓰잘데기 없는 소리 하지 마시오/ 저번착에 기사는 돌아가듬마는…/ 그 기사가 미쳤능갑소/ 노인네가 갈수록 눈이 어둡당께/ 저번착에도 내가

모셔다 드렸는디.³

태워달라는 승객이 있어, 기사가 정해진 버스 노선을 맘대로 바꾸어 저 아랫마을까지 내려가는 것은 '위반'이다. 무릎이 아파서 잘 걷지 못하시는 노인네를 위해, 다른 승객들 때문에 안 된다고 말하면서도 이번에도 노선을 바꾸어 그 동네 어귀까지 갔단다. 그것도 처음이 아니라 저번에도 그랬단다. '위반'이다. 하지만 가슴이 따뜻해지는 '아름다운 위반'이다.

전남 장흥 출신 후배가 오래전, 군대에서 휴가 나와 시골 버스를 타고 고향으로 가는 길이었단다. 조금 돌아서 가자는 할머니, 그 이야길 듣고 타박을 주면서 할머니 동네 앞으로 돌아가는 버스 기사, 버스에는 몇 명의 승객이 타고 있었지만 왜 돌아서 가느냐고 따지지 않았고 모두 그러려니 했단다. 그 동네가 전라남도 장흥이었으니까. 그 아름다운 사연을 모교 장흥고 문학 동아리 카페에 올렸는데, 선배인 이대흠 시인이 그걸 시로 써도 되느냐고 물었단다. 그는 흔쾌히 허락했고, 나중 시가 실린 시집을 보내주셨다. 이 시는 아무래도 구성진 전라도 고향 언어로 읽고 써야 맛이 난다. 할머니를 위해 '그 기사가 미쳤능갑소' 하면서도 운전대를 그 동네로 돌리는 그 아름다운 위반, 그 아름다움을 글로 남긴 후배 군인, 그것을 시로 바꾼 시인이 있어 가슴이 훈훈해진다.⁴

죄인을 용납하시는 하나님의 아름다운 위반이 없었다면, 우리는 살지 못했을 것이다. 우리는 여기에 설 수 없었을 것이다. 도무지 용납받을 수 없는 사람이 하나님의 자녀가 된 것은 그분의 특별한 은혜로

---

3 이대흠의 시, "아름다운 위반," 전문. 이대흠 시집, 『귀가 서럽다』(서울: 창비, 2010).
4 그 후배 군인의 이름은 '김형태'이며, 장흥고 문학 카페 이름은 '문맥'이다.

된 것이다. 허물이 많은 죄악투성인 인간이 감히 이 놀라운 사랑의 비밀을 전하는 자로 세움을 받은 것은 철저한 은혜로 된 일이다. 우리가 사역자로 부름을 받은 것도, 설교자로 세움을 받아 복음을 전할 수 있는 것도 하나님의 아름다운 위반이 없었다면 불가능한 일이었다.

너에게도 그 유월절이 필요하다

이스라엘이 묶임에서 해방되기 위해서 반드시 유월절이 필요했다. 출애굽기는 그 아름다운 유월절 이야기를 들려주며, 말을 걸어온다. '네 인생에도 그 유월절이 있어야 한다! 아니 그 밤에 너를 위한 유월절, 너를 위한 유월절 어린양이 있었단다. 너 그거 아니?' 어떤 가정의 아이는 그 깊은 의미를 알지 못한 채 잠이 들었다. 그 밤 무슨 일이 일어났는지 몰랐으나 아빠가 하나님께서 지시하신 방법을 따라 어린양의 피를 문설주에 바르고 잠들었을 때 죽음으로 심판하시던 그 밤, 어린양의 피가 묻어 있는 그 집의 아이는 새 생명을 얻었다.

우리에게도 영적인 유월절이 있었다는 사실을 아는가? 아주 오래 전, 우리를 위한 하나님의 어린양이 십자가에 달려 돌아가셨다. 그 보혈은 강수를 이루었고, 아직 죄인이었던 그 깊은 신비를 알지 못하고 잠들었지만, 하나님의 어린양 예수 그리스도께서 달려 돌아가심으로 우리는 새 생명을 얻게 되었다. "우리의 유월절 어린 양, 곧 그리스도께서 희생이 되셨느니라"^{고전 5:7}. 유월절은 하나님의 구원 역사^{Heilsgeschichte}의 완성인 십자가 사건을 예표적으로 보여준 사건이었다. 그 구원 역사가 시작되어 십자가에서 완성된 것이다.

하나님께서는 이스라엘 백성들에게 유월절을 지키라고 명령하셨고, 명령을 따라 이스라엘 진영에서는 어린양을 잡는 유월절이 절기로 지켜진다. 그 밤, 아빠가 사랑하는 자녀를 위해 한 마리의 어린양을 준비했고, 그 머리에 손을 얹고 안수한다. 그때 그 아이의 모든 죄가 양에게 전가되고, 그 어린양이 죽임을 당한다. 그 아이가 죽어야 할 자리에 어린양이 대신 죽어 그가 살아난다. 갈보리에서 이제 하늘 아버지께서 친히 당신의 어린양을 취하신다. 그의 머리에 손을 얹은 순간 우리의 모든 죄가 그에게 씌워진다. 그 어린양의 피가 강수를 이루며 흘러가고, 그 피가 이르는 곳마다 살아나는 생명의 역사가 일어난다. 하나님의 유월절 어린양을 통해 우리를 구원하시려는 계획은 하나님이 친히 기획하신 하나님의 아이디어였다. 성삼위 하나님의 위대한 구원 계획 Master's Plan 이었다.

그 피가 내게 묻어 있으면 내 모든 죄는 사함을 받고, 하나님의 자녀로 거듭나게 된다. "그런즉 누구든지 그리스도 안에 있으면 새로운 피조물이라. 이전 것은 지나갔으니 보라 새것이 되었도다" 고후 5:17. 십자가 외에는, 어린양의 보혈에 적셔지는 것밖에는 구원의 길은 없다. 어린양의 보혈이 아니면 생명 얻을 자가 없다. 성경의 증언은 선명하다. "다른 이로써는 구원을 받을 수 없나니, 천하 사람 중에 구원을 받을 만한 다른 이름을 우리에게 주신 일이 없음이라" 행 4:12.

왜 예수님만인가? 왜 유월절 어린양의 피만인가? 그날 이스라엘 백성의 위대함은 하나님의 말씀을 받았을 때 그것으로 논쟁하지 않았다는 점이다. 그냥 믿었고, 순종했다. 그때 생명의 역사가 시작되었다. 진리를 찾아 방황하다가 이 십자가의 도를 깨달은 후, 평생 복음 변증가로 살았던 찰스 루이스 C. S. Lewis는 말한다. "당신이 멸망 앞에 서 있다고 생각해 보십시오. 당신이 지금 생과 사의 갈림길에 서 있다고 생각해 보십시오. 이때 당신을 위해 하나님께서 살길을 '하나' 주셨습니다. 살길이 주어졌다면 우리는 그 길을 택해야 합니다. 그 살길 앞에서 살아날 길이 왜 하나밖에 없는지 논쟁을 벌이는 것은 우스운 일입니다."

사도 바울도 마찬가지였다. 다메섹 도상에서 그는 복음을 들었고, 믿었으며, 평생 흔들림 없이 믿음의 길을 걸었다. 그리고 그 복음을 위해 평생 살아간다. 타락한 도시를 향해 하나님의 계시 말씀을 외친다. "십자가의 도가 멸망하는 자들에게는 미련한 것이요, 구원을 받은 우리에게는 하나님의 능력이라… 유대인은 표적을 구하고 헬라인은 지혜를 찾으나 우리는 십자가에 못 박힌 그리스도를 전하니… 오직 부르심을 받은 자들에게는 유대인이나 헬라인이나 그리스도는 하나님의 능력이요 하나님의 지혜니라" 고전 1:18-24.

무엇에 붙들려 살 것인가

현대 그리스 문학을 대표하는 작가이자 '20세기 문학의 구도자'로 불리는 니코스 카잔차키스 Nikos Kazantzakis가 내전 당시 스페인을 방문하면서 겪은 경험과 이후 10여 년이 지난 뒤 다시 스페인을 방문했을 때의 경험을 그의 책, 『스페인 기행』에 담았다. 카잔차키스는 1936년 스페인 내전이 벌어졌을 때 전쟁의 참상을 직접 목격하고, 그것을 그대로 기록하겠다는 생각으로 스페인으로 건너갔다. 그곳에서 20세기 최고의 스페인 사상가인 미구엘 데 우나무노 Miguel de Unamuno를 만나 "오늘날 영적인 인간의 의무는 무엇인가?"라는 주제로 나눈 대화를 그렇게 적고 있다. "스페인 사람들이 이런저런 깃발을 들고 싸우고 서로를 죽이고 교회를 불태우는 모습이 절망스럽다. 그런 혼란의 원인은 스페인 사람들이 아무것도 믿지 않는 데 있다." 그는 그것을 '데스페라도' Desperado, "붙잡고 있을 만한 것이 아무것도 없는 사람"으로 칭한다. 아무것도 믿지 않기에 정신은 와해 되고 거친 분노에 사로잡혀 있다.[5] 붙잡고 있을 만한 것이 없는 사람, 그는 불행한 사람이다. 그만의 불행이 아니라 그 주변인의 불행으로까지 이어진다. 우리에게는 평생 붙잡고 달릴, 평생 목숨을 걸고 흔들 깃발이 있는가?

무엇으로 어두워진 세상을 밝히겠는가? 무엇으로 무너진 제단을 세우고, 흩어진 사람들을 불러 세우고, 다음 세대를 세우겠는가? 성경의 답은 무엇이고, 하나님의 방법은 무엇이었는가? 어린 양의 피, 십자가의 피 묻은 복음이었다. 하나님께서는 모세에게 말씀하신다. "가서 이 비밀을 이스라엘 백성들에게 전하여라."

그 엄청난 사역을 위해 모세를 보내시면서 하나님께서 손에 쥐여 보내신 것이 무엇이었는가? 고작 양치기 막대기 하나였다. 조금 모양새 나게 시대를 앞서가는 신형 무기 하나 들려서 보낼 수 없었을까? 볼품없는 막대기 하나 들고 가서 어떻게 강대국에 400년 넘게 억류된 이스라엘 백성을 끌고 나오란 말인가?

1980년대 초, 광주 보병학교에서 초군반 장교 훈련을 받을 때 하루는 토우 미사일 ᵀᴼᵂ ᵐⁱˢˢⁱˡᵉ에 대한 교육이 있었다. 오전엔 강의를 듣고, 오후엔 사격장에서 미사일 발사 훈련을 한다고 했다. 사격장으로 이동했는데, 조교가 한 발 발사하는 시범을 지켜보는 정도였다. 아마도 너무 고가여서 소대장으로 나갈 초군반 장교들에게 기본 상식은 가지고 가야 한다는 의미로 보여주는 정도였다. 조준경이 달린 헬멧을 쓰고 사격수가 바라보는 표적을 향해 1km 이상 날아가 정확하게 명중시키는 무기가 당시로서는 처음 보는 것이라 많은 시간이 지났지만 깊은 기억으로 남아 있다. 헬기에 장착하여 대전차 무기로 사용한다고 했다. 헬멧에 조준경이 붙어 있어 조종사가 바라보는 대상을 향해 날아가 명

---

5 Nikos Kazantzakis, Ταξιδεύοντας: Ισπανία, 송병선 역, 『스페인 기행』(서울: 열린책들, 2008), 204.

중시킨다는 이야기가 신비롭기까지 했다.

문득 옛 생각을 하며 그런 상상을 해본다. 시대를 앞서가시는 하나님께서 수백 년 후 인간이 만들어낼 그런 토우 미사일 하나, 모세 손에 들려 보냈다면 얼마나 대단해 보였을까? 이집트의 신상을 바라보며 한 방, 거대한 신전을 향해 한 방을 날린다면 바로 해결되지 않았을까? 그런데 하나님의 생각은 달랐다. '너의 지식과 지혜, 말재간과 처세술이 아니라 어린양의 피!' '네가 하는 것이 아니라 하나님이 하신다'는 뜻이다. 거대한 제국을 향해 걸어가는 모세가 들고 갔던 것, 타락하고, 음란한 도시를 향해 걸어가는 바울이 들고 갔던 것은 작은 지팡이 하나, 피의 복음이었다.

이 어두운 시대에 하나님의 교회를 세울 수 있는 것도 어린양의 피, 타락한 현대 문화를 소생시킬 수 있는 것도 어린양의 피, 생명을 살리는 것도 어린양의 피, 그 피의 복음으로 세상을 덮으란다. 어린양의 피로 주의 백성들의 가슴을 적시란다. 그렇게 양치는 막대기 하나 들고 모세가 나아갔을 때 거기에 믿음의 공동체인 '광야교회'가 세워지고, 예배가 세워진다. 묶여 있던 그 땅에서부터 시작하라고 명령하신 것이 무엇이었는가? 풀려난 다음에도, 가나안 땅에서도 계속하도록 명령하신 것이 있었다. 그것은 예배였다. 유월절, 무교절, 맥추절, 초막절 등 예배 절기를 정해주셨다. 한 해의 시작도 예배로부터 시작하게 하셨다.

'어린양의 보혈로 사랑하는 내 백성의 가슴을 덮으라!' 순종하며 나아가는 우리에게 주시는 비전이 무엇인가? 나라가 망하고, 교회가 무너지고, 자신도 포로로 붙잡혀 간 자리에서 제사장의 직무를 수행한 한 사역자는 이국땅에서 새벽마다, 저녁마다 엎드렸다. 눈물로 부르짖을 때 하나님께서는 그의 가슴에 비전을 담아주셨다. 말씀을 다시 읽을 때 그 광경이 생생하게 그려진다.

> 여호와께서 권능으로 내게 임재하시고 그의 영으로 나를 데리고 가서 골짜기 가운데 두셨는데 거기 뼈가 가득 하더라… 너는 이 모든 뼈에게 대언하여 이르기를 너희 마른 뼈들아 여호와의 말씀을 들을지어다. 주 여호와께서 이 뼈들에게 이같이 말씀하시기를 내가 생기를 너희에게 들어가게 하리니 너희가 살아나리라… 너는 생기를 향하여 대언하라… 이에 내가 그 명령을 따라 대언하니… 생기가 그들에게 들어가매 그들이 곧 살아나서 일어나 서는데 극히 큰 군대더라 겔 37:1-10.

'Re-vive!' 그렇게 외치란다. 어린 양의 피의 복음으로 다시 일어나라고 외치란다. 그 설교자가 있었을 때 거기에서 생명의 역사가 이어지게 된단다. 정말 어려운 때를 살고 있는 젊은 제사장 에스겔에게 하나님께서는 계속해서 말씀하시고 또 다른 비전을 보여주신다. 성전 문 지방에서 작게 흘러나오는 생수가 흘러가는 곳마다 소생하는 역사가 일어나는 비전이었다 겔 47장. 처음에는 아주 작았으나 그것은 거대한 강물을 이루는 비전, 흘러가는 곳마다 다시 살아나는 비전, Re-vive! 그래서 지난 2000년 동안 이 복음의 신비를 깨달은 우리 믿음의 선배들은 생명의 강수를 흘려보내기 위해서 생명을 걸었다. 하늘 보좌를 버리시고 이 땅에 주님께서 오셨기에, 그 피의 복음을 들고 그 먼 바닷길을 헤치고 백안의 선교사들이 이 땅으로 달려왔기에, 깊은 흑암 가운데 있던 우리가 복음을 듣게 되었고, 하늘의 은혜를 누리게 되었다.

예수 그리스도의 보혈이 흘러가는 곳에는 오늘도 생명의 역사는 일어난다. 하지만 오늘 우리의 영적 기상도는 어둡다. 우리가 생동감으로 넘쳐나는 푸른 유월과 같은 시간에 부름을 받은 것이 아님은 분명하다. 어쩜 오늘의 상황은 몸을 움츠러들게 만드는 스산한 11월 말과 같고, 모든 것이 얼어붙어 있는 한겨울의 시간인 1월과 같아 보인다. 그때 모세도 꽁꽁 얼어붙은 빙토와 같은 땅에 서 있었다. 아주 오래전 나온 노래 가운데 "June in January"라는 노래가 있다. 레오 로빈 Leo Robin 이 작사하고, 랄프 레인저 Ralph Rainger 가 곡을 붙여 만든 노래로 빙 크로스비 Bing Crosby 가 불렀고, 영화 「Here Is My Heart」의 주제곡이었다. 거기에는 그런 가사가 나온다. "It's June in January because I'm in love!" 사랑에 빠졌으니 1월 속의 6월이라네!.

어쩌면 그것은 복음의 신비를 깨달은 사람들의 고백이다. 복음 때문에 가슴이 뜨거워지고, 예수 그리스도를 사랑하기에 생명의 복음을 위해 목숨을 걸고 달려가는 사람들이 있을 때 빙토의 땅에서도 생명의 역사가 계속될 것이다. 이 피의 복음에 감격이 없고, 떨림이 없고, 기도가 희미하고, 찬송은 죽어있고, 예배는 익숙함에 빠져 시들어지는 것이 문제일 뿐이다. 하나님의 교회를 이끄는 교계가 야망과 권모술수에 이끌리는 것이 문제이다. 그래서 우린 자신에게 외쳐야 한다. 'Revive! Revive, PUTS!' 그렇다. 우리가 살아나고, 하나님 구원의 복음 때문에 감격하고 춤을 추고, 세상을 사랑하시는 성삼위 하나님의 놀라운 은혜 앞에서 예배가 회복되고, 주의 나라를 향한 열망과 비전으로 불타오를 때 빙토의 땅에서도 생명의 역사가 일어나게 될 것이다.

미국 중북부에 위치한 아이오와주의 아이오와 시티 Iowa City 에서 연구 학기를 보내던 때가 생각이 난다. 2011년 12월, 그곳에 도착했을 때, 그곳 겨울 날씨는 혹독할 정도로 추웠다. 나중에 들으니 그 해는 유난히 더 추운 해라고 했다. 영하 20도는 평상 기온이고, 영하 30도 정도 되면 좀 춥다고 했다. 그해 겨울, 영하 50도가 넘는 날도 있었다. 눈도 많이 오고 바람도 많이 불어 더 춥게 느껴졌다.

　새벽 5시, 새벽기도회를 갖는 한인교회가 있어 정기적으로 참석했다. 어느 날, 새벽에 집을 나서는데, 눈이 많이 쌓여 있었다. 운전하다가 계기판에 나오는 온도계를 보고 깜짝 놀랐다. 영하 49도였다. 화씨로 잘못 본 줄 알았다. 혹 차의 온도계가 고장 난 것이 아닌가 하는 생각도 들어, 집에 돌아와 뉴스를 켰더니, 그해 들어 제일 추운 날이라고 했다. 그날 아침, Garbage Box 옆에는 죽은 사슴이 놓여 있었다. 아마도 어느 집 앞에서 얼어 죽은 사슴을 옮겨놓은 듯 했다.

　빙토의 땅, 새벽길을 달리는데 마침 한 찬양이 흘러나오고 있었다. 그 추운 날 아침, 듣는 찬양은 새로웠다. 새벽길을 달리며 찬양을 따라 부르는데 가슴이 뜨거워졌다. 가사 한마디 한마디가 왜 그렇게 가슴에 구구절절 다가오던지 절로 손이 올라갔다. 지금도 그 찬양을 부를 때면 그때, 그 빙토의 땅에서 새벽기도회에 가면서 느꼈던 뜨거움이 다시 느껴진다.

모든 민족과
방언들 가운데

모든 민족과 방언들 가운데 수많은 주 백성 모였네/ 주의 보혈과 그 사랑으로 친 백성 삼으셨네/ 주를 향한 감사와 찬양을 말로 다 표현할 수 없네/ 다만 내 소리 높여 온 맘을 다해 찬양하리라…/ 어린 양 피로 씻어진 우리들 은혜로 주 앞에 서 있네/ 주 이름으로 자녀 된 우리 겸손히 구하오니/ 주의 능력 우리게 베푸사 주를 더욱 닮게 하소서/ 그때에 모든 나라 주 영광 보며 경배하리라.[6]

6　Don Moen & Debbye Graafsma, "Hallelujah to the Lamb," 어노인팅, "모든 민족과 방언들," 「어노인팅 5집, 찬양과 예배」, 2005.

5
Great Warrior*
다시 일으켜 세울 큰 용사여! 다시 일어서라

사랑하는 젊은 벗이여
그대의 눈에 미지근한 눈물을 거두라
그대의 가슴을 헤치고
헛된 탄식의 뿌리를 뽑아버리라
그 봄도 우리의 봄도
눈앞에 오고야 말 것을
― 심훈[1]

망덕포구 이야기

550리 길을 흘러온 섬진강물이 남해와 만나는 곳, 전남 광양 진월면에는 망덕포구가 있다. 그곳 옛 나루터 옆에 일제 강점기부터 있었던 오래된 집이 한 채가 보존되어 있다. 그곳엔 멀리 북간도 출신 한 시인의 시가 새겨져 있다. 그리 길지 않은 생을 살고 떠난 시인의 시가 그곳에 새겨진 것은 그 시가 워낙 유명했기 때문일까? 그럴 수도 있을 것 같다. 그곳에 세워진 시비에는 1941년 11월 5일에 쓴 시 한 편이 새겨져 있다.

---

1   심훈의 시, "거리의 봄," 일부.

별 하나에 추억과/ 별 하나에 사랑과/ 별 하나에 쓸쓸함과/ 별 하나에 동경과/ 별 하나에 시와/ 별 하나에 어머니, 어머니/ 어머님, 나는 별 하나에 아름다운 말 한마디씩 불러봅니다…/ 나는 무엇인지 그리워, 이 많은 별빛이 내린 언덕 위에/ 내 이름자를 써보고/ 흙으로 덮어 버리었다…

그 옛 포구, 남도 끝자락 망덕포구, 옛집에 사는 한 사람이 아니었다면 그 시는 흔적도 없이 사라졌을 것이다. 그 시만이 아니다. 1941년 11월 20일에 쓴 시, 한국인이 가장 좋아하는 이 시도 어쩜 사라져 버렸을 것이다.

죽는 날까지 하늘을 우러러/ 한 점 부끄럼이 없기를/ 잎새에 이는 바람에도/ 나는 괴로워했다/ 별을 노래하는 마음으로/ 모든 죽어가는 것을 사랑해야지/ 그리고 나에게 주어진 길을/ 걸어가야겠다/ 오늘 밤에도 별이 바람에 스치운다…

북간도 용정 출신인 윤동주의 시가 어떻게 남도 끝자락에 있는 망덕포구와 연결되었으며, 거기 살던 어떤 사람이 그것을 지켜 낸 것일까? 정병욱. 1940년 연희전문학교 1학년 때, 그가 기고한 학교 신문에 실린 글을 읽은 윤동주가 찾아와 두 사람은 캠퍼스에서 처음 만났다. 그는 1학년, 동주는 3학년이었다. 그때의 만남을 시작으로 둘은 평생지기가 되었다. 기숙사에서 같은 방을 썼고, 나중 같은 하숙집에서 살았다. 문학과 예술을 이야기하며 어둡기만 한 조국의 앞날을 걱정했었다.

1941년 말, 졸업을 앞둔 동주는 습작으로 쓴 시 중에서 19편을 뽑아 시집을 묶고 싶어서 자필 원고 3부를 필사했다. 한 부는 스승 이양하 교수에게 건넸고, 한 부는 정병욱에게, 그리고 한 부는 동주 자신이 보관했다. 하지만 일제 말기 상황은 녹록지 않았고, 우리말로 책을 낸다는 것은 거의 불가능한 상황이었다. 스승 이양하는 젊은 제자가 받을 일제 억압을 걱정하여 훗날을 기약하자면서 출판을 만류했다. 그래서 동주는 그것을 출판하지 못하고, 일본으로 유학을 떠났다. 이어 정병욱도 일제 말기, 징집돼 학병으로 끌려갔다. 고향을 떠나기 전날 밤, 그는 숨겨 놓았던 동주의 원고를 어머께 맡기며 유언처럼 당부한다. "동주나 제가 죽어서 돌아올 수 없게 되거나, 조국이 광복을 맞이했을 때는 시의 원고를 연희전문에 보내 세상에 알리게 해 주세요."

병욱의 어머니는 아들의 유언과 같은 말을 듣고 날이 어둡기를 기다려 마룻장을 뜯고 항아리 속에 원고를 넣어 일제의 감시를 피했다. 습기가 찰까 봐 볏짚을 깔고, 마룻장 위는 나무 책상으로 가렸다. 그 사이 윤동주는 독립운동 혐의로 일본 후쿠오카 감옥에 갇혔고 광복을 6개월 앞둔 1945년 2월 16일, 옥사하였다. 정병욱은 광복과 함께 전쟁터에서 극적으로 살아 돌아온다. 사지에서 살아 돌아온 아들에게 어머니는 명주 보자기에 싼 원고를 내놓았다. 그렇게 해서 동주가 세상을 떠난 3주기에 맞춰 시집, 『하늘과 바람과 별과 시』정음사로 출간된다. 동주와 이양하 교수가 보관 중이던 필사본은 유실되었기 때문에, '만약' 정병욱이 없었다면, 아들의 부탁을 받은 어머니의 생명을 건 모험이 없었다면 그 작품은 영영 빛을 보지 못했을 것이다. 서울대 국문과 교수로, 국문학자로 평생을 산 정병욱은 생전 문학인으로 평생에 가장 잘한 일을 하나 들라고 하면 '동주의 육필 원고를 지켜낸 것'이라고 고백한다.

젊은 지도자 이야기

깨어있는 누군가가 우뚝 서 있었기에 소중한 것이 지켜진 것이다. 그것은 역사의 증언이며, 역사적 사실이다. 성경도 한 사람이 우뚝 서 있어 세워지는 역사가 일어났고, 누군가가 없어 무너짐의 굉음으로 가득한 이야기를 수없이 들려준다. 얼마 전 묵상한 사사기의 말씀은 그런 표현으로부터 시작한다. "여호수아가 죽은 후에." 한 사람의 죽음 이야기로부터 말씀이 시작된다. 지도자의 부재로부터 역사를 기술하고 있다. 위대한 지도자가 쓰러지고 난 다음 이곳저곳 무너지는 소리로 가득 채워질 상황임을 암시한다. 전자에서는 그 소리가 갈수록 커지고 있고, 후자는 혼돈이 사라지고, 하나님의 역사하심이 강력하게 나타나고 있다. "여호수아가 죽고 난 다음, 여호와께서 이스라엘을 위하여 행하신 모든 큰일을 본 자들이 세상을 떠난 다음에."

지도자의 부재, 사역자의 부재, 그것은 이스라엘 백성들의 변질과 무너짐으로 연결되고 있다. 특히 26년 동안 섬겨온 장로회신학대학교는 평양에서부터 광나루까지 하나님 나라의 일꾼을 세우는 사역을 감당하고 있어 그 말씀은 가슴에 큰 천둥소리로 가슴에 남아있다. 코로나 팬데믹으로 대면 수업이 불가능했던 시간, 어떻게 신학교육을 수행해야 하나 고민으로 가득할 때 주신 말씀이기도 했다. 그때 그 말씀은 나에게 반대로도 들려왔다. "여호수아가 우뚝 서 있고, 성삼위 하나님의 현존과 역사하심에 붙들린 사람들이 우뚝 일어섰을 때 하나님의 백성들이, 하나님의 교회가 어려움 가운데서도 견고하게 서가더라." 사사기 말씀을 깊이 묵상하다 보면 잘 먹고 잘 살게 되면서 변질되고, 무너지면서 하나님의 진노 앞에 서 있는 이스라엘 백성들의 이야기가 이어진다. 하지만 그것이 말씀의 중심이 아니다. 대신 하나님께 붙들린 지도자를 통해 그 시대를 세워가신다는 영적 원리가 그 중심을 이룬다.

그 내러티브의 중심에 기드온이 서 있다. 지도자가 쓰러진 이후 어두움이 온 땅을 덮고 있을 때, 여호와의 사자가 기드온에게 나타나셨단다. "여호와의 사자가 아비에셀 사람 요아스에게 속한 오브라에 이르러 상수리나무 아래에 앉으니라"삿 6:11. 여기에서 '앉았다'로 번역된 야사브יָשַׁב는 '앉다, 거주하다, 머물다'의 뜻을 가진다. 사람이 필요하여 하나님의 사자가 온 땅을 두루 찾아다니다가 그 사람을 발견하여 그곳에 머무르셨다는 의미이다. 기드온은 숨어서 "미디안 사람에게 알리지 아니하려고 은밀하게 밀을 포도주 틀에서 타작"하고 있었다. 추수 때가 되어 밀 타작을 하는데, 포도주 틀에서 타작하고 있었다는 사실이 눈길을 끈다. 밀 타작은 엄청난 먼지가 발생하는 작업인데. 왜 청결 유지가 필수인 포도주 틀에서 했으며, 미디안 사람들에게 알리지 아니하려고 숨어서 했음을 강조한다. '들키지 않으려고' 은밀하게 숨어서 추수를 해야 했던 어려운 상황이었단다.

삼일만세운동이 끝난 후 일본제국주의자들의 수탈은 극에 달했다. 한반도에서 나는 좋은 것은 다 빼앗아 갔다. 한반도를 식량 및 원료 공급지로 삼으려는 정책을 세웠고, 곡창지대에서 난 식량을 수탈해 가기 위해 철도를 놓고, 항구를 열었다. 군산항과 목포항이 그 대표적인 곳이다. 조상 제사를 중요하게 생각했던 조선인들은 가장 좋은 것을 제사상에 올리는데, 상에 올릴 생선까지 빼앗아 갔다. 올릴 것이 없어 나무를 깎아 '제례용 물고기'를 만들어 올리기도 했단다. 농사를 짓고 나면 다 빼앗아 가니 살 수가 없어서 한해 50만이 넘는 사람들이 연해주로 이주한 것도 그 때문이다.

그런 역사의 경험이 있어 우리는 이 상황을 누구보다도 쉽게 이해할 수 있다. 미디안의 착취가 너무 심해서 먹고 살 것이 없어 빼앗기지 않기 위해 지금 은밀히 밀 추수를 하고 있었다. 그 상황을 성경은 이렇게 들려준다.

> 미디안 사람의 세력이 이스라엘을 억누르니 이스라엘 자손은 미디안 사람들 때문에 산에 있는 동굴과 요새에 도피처를 마련하였다. 이스라엘 자손이 씨앗을 심어놓으면, 미디안 사람과 아말렉 사람과 동방 사람들이 쳐 올라오는 것이었다… 이스라엘에 먹을 것을 하나도 남기지 않았으며, 양이나 소나 나귀까지도 남기지 않았다 삿 6:2-4, 새번역.

당시 이스라엘의 정치, 경제적 상황이 얼마나 심각하고 어려웠는지를 가늠할 수 있게 한다. 하지만 더 심각한 것은 영적인 상황이었다. "이스라엘 자손이 여호와의 목전에 악을 행하여 바알을 섬기며 애굽 땅에서 그들을 인도하여 내신 그들의 조상들의 하나님 여호와를 버리고 다른 신들 곧 그들의 주위에 있는 백성의 신들을 따라 그들에게 절하여 여호와를 진노하시게 하였으되…" 삿 2:11-12. 그들이 여호와의 목전에서 악을 행하여 하나님을 잊어버렸다는 표현은 반복해서 등장한다. 당시 영적 상황이 얼마나 어두웠는지를 일깨우려는 듯하다. 하나님을 잊어버렸고, 그분이 행하신 일도 기억하지 못하면서, 자기 생각, 기분, 감정 따라 살았단다. 반복해서 그 사실을 전하는 사사기 기자는 마지막을 이렇게 끝낸다. "그때에 이스라엘에 왕이 없으므로 사람이 각기 자기의 소견에 옳은 대로 행하였더라" 21:25.

그분의 시선과 부르심

그러한 상황에서 숨어 은밀하게 밀 타작을 하는 기드온에게 하나님께서 사자를 보내셨단다. 먹고 살기 위해 가슴 조이면서 겁에 질려 빨리 추수를 마치려고 서두르는 그에게 여호와의 사자가 다가와 말씀하셨다. "큰 용사여, 여호와께서 너와 함께 계시도다." 모순이 느껴지지 않는가? 그의 모습과는 상당히 거리가 있지 않는가?. 거기에 '큰'이라는 수식어까지 붙으면 전혀 어울리지 않는다. 새번역과 공동번역성경은 "힘센 장사"로 번역하지만, 그 용어도 그에게는 잘 어울리지 않는다. 미디안의 억압 가운데서 살아남기 위해 지금 은밀하게 숨어서 가슴 조이며 포도주 틀에서 밀 타작을 하고 있는 그는 큰 용사와는 상당한 거리가 있다.

하나님의 부르심에 대한 그의 반응을 보아도 그것은 분명해 보인다. "어찌하여 이런 모든 일이 우리에게 일어나니이까? 여호와께서 애굽에서 이 민족이 올라올 때 베푸셨다는 그 이적은 왜 우리 시대에는 일어나지 않는 것입니까? 우리가 이렇게 어려운 것은 하나님 책임입니다. 아무것도 하시지 않는 하나님, 손 놓고 방관하시는 하나님, 바로 당신 때문에 이런 일들이 일어나고 있습니다." 부르심 앞에서도 용사다운 모습은 찾아보기 어렵다. '상황이 어렵지만, 하나님 의지하면서 감당해 보겠습니다'라는 결단과 헌신의 모습도 찾아볼 수도 없다. 그런데 한 용사를 세우시고 그 모습을 요청하신다. "너에게 있는 그 힘을 가지고 가서, 이스라엘을 미디안의 손에서 구하여라. 내가 친히 너를 보낸다"삿 6:14, 새번역.

"너에게 있는 힘"이라는 구절에는 '내가 너와 함께 하니 내 손에 들린 너는 큰 용사'라는 의미를 담고 있다. 하나님의 절대 은혜에 대한 자각, 그것을 가진 사람을 찾으셨다는 말씀이다. 이후 그를 통해 역사하시는 하나님의 방법을 보면 그것을 확인할 수 있다. 군대 숫자도, 전략도 아니었다. 그를 사용하시는 하나님으로부터 모든 능력이 나온다.

그래서 항상 하나님의 강력한 부르심에 붙들려 살았던 바울은 어려움 가득한 상황에서 움츠러든 사람들에게 그렇게 외친다.

> 형제들아, 너희를 부르심을 보라. 육체를 따라 지혜로운 자가 많지 아니하며 능한 자가 많지 아니하며 문벌 좋은 자가 많지 아니하도다. 그러나 하나님께서 세상의 미련한 것들을 택하사 지혜 있는 자들을 부끄럽게 하려 하시고, 세상의 약한 것들을 택하사 강한 것들을 부끄럽게 하려 하시며, 하나님께서 세상의 천한 것들과 멸시받는 것들과 없는 것들을 택하사 있는 것들을 폐하려 하시나니, 이는 아무 육체도 하나님 앞에서 자랑하지 못하게 하려 하심이라 고전 1:26-29.

'이리 보아도, 저리 보아도 함량 부족인 저를 사용하려 하시는 하나님의 뜻을 잘 모르겠습니다. 그래도 상관치 않으시고 너는 내 것이라 부르시고, 사용해 주시는 은혜에 감읍할 뿐입니다.' 그 감격이 있는 사람을 사용하신단다. 적어도 하나님의 일꾼은 내 지식과 경험이 아니라, 스펙과 연줄이 아니라, 학벌과 내 지혜가 아니라 하나님의 능력이 나의 힘임을 인식하는 사람들이다. 하나님께서는 그런 사람을 사용하신다. "큰 용사여!" 하나님께서는 지금 그를 주목하시고, 찾아오신다. 일으켜 세우신다. 두려움에 사로잡혀 있는 그를 불러 세우시고, 내 손에 붙들리라 말씀하신다. 부르심 앞에서 늘 부르는 주제가이다. "약한 나로 강하게/ 가난한 날 부하게/ 눈먼 날 볼 수 있게/ 주 내게 행하셨네/ …깊은 강에서 주가/ 나를 일으키셨도다/ 구원의 노래 부르리/ 예수 자유 주셨네."

부르심, 그 이후

'네 입술에 그 고백이 진동하면 너는 큰 용사다.' 사사기 말씀이 그리는 '큰 용사'의 조건은 한가지이다. 하나님의 부르심 앞에서 선 사람, 그분 손 잡고 일어서는 사람, 그분의 손에 온전히 붙들려 나아가는 사람, 그런 사람을 하나님께서는 사용하기 원하셨다. "너에게 있는 그 힘을 가지고 이스라엘을 미디안의 손에서 구원하러 가거라. 내가 친히 너를 보낸다. 내가 너와 함께 있으리라. 네가 미디안을 한 사람 해치우듯 쳐부수리라"삿 6:14, 16, 공동번역. 시대가 어둡다고, 상황이 어렵다고 거기에 온 마음을 빼앗기지 말고, 하나님께 온전히 붙들리면 된다. 불타오르는 소명으로 네가 일어서면 이 땅은 하나님의 역사로 가득하게 될 것이다.

이런 가슴 벅찬 초청과 부르심 앞에서는 단순히 '아멘' 했으면 좋았을 텐데, 기드온은 하나님께 표징을 구한다. 불신보다는 확인하려는 마음에서였을 것이다. 바로 예물을 준비하고 예배를 준비하는 모습에서 그것을 읽게 된다. 예물에 해당하는 '민하'מִנְחָה는 선물, 조공을 뜻하는 단어이지만 '제물'의 의미로도 사용된다사 66:20, 말 1:11. 오래전, 아브라함처럼 그도 지금 예배의 제단을 쌓는다. "기드온이 여호와를 위하여 거기서 제단을 쌓고 그것을 여호와 살롬이라 하였더라"삿 6:24. 어두움이 가득한 때 하늘의 평강을 예배 가운데서 경험한다. 세상이 줄 수 없고, 사람과 환경이 줄 수 없는 평화가 그 예배 가운데 넘쳐난다. 하나님께 제물을 드리는 예배는 계속 이어지고, 그는 큰 용사가 되어 일어선다. 예배는 그리스도인의 힘의 원천이다. 예배 가운데서 힘을 공급 받지 않고서는 부르심의 길을 끝까지 달려갈 수 있는 사람은 없다.

인생길에 어두움이 가득하지만 하나님의 임재와 현존에 더 사로잡히라. 한 번의 예배에 그대 생명을 걸고, 올려드리는 찬양에 그대 심장을 담아내고, 올려드리는 기도에 혼신의 힘을 쏟을 때 세상은 희망을 노래하게 될 것이다. 그때 세상은 우리를 통해 하나님의 일하심을 보게 될 것이다. 기드온이 사역을 감당하기 전에 아버지가 섬기던 우상, 자기 삶에 세워진 우상을 찍어낸다. 더 신실하게, 진실하게, 거룩하게 자신을 정결하게 다듬는다. 분노한 동네 사람들에 의해 목숨이 위태로운 상황으로 치닫지만 그는 의연하게 대처한다. 그는 이미 하나님의 손에 붙들린 용사로 달려가고 있었다. '누군가가 우뚝 서 있을 때 세상은 하나님의 역사하심을 보게 될 것이다. 네가 바로 그 사람이 되어 다오.' 하나님의 당부가 들려온다.

앞서 언급한 망덕포구와 관련하여 시인 고두현은 "망덕포구에 그가 산다: 윤동주 유고 지킨 정병욱의 전언"이라는 긴 제목의 시를 쓴다.

섬진강 물굽이가 남해로 몸을 트는/ 망덕포구 나루터에 어릴 적 내 집이 있네/ 강물이 몸을 한껏 구부렸다 펼 때마다/ 마루 아래 웅웅대며 입 벌리는 질항아리/ 그 속에 내가 사네

강폭을 거슬러 올라 서울 가던 그해/ 압록강 먼저 건너 손잡아준 북간도 친구/ 함께 헤던 별무리처럼 그가 지금 살고 있네/ 시집 원고 건네주며 밤새워 뒤척이다/ 참회록 몰래 쓰고 바다 건너 떠난 그를/ 학병에 징집되어 뒤따라가던 그날 저녁/ 어머니 이 원고를 목숨처럼 간직해 주오/ 우리 둘 다 돌아오지 못하거든/ 조국이 독립할 때 세상에 알려주오

그는 죽고 나는 살아/ 캄캄한 바닷길을 미친 듯이 달려온 날/ 어머니 마룻장 뜯고 항아리에서 꺼낸 유고/ 순사들 구두 소리 공출미 찾는 소리/ 철컥대는 칼자루 밑에 숨죽이고 견딘 별빛/ 행여나 습기 찰까 물안개에 몸 녹을까/ 볏짚 더미로 살과 뼈를 말리던 밤이/ 만조의 물비늘 위로 달빛보다 희디 희네

후쿠오카 창살 벽에 하얗게 기대서서/ 간조의 뻘에 갇혀 오가지 못하던 그/ 오사카 방공포대서 살아남은 나를 두고/ 남의 땅 육첩방에 숨어 쓴 목구어가/ 밤바다 우웅우웅 소리 내며 몸을 트네/ 하루 두 번 물때 맞춰 아직도 잘 있는지/ 마룻장 다시 뜯고 항아리에 제 입을 맞추는/ 그가 거기 살고 있네."[2]

생명 걸고 지켜야 할 것이 있다. 거기 누군가가 있어 지켜지고, 세워지는 역사가 일어났다. 그 역사를 위해 기드온을 부르셨고, 오늘 우리를 부르신다. 나는 작고 부족한데, '강한 용사'라 말씀해 주신다. 은혜다.

울어야 할 시대

지난달, 한 신문의 칼럼을 부탁 받고 준비하는데, 일전에 논문 쓸 때의 이야기가 떠올라 거기에 그것을 담았다. 제출한 논문이 게재 확정이 된 다음, 편집자로부터 연락이 왔다. '부제가 있긴 했지만 학술 논문으로는 제목이 좀 그러니, 제목을 좀 바꿀 수 있겠느냐'고 조심스럽게 부탁을 해 왔다. 그래서 '절대 안 된다'고 대답했다. 저 나름의 의도가 담긴 제목이었기 때문이었다. 그 논문의 주 제목은 "용도가 울기 시작했다"였다. 얼핏 보기에는 학술 논문으로 어울리지 않는다고 생각할지 모르지만, 그것이 논문이 말하고자 하는 논지였다. 그때 썼던 신문의 칼럼 일부를 옮긴다.

---

[2] 고두현, "망덕포구에 그가 산다: 윤동주 유고 지킨 정병욱의 전언,"『현대문학』(2022년 2월호).

일전 논문을 준비하다가 평안남도 강동의 눈 덮인 강가에서 젊은 지도자들이 우는 모습을 읽으며 가슴이 뜨거워진 적이 있다. 1919년, 범교회적으로 일어나 조국의 독립을 위해 목이 터져라 '만세'를 외쳤지만, 무위로 돌아갔다. 그 중심 역할을 했던 당시 신흥종교 기독교가 치른 대가와 희생은 엄청났다. 1920년대, 30년대 좌절과 절망감이 조수처럼 번지기 시작했고, 허무주의가 판을 치면서 민족의 밤은 어두웠다. 많은 지식인이 변절의 길을 걸었고, 생계를 위해 한 해 수십만 명이 연해주로 야반도주했다. 당시 교회도 존립의 위기를 경험하고 있었다. 내적으로는 복음의 역동성을 상실해 가고 있었고, 독버섯처럼 이단들이 생겨났다. 교계는 서북과 비서북 출신으로 나뉘어 갈등이 심화되고 있었다. 외적으로는 일제의 압박과 수탈에 시달려야 했고, 농촌의 궁핍은 극에 달해 있었다.

만세운동 앞자리에 섰다가 옥고를 치른 신학생 이용도의 절망감도 아주 깊었다. 더욱이 그는 당시 불치병이던 폐병에 걸려 학업을 이어갈 수가 없었다. 그래서 요양차 친구[이환신]의 고향인 강동에 내려갔다. 교역자가 없는 교회가 태반이던 당시, 시골 마을에 신학생이 왔으니, 즉석에서 집회가 열리게 되었단다. 하지만 가슴에 어두움과 절망감이 가득하니 무엇을, 어떻게 설교해야 할지 몰랐단다. 부흥회를 앞두고, 깊은 부담감과 두려움에 둘러싸여 친구와 함께 눈 덮인 대동강변에 나가 기도하기 시작했단다. 변종호는 그때의 광경을 그렇게 기록하고 있다.

"내일부터 부흥회를 인도한다는 결정을 한 두 학생은 곧 밖으로 나갔다. 대동강 상류의 얼음 위에 나가서 둘은… 밤이 깊도록 기도하였다. 그 이튿날도 새벽 일찍 나가서 저녁때가 되도록 또 열심히 기도하였다. 그리고 집회가 시작될 저녁 무렵 돌아왔다…. 벌써 종소리가 들린다. 둘의 가슴은 철렁했다. 재종 소리가 들려올 때 두 사람은 일어섰다. 자신도 없고 울렁거리는 가슴을 부둥켜안고 두 사람은 비틀거림으로 예배당을 향해 갔다…. 찬송 149장 내 주를 가까이 하려 함은 - 이용도 목사님 강시 찬송가 149장을 꺼내어 한 절을 부르고 두절 시작을 하는데 용도는 울기를 시작하였다…. 용도의 울음이 심해짐에 따라 만장은 울음의 바다가 되었다…. 기도로서 밝히고 새벽에 강단에 나섰다. 나서니 찬송을 불러도 눈물이요, 기도를 올려도 울음이다…. 용도의 심중은 이상한 열에 끓어 올랐다…. 주님께서 불러 세우시는 것이었으니 이 자리에서 한 마디라도 외치고서 당장 죽으리라는 결심이 생겼다….”

그 시대와 교회를 가슴에 안고 젊은 지도자들이 울기 시작했을 때 말씀을 통한 치유와 회복, 엄청난 심령의 부흥이 일어났고, 그렇게 시작하여 그 젊은 사역자는 절망의 시간을 말씀으로 덮어갔다. 문득 오늘 우리 시대도 울어야 할 때라는 생각을 지울 수 없다. 코로나 팬데믹으로 예배가 묶이고 사역도 꽁꽁 얼어붙었다. 교회 신뢰도는 추락하고 있고, 교회의 영광이 떨어지고 있는 시대, 갈등과 혼돈이 핏빛 조수처럼 도지고 있는 때이기 때문이다. 오래전 목사 안수를 앞두고 기도원에 올라가 기도로 준비하던 시간에 그런 기도를 드렸다. "목사로 사는 동안 내 눈에서 눈물이 마르지 않게 하소서." 냉랭한 가슴으로는 감당할 수 없는 거룩한 사역에 대한 부담 때문에 드린 기도였다. 30여 년을 몸부림치지만, 여전히 부족함 때문에 자주 운다.

예배의 자리에서, 기도의 자리에서, 사역의 자리에서 오늘 우리에게 진정으로 필요한 것은 눈물의 회복이다. 부족한 내 모습을 보면서 울고, 세상을 보면서 울고, 살아오는 날 동안에 받은 사랑과 은혜에 감격하여 울고, 어둠 가득한 터널을 지나가다가 상처투성이가 된 교회와 성도들을 위해 울고… 울어야 할 때이다. 그때 세워지는 역사는 계속될 것이기 때문이다. '눈보라 치는 겨울 숲에서 벌거벗은 나무처럼 나는 울었다'[3]는 한 시인의 외침이 우리 모습이 될 때, 이 어려운 때 회복의 역사가 일어나지 않겠는가?[4]

거대한 로마제국의 압제가 어린 교회를 뒤흔들고 있을 때, 사도 바울은 감옥에 갇혀 있었고, 할 수 있는 것이 아무것도 없는 상황이었다. 하지만 지도자는 절대로 주저앉지 않는다. 교회와 성도들을 위해 눈물로 기도하면서 주께서 가슴에 담아주신 말씀을 말로 전할 수 없어 편지로 적어 보낸다. 그리스도께서 교회를 다스리고 계심과 "교회는 세상의 변두리가 아니라 세상의 중심"임을 확신하면서 일꾼 된 사람들에게 외친다.

> 나는 주님을 위해 죄수가 되어 이곳에 갇혀 있지만 여러분은 저 바깥으로 나가 하나님께서 여러분을 부르셔서 걷게 하신 그 길을 걸어가십시오… 나는 여러분 가운데 어느 누구도 팔짱 끼고 가만히 앉아 있기를 바라지 않습니다. 나는 여러분이 엉뚱한 길에서 헤매는 것을 바라지 않습니다. 겸손과 절제로 이 일을 행하십시오… 부디 우리 가운데는 더 이상 어린아이로만 남아 있는 사람이 없어야 합니다.[5]

어두움 가득한 때이지만 예배가 회복되고, 기도가 회복되고, 눈물

---

3 박노해의 시, "눈보라 치는 겨울 숲에서," 일부.
4 김운용, "울어야 하는 시대입니다," 『월간목회』(2023년 11월), 6-7.
5 엡 1:22-23, 4:2-3, The Message.

이 회복되고, 주님 앞에서 더 정결해지고, 소명이 회복될 때 세상은 우리를 통해 주님의 일하심을 보게 될 것이다. 재주가 좀 없어도 괜찮고, 대단한 배경을 가지지 못했어도 괜찮다. 주님께서는 거룩한 믿음의 사람을 사용하신다. 이곳저곳 기웃거리지 말고, 잔머리 쓰지 않고 살아계신 하나님의 현존에 사로잡히라, 그대 큰 용사여.

봄은 그냥 오는 것이 아니다. "맨살을 파고드는 칼바람"을 참아내며 옹골지게 나이테를 키우는 겨울나무처럼, 우듬지의 노래로 참아내며 눈꽃을 피워 내는 누군가가 우뚝 서 있을 때, 비로소 산하에는 봄이 서리는 법. "겨울나무가 죽음의 터널을 지나 옹골진 나이테로 생명이 깊고 견고해져 새순을 내어야" 그때야 비로소 봄이 열린다.[6] 한겨울 들판에서 걸친 것도 없이 벌거벗은 나무처럼 느껴질 때가 있어도 결코 약해지지도, 쓰러지지도 않는 그 누군가가 있을 때 그 동산에 생명의 기운이 불어오면 꽃은 피어날 것이다. "가릴 것도 기댈 것도 없는 가난한 처음 자리에/ 내가 가진 하나의 희망은/ 벌거벗은 힘으로 살아있는 거라고/ 겨울나무의 뿌리처럼 눈에 띄지 않아도/ 어둠 속에서 내가 할 일을 해 나가는 거라고."[7]

---

6   이상국의 시, "인생도 겨울나무 같아야," 일부.
7   박노해의 시, "눈보라 치는 겨울 숲에서," 일부.

2부

그 이름의 능력으로

들꽃이 핀다
나 자신의 자유와
나 자신의 절대로서
사랑하다가 죽고 싶다고
풀벌레도 외친다
내일 아침 된서리에 무너질 꽃처럼
이 밤에 울고 죽을 버러지처럼
거치른 들녘에다
깊은 밤 어둠에다
혈서를 쓰고 싶다

— 유안진, "가을 편지"

6
Starting Point
모든 것은 거기에서 시작되고 결정된다

죽은 줄 알고 20년 가슴에 묻은 아들
총리 되어 나타날 때
이제 나는 죽어도 가하도다 감격하고
하루 종일 울었던
야곱과 요셉의 그날 같은 하루…
그날 같은 하루를 살고 싶다
— 고훈[1]

불타는 눈동자가 아니면

2018년 10월, 서울대 국문과 명예교수 김윤식이 세상을 떠났다. '문학 평론계의 대부'로 알려진 그는 한국 문학인 가운데 가장 많은 책을 낸 학자 중 한 명이다. 평론집만 100권이 넘는 책을 출간했다. 책 한 권 내려면 피를 짜내듯이 긴 시간을 요구하는 작업이니, 평범한 사람은 흉내 낼 수 없는 대단한 작업을 이룬 것이다. 은퇴 후에도 끊임없이 문학 평론 글을 쓰신 분이었기에 문학계는 그의 죽음을 안타까워했다. 2001년, 대학을 정년 퇴임할 때, 그동안의 쓴 책의 서문만 묶어서 『김윤식 서문집』을 발간했다. 거기에 95권 책의 서문이 실려 있었다. 개정

---

[1] 고훈의 시, "그날 같은 하루를 날마다 살고 싶다," 일부. 고훈, 『그날 같은 하루를 날마다 살고 싶다』(서울: 베드로서원, 2002).

판이 나왔고, 2017년에는 다시 50여 권의 서문을 추가하여 개정 증보판을 냈다.[2] 그리고 이듬해 세상을 떠났다. 작가 박완서는 그에 대해 "발로 뛰고 눈으로 더듬어 그와 동시대의 우리 문학의 지도를 만들었다"고 평가하면서 그를 "사로잡힌 영혼"이라고 평한다.[3]

1962년 『현대문학』에 추천을 받아 문단에 등단할 때 추천이 완료된 후 쓴 소감의 글에 그런 문장이 나온다. "노예선의 벤허처럼 눈에 불을 켜야만 나는 사는 것이었다." 출발점에서부터 끝 날까지 '불을 켠 노예선의 벤허의 눈'을 가지고 열정으로 힘차게 인생길을 달린 분으로 사람들은 평가한다.

윌리엄 와일러 William Wyler 감독의 영화 「벤허」에 나오는 노예선의 불타는 눈을 기억하는가? 때는 서기 26년, 로마제국이 지배하던 시절, 예루살렘의 부호이자 귀족이었던 유다 벤허 찰턴 헤스턴 는 옛 친구인 메살라가 주둔 사령관 호민관 으로 부임하여 반갑게 옛 친구를 상봉한다. 친구는 로마에 반역하는 유대인 검거에 협조를 요청하면서 함께 일하자고 권유하지만 이를 거부한

노예선의 벤허

다. 신임 총독의 시가지 행렬을 구경하기 위해 옥상에 올라간 여동생의 실수로 기왓장이 떨어지면서 총독이 말에서 떨어지는 사고가 발생한다. 우연한 실수로 된 일인 줄 알면서도 본보기로 삼기 위해 메살라는 반역죄를 적용하여 벤허는 노예로 팔려 가고, 어머니와 여동생은

---

2 김윤식, 『김윤식 서문집』, 개정증보판 (서울: 사회평론, 2017).
3 박완서, 『두부』(서울: 창작과 비평사, 2002), 4부.

깊은 지하감옥에 갇히게 된다. 벤허는 그렇게 끌려가 가족의 생사도 모른 채 로마 전함^{갤리선}의 노 젓는 노예로 고된 삶을 이어간다.

마케도니아 해적선의 공격을 받아 집정관이 물에 빠져 죽을 위기에 처했을 때 벤허가 뛰어들어 구조하였고, 그 일로 인해 그의 양자가 되어 노예 신분에서 해방된다. 전투 중에 노예들이 도망가지 못하도록 족쇄를 채워놓는데, 전투 훈련 중에 최고 속도로 노를 젓게 했을 때 모두 지쳐 쓰러지지만, 벤허는 불타는 눈빛으로 끝까지 노를 젓는 모습을 유심히 지켜본 사령관이 치열한 전투가 될 것으로 예측하여 전투 시작 전에 그의 족쇄를 풀어준다. 사령관이 탄 배가 공격을 받아 충돌하면서 바다에 빠진 사령관을 벤허가 구조한다. 해전에서 승리하면서 사령관은 죽은 아들 대신 벤허를 양자로 맞아들인다. 벤허는 그때 가정과 인생을 망가뜨린 친구에 대한 분노에 사로잡혀 살고 있었다.[4] 한 번 끌려가면 죽음이 아니고서는 풀려날 수 없었던 전함의 노예였지만 벤허는 불타는 마음으로 그 어려움에서 벗어난다.

불타는 열정으로 세워진 교회

'벤허의 불타는 눈으로 사는 것이 아니라면 나는 사는 것이 아니다.' 인생의 젊은 날에도, 노년에도 그 열정으로 살겠다는 그 결단과 정신은 오늘 우리에게 가장 필요한 것이 아닐까? 1세기, 초기 교회는 참

---

[4] 어머니와 여동생을 찾기 위해 예루살렘으로 돌아온 벤허는 아랍 족장의 도움으로 전차 경주에 참여하게 되고 우승하면서 메살라에게 통쾌한 복수를 한다. 중상을 당한 친구는 화해를 위해 찾아간 벤허에게 "인생의 경주는 계속된다. 네 어머니와 여동생은 죽지 않았고, 지하 감방에서 나병에 걸려 죽어가고 있다"고 마지막 고통을 주며 죽음을 맞는다. 집안을 돌보던 집사의 딸 에스더의 권유로 나사렛 예수님을 만나게 되고, 그분의 설교를 듣고 변화된 벤허는 어머니와 여동생의 치유를 위해 예수님께 나아가지만, 그분은 십자가를 지고 골고다로 향하고 있었다. 십자가를 지고 가시는 예수님을 뵈면서 복수심으로 불타던 마음이 치유를 받게 된다. 또한 한센병에 걸린 어머니와 여동생은 멀리에서 십자가를 바라보았을 때 치유의 놀라운 역사를 경험하게 된다.

어려운 상황에서 사역을 수행했지만, 그런 열정을 가진 이들이 있어 교회는 견고히 세워졌다. 모든 시대, 모든 자리에 그런 열정을 가진 사람이 우뚝 서 있는 곳에 복음은 왕성하게 전해졌고, 주님의 교회는 세워졌다. 당시 그리스도인이 된다는 것, 예배의 자리로 나아간다는 것은 생명을 걸어야 하는 일이었다. 하지만 그들은 복음에 대한 열정과 감격으로 불타고 있었다.

동방과 서방을 잇는 중요한 요충지였던 골로새는 지리적으로 중요한 곳이었다. 동서무역로의 중심지였고 직물 산업이 발달하여 무역이 성행했다. 그래서 그 도시는 본토인 외에도 헬라인, 유대인 등의 외지인들이 함께 살아가면서 다양한 문화가 공존했던 다문화 도시였다. 그 도시에 세워진 골로새교회는 조선 땅의 최초교회였던 솔내교회처럼 자생적으로 시작된 교회였다. 사도들이 복음을 전하여 세운 것이 아니라 복음을 들은 사람들이 모여 이룬 교회였다. 3차 전도 여행 중 사도 바울이 에베소에서 3년 가까이 머물며 복음을 전하고 있을 때, 골로새 출신 에바브라와 빌레몬이 두란노서원에서 복음을 듣고 그리스도인이 되었다행 19:10. 가슴이 뜨거워진 그들은 180km 정도 떨어진 고향으로 돌아가 복음을 전하였고, 그렇게 세워진 교회가 골로새교회였다. 뜨거운 열정으로 불타고 있던 그들은 15km 정도 떨어진 인근 도시 라오디게아와 히에라볼리에도 복음을 전하여, 그곳에도 교회가 세워졌다.

복음의 정열을 가지고 살아가는 사람들에게 전하는 이 말씀은 감사로 가득하다. "여러분을 위해 기도할 때마다 우리는 항상 감사가 넘쳐납니다. 우리는 여러분으로 인해 우리 아버지 하나님과 메시아이신 예수님께 끊임없이 감사를 드립니다. 우리는 여러분이 한결같은 마음으로 우리 주 예수 그리스도를 잘 믿고 있으며 모든 그리스인에게 끊임없이 사랑을 베풀고 있다는 소식을 전해 듣고 있습니다." 복음으로 가슴이 뜨거워진 사람들, 성경은 그들의 이름을 언급한다. 바울, 디모데, 에바브라, 빌레몬, 두기고, 마가, 아리스다고, 유스도, 데마, 눔바, 아킵보… 모두 다 거명되지는 않지만, 그곳엔 가슴이 불타고 있는 무명의 사람들이 있어 교회가 세워지고 복음의 역사가 힘차게 진행되었다. 그렇다. 복음의 역사는 복음으로 가슴이 뜨거워진 사람이 있을 때만 일어나고 힘차게 진행된다.

다시 열정으로

그런데 복음에 대한 감격으로 시작한 그 교회가 지금 믿음이 흔들리고 있었다. '거짓 교사들이 들어와 다른 복음을 전하면서 생긴 문제'였다. 헬라철학, 영지주의, 유대교 율법주의 등이 교회에 들어와 복음을 변질시키고 있었다. "누가 철학과 헛된 속임수로 너희를 사로잡을까 주의하라. 이것은 사람의 전통과 세상의 초등학문을 따름이요, 그리스도를 따름이 아니니라"골 2:8. '사람의 전통'은 인간의 생각과 관점을 통칭한다. '세상의 초등학문'으로 번역된 헬라어 '$\sigma\tau o\iota\chi\epsilon\tilde{\iota}\alpha\ \tau o\tilde{\upsilon}\ \kappa\acute{o}\sigma\mu o\upsilon$'스토이케이아 투 코스무는 '세상의 초보적 지식'을 뜻한다. 당시 헬라철학과 문화가 제시하는 가치관, 즉 당시 세상을 지배하던 가치관을 통칭하는 표현이다. 교회가, 그리스도인들이, 말씀을 떠나서 세상의 지배 관념, 가치관, 유행, 문화 등에 이끌려 가는 것이 문제이고, 복음을 그것과 적당하게 혼합한 것이 문제였다. 신앙생활을 하지 않는 것은 아니지만 복음의 진리를 벗어난 혼합주의 경향에 대해 그리스도를 따름이 아니라고 규정한다.

복음으로 시작한 교회가 주님의 말씀 대신에 세상 가치관을 혼합시키면서 믿음이 변질되고 있었다. 젊은 사역자 에바브라는 그 문제를 해결할 방도가 없었다. 그래서 로마 감옥에 갇혀 있는 바울을 찾아간다. 골로새에서 로마까지는 2,000km가 넘는 거리이다. 교회를 바로 세우려는 불타는 열정이 있었기에 거리는 문제가 되지 않았다. 육로로 걷고, 배를 타고, 그 먼 길을 달려갔던 교회를 향한 열정을 생각하면 감동이 밀려온다. 그는 그것에 대한 가르침을 받은 후 교회를 바로 세우기 위해 다시 2,000km가 넘는 거리를 걸어 골로새로 돌아간다.

군 복무 시절, 강원도 화천의 한 보병 연대에서 근무할 때, 100km 행군을 자주 했던 경험이 있어 대략 그 거리가 인지된다. 강원도 산악 길로 100km를 걷는데, 50분 걷고 10분 쉬고 장정들이 쉼 없이 걸어도 33시간 이상이 걸렸다. 힘이 들어서 낙오하는 병사들도 많이 있어, 후미에는 항상 구급차가 따랐다. 이탈리아 산티아고 콤포스텔라 순례길 800km 여정이 보통 걸음으로 한 달 이상 걸린다니, 2,000km는 두 달 이상이 걸리는 먼 거리이다. 왕복 4개월이 걸리는 먼 길을 달린 이유는 한가지, 교회를 바로 세우려는 열정 때문이었다.

그렇게 찾아온 에바브라에게 바울은 문제의 해법을 알려주었을 것이고, 사역과 관련한 여러 당부와 함께 돌려보냈을 것이다. 그가 돌아간 이후 교회를 위해 간절하게 기도할 때, 성령님께서 주시는 말씀이 다시 가슴에 불이 붙게 했다. 그래서 그는 지금 차가운 감옥 바닥에서 무릎 꿇고 주님께서 교회에 주시는 말씀을 받아 적는다. 그 말씀을 편지로 적어 교회에 전하도록 '사랑하는 형제' 두기고를 보낸다. 로마에서 골로새까지 2,000km가 넘는 거리를, 하나님의 말씀을 전하기 위해 걸어가고 있는 형제의 모습이 그려지는가? 교회는 그렇게 세워졌다. 교회가 흔들리고 있을 때, 변질의 길을 걷고 있을 때 복음에 대한 열정으로 불타는 이들이 있어 그곳에 교회가 힘있게 세워졌다.

무엇으로 교회를 새롭게 세우는가? 하나님의 말씀이다. 그들을 달리게 했던 힘은 무엇이었는가? 예수 그리스도의 피 묻은 복음이었다.

하나님의 비밀창고에서 보았던 하늘의 신비인 복음의 핵심을 바울은 힘껏 증언한다. 골로새서는 그 '비밀'을 전하는 비밀문서이다. "이 비밀은 만세와 만대로부터 감추어졌던 것인데 이제는 그의 성도들에게 나타났고, 하나님이 그들로 하여금 이 비밀의 영광이 이방인 가운데 얼마나 풍성한지를 알게 하려 하심이라. 이 비밀은 너희 안에 계신 그리스도시니 곧 영광의 소망이니라"^{골 1:26-27}. 여기에서 '비밀'로 번역된 헬라어는 μυστήριον 뮈스테리온이다. 말로 다 설명할 수 없는 '신비'를 뜻하는 단어이다. 그래서 성례전을 뜻하는 라틴어 sacraments를 사용하기 전, 초대교회는 성례전을 뜻하는 말로 이 단어를 사용한다. '뮈스테리움'^{mysterium}, '하나님의 구원 역사 안에 숨겨진 거룩한 신비', 경험한 사람만이 알 수 있는 하나님의 신비, 그것이 성찬이다.

하나님의 신비인 예수 그리스도는 우리를 흑암의 권세에서 건져내셨고, 그분의 나라 백성이 되게 하셨다. 그 안에서 우리는 속량 곧 죄 사함을 받았다. 그래서 예수 그리스도를 하나님의 신비로 설명한다. "그분은 보이지 않는 하나님의 모습이며 하나님께서 모든 것을 창조하시기 전에 계신 분입니다. 그분에 의해서 모든 것이 창조되었습니다. 하늘과 땅에 있는 것들과 보이는 것과 보이지 않는 것들과 천사들과 영적 존재들과 만물이 다 그분에 의해서 창조되었고 그분을 위해 창조되었습니다. 그리고 그분은 모든 것이 있기 전에 계시고, 모든 것은 그분에 의해서 유지되고 있습니다"^{골 1:15-17, 현대인의 성경}.

하나님의 신비이신 예수 그리스도는 교회의 머리가 되시는 분이시다. 하나님의 신비를 깨달은 그는 이제 복음으로 교회를 세우고 성도들을 완전한 자로 세우기 위해 "나도 내 속에서 능력으로 역사하시는 이의 역사를 따라 힘을 다하여 수고하노라"^{골 1:29}고 밝힌다. 주님의 교회는 가슴이 불타는 사람들을 통하여 그렇게 세워졌다. 복음으로 불타고 있는 하나님의 사람들, 그 복음을 위해서라면, 복음으로 세워진 교회를 위해서라면 수천 리 길을 달려갈 수 있는 열정으로 불타고 있는 사람들을 통해 세워졌다.

다시 복음으로

오늘 교회의 영적 상황은 그리 밝지만은 않다. 하지만 오늘 상황이 어떤지를 묻기 전에 먼저 점검해야 할 것은 우리 자신이다. 나에게 가장 소중한 것은 무엇인가? 복음은 세상을 살리는 하나님의 해답이며 인생의 문을 열어주는 열쇠라는 사실을 확실히 믿고 있는가? 그래서 그 복음 때문이라면 어디든지 달려갈 수 있는 열정이 있는가? 초대교회에는 그런 일꾼이 있었기에 어려운 상황에서 교회가 세워졌고, 불타는 열정으로 달리는 이들이 있어 건강한 교회로 세워질 수 있었다.

임기 초, 80대 중반의 목사님 한 분이 뵙자고 했다. 77기 졸업생이셨고, 거동이 다소 불편해 보였다. 총장실에서 차를 마시며 담소를 나누다 보니 늦은 나이에 신학 공부를 시작 했고, 몇 년 사역하다가 15년 전에 교회에서 은퇴를 했다고 하셨다. 자녀들은 외국에 있고, 사모님은 먼저 천국에 가셔서 혼자 살고 계신다고 했다. 매달 150만 원 정도의 총회 연금으로 생활하시는데, 절약해서 사시니 돈이 조금씩 남는다고 했다. 그것을 조금씩 저축했는데 1천만 원이 되어 그것을 들고 오셨다고 했다. '총장님, 정말 작은 돈이지만 어려운 때 후배들을 위해 써 주세요.' 그 헌신을 전해 들으면서 눈물이 나왔다. 이런 헌신으로 세워진 학교이다. 왜냐하면 계속해서 주님의 교회를 섬길 일꾼을 세우는 학교이기에 노년의 생활비를 모아 전달하기 위해 불편한 걸음으로 달려오신 것이다. 이런 선배님이 계시니 후배들은 자부심을 가져도 좋다. 이런 격려를 받고 있으니 더 구체적으로 하나님 나라를 꿈꾸면 어떨까? 이듬해, 명절이 다가오고 있어 전화를 드렸더니 자녀가 받았다. 신분을 밝히고 아버지 좀 바꿔 달라고 했더니, 아버지가 몇 주 전에 천국에 가셔서 장례를 치렀다고 했다. 가슴이 먹먹해졌다. 부친께서 행하신 일을 따님에게 알리면서 감사를 전하는데, 문득 그런 생각이 들었다. 아 목사님은 마지막 선물을 모교 후배들에게 전하고 가셨구나.

가슴 먹먹하게 하는 헌신의 이야기는 더 많이 있다. 목회자였던 남편이 젊은 날에 갑작스럽게 세상을 떠나셨단다. 떠나면서 남긴 조의금, 퇴직금 등 돈을 다 모으니 5천만 원 정도가 되었단다. 어린 것들과 살 길이 막막했지만 '하나님께서 먹여주시겠지' 하는 생각으로 남편이 졸업한 장신대에 전액을 장학금으로 드리기 위해 달려왔다. 남편이 마지막 남긴 그의 생명과 같은 돈을 도저히 쓸 수가 없었단다. 그 험한 세월이 흘러갔고, 감사하게도 아이들은 잘 자라 주었다고 한다. 오래전, 장학금을 보낼 때는 자기 형편에서는 큰 액수였는데, 이제는 이자가 그리 많지 않아 학생들에게 큰 도움이 되지 못하는 것을 걱정하는 엄마 이야길 듣고, 아들이 아빠 장학금 기금을 1억으로 만들기 위해 기도하면서 저축을 시작했고, 자녀들 다 출가한 이후 혼자 살면서 큰돈이 필요한 것도 아니어서 돈이 생길 때마다 돈을 모으고 있다고 했다. 빨리 기금 모아 장신대로 다시 달려올 수 있도록 기도해 달라는 부탁을 듣고, 함께 기도하는데 눈물이 나왔다.

주님의 학교여서 이런 헌신을 바치는 것이다. 장로회신학대학교는 그렇게 세워졌고, 평양에서 광나루까지 지난 124년 동안 하나님의 교회를 바로, 든든하게 세우는 사명을 수행해 올 수 있었다. 초기부터 지금까지 주님의 교회와 하나님 나라는 그렇게 세워지고 있다. 냉랭한 가슴으로는 아무것도 할 수 없다. 불타는 가슴, 불타는 눈동자를 가진 사람만이 이 어려운 때에 교회를 세울 수 있다. 그 열정은 그냥 생겨나지 않는다. 복음에 대한 확신과 감격, 감사로부터 나온다. "이제는 그의 육체의 죽음으로 말미암아 화목하게 하사 너희를 거룩하고 흠 없고 책망할 것이 없는 자로 그 앞에 세우고자 하셨으니, 만일 너희가 믿음에 거하고 터 위에 굳게 서서 너희가 들은 바 복음의 소망에서 흔들리지 아니하면 그리하리라. 이 복음은 천하 만민에게 전파된 바요, 나 바울은 이 복음의 일꾼이 되었노라" 골 1:22-23.

무엇에도 흔들릴 수 없는 확신이 있는가? 생명을 살리는 복음에 대한 확신, 예수 그리스도 십자가의 피를 묻힌 복음에 대한 확신이 내 속에서 진동하고 있는가? 그 복음 때문에 내 인생을 주님께 기꺼이 드리기로 작정하고, 부족하지만 더 온전한 도구로 쓰임 받기 위해 늘 자신을 말씀으로 훈련해 가고 있다면 지금 잘 달리고 있는 것이다.

장신대 신대원 68기 졸업생인 한 목사님은 복음에 대한 열정으로 평생을 달리시다가 2011년에 암으로 세상을 떠나셨다. 대학 3학년 때 폐결핵에 걸린 이후로 움직이는 종합병원이라고 할 만큼 많은 질병을 안고 사신 분이었다. 2006년, 투병하던 병석에서 일본선교의 새로운 모델인 '러브 소나타'에 대한 비전을 받았다. "교회의 모든 것을 가지고 일본으로 향하라!" 평양 부흥 100주년이 되는 2007년에 한국에 집중하지 말고 일본으로 향하라는 말씀이었다. 몇 년 전 출간한 『한국교회 설교 역사』라는 책을 쓰면서 그 목사님의 복음과 영혼을 향한 열정을 대하고 나도 모르게 눈물이 나왔다. 그 목사님이 일본의 수도인 도쿄 사이타마 수퍼 아레나에서 행한 설교의 일부이다.

오늘 사이타마 수퍼 아레나에서 이루어지고 있는 도쿄 러브 소나타는 일본을 향한 하나님의 사랑과 용서의 이야기입니다. 하나님은 우리를 지극히 사랑하십니다. 인간의 모든 언어와 상상력을 다 동원해도 하나님의 그 사랑은 다 설명할 수 없습니다. 어느 날 하나님께서는 저에게 일본을 품으라고 하셨습니다. 일본을 사랑하고, 일본을 위해서 기도하고 헌신하라고 하신 것입니다. 사실 저는 누구를 사랑할 만큼 건강하지 않습니다. 30년 동안 당뇨와 고혈압으로 고생했을 뿐 아니라 간암 수술을 여섯 번 했고, 심장 수술도 받았습니다. 최근에는 일주일에 세 번씩 투석하고 있습니다. 이렇게 내 몸 하나도 유지하기 어려운데, 일본에 가서 하나님의 사랑과 용서의 이야기를 하라고 하시니, 처음에는 당황하고 두려웠습니다. 그렇지만 일본을 향한 하나님의 사랑이 멈추지 않는다는 것을 알고 나서는 내 생각이 달라졌습니다.

하나님은 "갈등과 고통의 벽을 넘어서라. 먼저 화해의 손을 내밀라. 그리고 사랑의 파도를 만들라"고 하셨습니다. 저는 불가능한 일이 생기면 기도부터 시작합니다. 금년 1월부터 40일 특별새벽기도를 작정하고 성도들에게 기도하자고 도전했습니다. 그리고 나보다 더 약한 사람은 나오지 않아도 된다고 했습니다. 그랬더니 매일 새벽 5시에 무려 8천 명이 넘는 성도들이 모여서 소리를 지르며 울며 기도하기 시작했습니다. 마지막 날은 체육관을 빌려 모였는데 무려 2만 8천 명이 모였습니다. 그날은 새벽 3시부터 성도들이 모였습니다. 기도의 힘은 무서웠습니다. 태풍과 같고 지진과 같습니다. 성령님이 우리의 기도에 즉각 응답하셨습니다. 하나님은 영적으로 교만한 우리들의 잘못된 생각과 태도를 꾸짖으시고 먼저 회개할 것을 가르쳐 주셨습니다…. 그리고 하나님이 일본을 얼마나 사랑하고 계시는지 가르쳐 주셨습니다."[5]

존경하는 하용조 목사님의 이야기이다. 그때 목사님의 순종과 열정에 감동하여 교인들 5천 명이 그 프로그램을 위하여 일본 교토에 갔다. 몇 년 전, 일본 홋카이도 한 시골 마을에서 있었던 '러브 소나타' 행사에 초청받아 참석했을 때, 그 시골 마을까지 장로님들 대부분과 교회 리더 수십 명이 비행기와 버스를 바꿔타고 눈길을 달려 그 행사에 참석한 모습을 대하며 목사로서 부끄러웠다. 무슨 순서를 맡은 분들이 아니었다. 함께 기도와 힘을 모으기 위해 자비로 달려오신 것이라고 했다. 그분들에게서 뜨거운 복음의 열정을 보았다.

거기에 신실한 일꾼들이 있었다. 복음의 열정으로 불타고 있는 일꾼들이 우뚝 서 있을 때 주님의 교회가 우뚝 세워진다. 와해 될 수도 있는 위기의 쓰나미가 밀려오고 있었으나 그 일꾼들의 열정이 교회를 지켜낸다. 에바브라, 빌레몬, 누가, 디모데, 두기고, 사도 바울…. 우리 시대를 향해 그들이 외치는 소리를 다시 듣게 된다. '불타는 눈동자가 아니라면 사는 것이 아니다. 모든 것이 거기에서 시작되고, 결정된다.'

지금 우리를 이끌고 있는 것

대학 시절부터 '열애'라는 노래를 자주 듣고 불렀다. 참 처절하고 애절한 사랑 노래라는 기억이 깊게 남아 있다. 가수 윤시내의 절창은 듣는 이의 가슴을 흔들어 놓기에 충분했다. 부산의 한 방송국 PD였던 배경모가 가사를 썼고, 최종혁이 곡을 붙였다. 특별히 직장암으로 투병하면서 아내와 아이들을 두고 떠나야 하는 상황에서 쓴 시가 노랫말이 되었다. 그 가슴 아픈 이야기는 책으로 출간되었고, 영화로도 만들어졌다.

1979년에 발표된 옛노래를 다시 꺼내 듣는 것은 순전히 이태석 신부 때문이다. 아프리카 수단에서 사역하다가 발병한 암 때문에 고국으로 돌아왔고, 힘들게 투병하다 세상을 떠났다. 그가 마지막까지 불렀던 노래가 '열애'였다. "그대의 그림자에 싸여/ 이 한 세월 그대와 함께 하나니/ 그대의 가슴에 나는 꽃처럼 영롱한/ 별처럼 찬란한 진주가 되리라/ 그리고 이 생명 다하도록/ 이 생명 다하도록/ 뜨거운 마음속 불꽃을 피우리라/ 태워도 태워도 재가 되지 않는/ 진주처럼 영롱한 사랑을 피우리라…"5 태워도 태워도 재가 되지 않는 사랑을 피우겠다고 한다. 절창絶唱이었다. '끝나지 않은 절정의 노래'를 김정희 시인이 붉은 백일홍을 보며 쓴 시에서 다시 듣게 된다. "저런 찬란은 어디에서 왔을까/ 석 달 열흘, 백 일 동안/ 붉은 절창 백일홍/ 큰 그릇에 햇살을 쏟아/ 용암 같은 불꽃이 흐르고/ 중심에서 꽃이 끓는다."6 부디 내 속에서도 나이가 들어가도, 육신은 쇠하여도 그 열정은 쇠하지 않기를 바라는 마음이 간절하다.

열애
(최백호)

마음속에 계속 일어나는 질문이 있었다. '그 열정의 사람들은 태생적이었는가, 후생적이었는가?' 아니다. 질문이 잘못되었다. 인간의 열정이 아니라 '하나님의 열정'이요, 복음의 열정이었기 때문이다. 하늘 보좌를 내려놓고 이 땅에 오신 예수 그리스도의 열정은 죽어가는 것들을 향한 사랑에서 나온 것이요, 하늘 생명을 알지 못하는 이들에 대한 안타까움에서 용암처럼 분출되어 나온 것이다. 돌아가신 어머니를 노래한 시인 강인한의 "벌초"라는 시가 '절창의 뿌리'를 서사적 구조를 통해 알려준다. "칡넝쿨이 한 가닥/ 봉분을 짚고 뻗어나가는 것을/ 조심스레 걷어 내고 풀을 베어나갔다/ 낫질이 서툰 내 곁에서/ 아이들은 참새처럼 날아다니고/ 병상의 어머니는/ 불혹을 넘긴 아들의 등을 토닥거리며/ 내려가거라,

---

5   배경모 작사, 최종혁 작곡, "열애"는 1979년, 『윤시내 1집, Beyond Music』에 처음 실렸다.
6   김정희의 시, "절창," 일부.

내려가거라/ 하산하는 물소리로 흐르는데/ 먼 길로 내려선/ 치렁한 도랑물 속에/ 칡넝쿨이 한 가닥씩 걸리고 있었다."[7]

불혹은 넘긴 아들이 어머니의 묘소를 벌초하는 모습을 서사적 구조로 설명한다. '어머니'와 '칡넝쿨'의 이미지를 교차하면서 '사랑'이 가슴 뭉클하게 전해진다. 아빠는 할머니 산소의 봉분을 짚고 뻗어나간 칡넝쿨과 풀들 베어내느라 구슬땀을 흘리고 있고, 어린아이들은 그 곁에서 뛰놀고 있다. 위험한 일 그만두고 "내려가라"고 재촉하는 구절은 어머니의 '사랑의 절창'이요, 어머니 산소를 떠나기 힘들어하는 아들의 심중을 "치렁한 도랑물 속에 칡넝쿨이 한 가닥씩 걸리고 있었다"는 구절은 아들의 '사랑의 절창'이다. 무엇이든 '절창'만이 아름답게 하고, 견고히 세우는 법.

무엇이 나를 이끌어가느냐가 모든 것을 결정한다. 우연히 읽고서는 계속 되뇌며, 스스로를 다시 확인하게 만드는 시가 있다. "버스가 지리산 휴게소에서 십 분간 쉴 때/ 흘러간 뽕짝 들으며 가판대 도색잡지나 뒤적이다가/ 자판기 커피 뽑아 한 모금 마시는데 버스가 떠나고 있었다/ 종이컵 커피가 출렁거려 볼에 데인 듯 뜨거워도/ 한사코 버스를 세워야겠다는 생각밖에 없었다/ 가쁜 숨 몰아쉬며 자리에 앉으니/ 회청색 여름 양복은 온통 커피 얼룩/ 화끈거리는 손등 손바닥으로 쓸며/ 바닥에 남은 커피 입 안에 털어 넣었다/ 그렇게 소중했던가/ 그냥 두고 올 생각 왜 못 했던가/ 꿈 깨기 전에는 꿈이 삶이고/ 삶 깨기 전에 삶은 꿈이다."[8]

꿈을 깨기 전에는 꿈이 삶이고, 꿈에서 깨어나기 전에는 주님께서 바라는 삶은 단지 꿈으로만 남게 된단다. 우리는 계속해서 세상의 초

---

7 강인한의 시, "벌초," 전문.
8 이성복의 시, "그렇게 소중했던가" 전문. 이성복 시집, 『달의 이마에는 물결 무늬 자국』(서울: 열림원, 2003), 32.

등학문을 만지작 거리며 꿈속의 삶을 살고 있는가? 아니면 삶 속의 꿈과 열정으로 섬김의 삶을 만들고, 소명의 길을 달리고 있는가? 내가 붙들고 있는 것은 작은 화상을 내는 커피 한잔인가, 아니면 용암같은 복음인가? 주님 앞에 서는 그날까지 묻고 또 물어야 할 질문이다.

미국에서 목회하는 한 목사님이 청년들과 함께 캄보디아 시골 마을에 단기선교를 갔다. 그곳에서 만난 선교사님은 UCLA를 졸업하고 간호사로 일하다가 주님의 부르심에 순종하여 모든 것 내려놓고 캄보디아로 달려가신 독신 여성 선교사님이었다. 조에스더 Esther Cho 선교사, 그분은 수도 프놈펜에서 차를 타고 3시간 정도 걸리는 작은 시골 마을로 들어가 학교를 세우고, 열심히 아이들에게 영어를 가르치고 복음을 전하셨다. 평생 일군 학교는 작은 움막 몇 개가 전부였다. 하지만 행복하고 신실하게 섬기는 모습을 보며, 그 목사님은 충격을 받았다. 이른 아침, 캄보디아 선교지에서 말씀을 묵상하다가 크고 화려한 것만 꿈꾸어 온 것이 아닌지 자신을 돌아보며 눈물로 쓴 찬양이 "큰 꿈은 없습니다"라는 찬양이었다. 오래 전, 이 찬양을 처음 들을 때의 전율을 잊을 수가 없다. 자주 꺼내 들으며 스스로 점검하는 찬양이다.

큰 꿈은 없습니다
(정유성 곡)

큰 꿈은 없습니다/ 눈물로 뿌린 씨앗들 세상을 뒤덮지 않아도/ 여전히 충분합니다/ 큰 꿈은 없습니다/ 맡겨주신 영혼들 그들을 사랑하고 섬기면/ 그것만으로 난 충분합니다/ 그래도 한 꿈은 있습니다/ 생명의 말씀을 안고 푸른 들판을 사는 이들/ 그 안에 꿈을 봅니다/ 한 꿈은 있습니다/ 하늘 보좌 버리고 낮아져 이 땅에 오신 주님/ 주님만이 나의 꿈이십니다/ 주님만이 내 사랑입니다/ 세상을 내려놓

고 엎드리오니/ 그런 나를 사용하시는/ 주님만이 나의 꿈이십니다.[9]

온 가슴으로 순전하게 고백할 수 있는지, 아니 지금 그 고백으로 달리고 있는지, 순간순간, 계속해서 점검해야 한다. '주님만이 내 꿈이십니다!' 그래, 우리도 노래도 이어져야 한다. 한 시인의 고백을 계속 가슴에 담는다. "내 안에 있는 평화를 위해 노래합니다/ 내 안에 있는 진실과/ 내 안에 있으면서 밖으로/ 나가지 못하는/ 문 닫힌 사랑을 위해 노래합니다/ 아무도 없는 내 안의 불 꺼진 방을 위해 노래합니다/ …자물쇠 하나 채워놓지 않은/ 방안에 있으면서도/ 방문 열지 못한 채 갇혀 있는/ 여리디여린 사람들을 위해 노래합니다."[10]

---

9 정유성 작사, 작곡, "큰 꿈은 없습니다."
10 김재진의 시, "빈방," 일부.

7
Messenger
하늘의 신비를 전하는 일꾼으로 부름 받았다

꽃은 가만히 있고
새는 먹이를 찾아 헤매는데
그분, 말씀하시네
둘 다 하늘이 먹이고 있다고
— 조희선[1]

생명을 걸었던 누군가가 있어서

2017년, 독립기념관 관장을 지내신 현대사 연구가 김삼웅 선생이 『김준엽 평전』을 발간한다. 그동안 김구, 신채호, 김창숙, 김원봉, 안중근, 이회영, 박열, 홍범도, 조소앙, 한용운, 장준하, 리영희 등 현대 주요 인물들의 삶을 조명하려는 그의 노력 덕분에 약 50명의 평전을 대할 수 있게 되었다. 김준엽은 고려대 교수와 총장을 지냈고, 역대 정부에서 총리나 장관을 시키고 싶어 했던 1순위였지만, 다 고사하고 교육자의 길을 묵묵히 걸어간 분이다.

일본 게이오기주크대학慶應義塾大学에서 공부하던 중 학도병으로 징집되어, 만주 일본군 쓰가다塚田부대에 배치되었다. 군율이 몹시 엄하

---

[1] 조희선의 시, "하늘이 하신다." 전문. 조희선 시집, 『사랑을 말하지 않았다』(서울: 나답, 2020).

고 감시가 삼엄해서 탈영병이 한 명도 없다고 자랑했던 부대였다. '난 결코 일본 군대의 군인이 될 수 없다'는 결심으로 생명을 걸고 부대를 탈출한다. 학병 탈출 1호였다. 비슷한 시기 탈영한 장준하, 김영록, 윤경빈, 홍석훈 등과 만나 임시정부를 찾아 6천 리 길을 걸어, 천신만고 끝에 충칭重慶에 도착한다. 당시 그곳엔 김구 선생 등 많은 독립운동가가 활동하고 있었고, 임시정부가 있었다.

사방에 깔린 일본군과 친일 성향 중국군, 일본 경찰의 끝없는 추격을 피해야 했으니 죽을 고비를 수없이 넘긴 여정이었다. 삼국지 적벽대전의 무대인 '파촉령'巴蜀嶺은 제비도 넘기 어렵다고 할 정도로 험산준령인데, 그런 곳을 두 번이나 넘어야 했다. 파촉령은 섬서성陝西省의 험준한 고개로, 그곳을 넘어 사천으로 들어갔는데 이곳이 가장 어려운 구간이었다고 한다. 얼어 죽지 않기 위해 서로의 체온에 의지하며 넘어야 했던 파촉령 어귀에서 그런 다짐을 했단다. "우리는 또다시 못난 조상이 되지 말아야 한다. 우리 조상들은 망국의 유산을 남겨주어 우리가 이 고생을 하지만 우린 후손들에게 절대로 이런 고생을 맛보게 해서는 안 된다."

주로 한밤중에 이동해 하루 약 100리 40km 정도를 걸었다. 1944년 7월에 탈영하여 여름 군복을 입고, 맨발에 천을 감고 그 먼 길을 걸어서 1945년 1월 31일에 충칭 임시정부 청사에 도착했다. 평전은 그때의 기록을 이렇게 전한다.

> 우리가 충칭으로 가자고 하는 것은 학생 시절부터 동경하던 임시정부를 우리 눈으로 직접 보고, 또 임시정부를 이끌어 온 대지도자인 김구 선생을 비롯한 여러 독립운동의 원로들을 찾아뵙고 싶었기 때문이었다. 임시정부나 광복군 총사령부를 우리 눈으로 확인할뿐더

러 독립운동의 역사와 현 위치를 옳게 파악한 다음에 우리가 무엇을 하는 것이 가장 옳은 것인가 하는 결론을 내리고 싶었기 때문이었다. 우리의 하나밖에 없는 생명을 독립운동의 제단에 바치고자 하는 결심에는 추호의 변함이 없었지마는 우리의 생명을 값어치 있게 가장 유효적절하게 바치는 것이 어떤 것이냐 하는 신념을 얻고자 함이었다.[2]

하지만 김준엽은 갑작스러운 해방을 못내 아쉬워했다. 미 첩보부대 OSS 훈련[3]을 받고 국내정진군으로 국내 투입 준비를 마치고 명령을 기다리던 중에 일제가 항복한다. 50명의 대원 중의 몇 명이라도 국내에 잠입하여 활동했다면 2차 세계대전 참전국으로 대우를 받으며 한반도 미소 분할통치에도 목소리를 낼 수 있었을 것이고, 독립을 위해 목숨을 걸고 싸운 임시정부 요원들이 개인 자격으로 환국하는 수모도 겪지 않았을 것이다.[4]

[2] 김삼웅, 『김준엽 평전: 현실에 살지 말고 역사에 살라』(서울: 깊은 나무, 2017), 77-78.
[3] OSS(Office of Strategic Services)은 제2차 세계대전 중 미국 전략사무국 명칭으로 CIA(중앙정보국) 전신이다. 주로 첩보, 게릴라전, 심리전, 특수작전 등을 담당하였는데, 전쟁 후 1947년 해체되고 CIA로 개편되었다. OSS 훈련은 미국 정보부와 광복군이 특수작전, 게릴라전을 위한 군사훈련으로 해방 직전 한반도 침투 작전 훈련이었다.
[4] 1945년 8월 15일, 일본의 패망과 함께 조선은 해방이 되었고, 당시 충칭(重慶)에 있던 대한민국 임시정부 요인인 김구, 김규식, 조소앙, 이동녕 등은 조국으로 돌아갈 준비를 하고 있었다. 하지만 미국과 소련군이 한반도를 점령하면서 임시정부를 정식 정부로 인정하지 않았기 때문에 개인 자격으로 돌아와야 했다. 미군정은 임시정부를 국가로 인정하면 곧바로 한국의 정통정부로 세워야 했는데 연합군이 합의한 신탁통치(Trusteeship) 구상과 충돌하기 때문이었다. 김구 김규식 등은 미군 비행기를 이용하지 못하고 중국 국민당이 제공한 비행기를 타고 1945년 11월 23일에야 1진으로 경성에 도착했고, 2진은 군산으로 들어오는 수모를 겪는다. 상세한 내용을 위해서는 김삼웅, 『백범 김구 평전』(서울: 시대의창, 2019); 이현희, 『대한민국 임시정부사』(서울: 한국학술정보, 2003); 강만길, 『해방 전후사의 인식』, 1-3권(서울: 한길사, 2004) 등을 참고하라.

정체성이 세운다

누군가의 이러한 헌신이 있어 나라가 세워졌고, 교회가 세워졌다. 교회의 역사는 생명을 건 일꾼들의 이야기이다. 바울을 통해 복음을 들은 에바브라는 감격하여 고향 땅에 달려가 그 복음을 전하였고, 골로새에 그렇게 해서 교회가 세워졌다. 하지만 교회가 세상 가치관을 따르면서 믿음이 변질되고 열정이 식어가고 있었다. 교회를 바로 세우려는 열정으로 로마까지 걸어가 바울의 가르침을 받은 후 돌아와 복음의 기초 위에 더 견고하게 교회를 세워간다. 악한 일로 하나님을 멀리 떠나, 마음으로 하나님과 원수가 되었던 우리에게 주신 은혜, 그리스도의 죽으심을 통하여 하나님과 화해를 이루게 하시고, 거룩한 하늘 백성이 되게 하셨다. 믿음에 튼튼히 터를 잡고 굳건히 서서 우리가 들은 복음의 소망에서 떠나지 말아야 한다고 외친다 골 1:21-23. 하나님을 등지고 살던 사람들에게 십자가에서 자기를 완전히 내어주신 그리스도의 희생과 사랑을 통해 허락하신 은혜의 복음이 새롭게 선포된다.

복음의 핵심은 우리의 상태와 정체성을 계속해서 일깨워 준다.

> "이 복음은 하늘 아래 있는 모든 피조물에게 전파되었으며, 나 바울은 이 복음의 일꾼이 되었습니다. 이제 나는… 그리스도의 남은 고난을 그분의 몸, 곧 교회를 위하여 내 육신으로 채워가고 있습니다. 나는 하나님께서 여러분을 위하여 하나님의 말씀을 남김없이 전파하게 하시려고 내게 맡기신 사명을 따라, 교회의 일꾼이 되었습니다" 골 1:23-25, 새번역.

복음의 일꾼, 교회의 일꾼, 그 정체성이 감옥에 있어도, 고난이 오고, 죽음 앞에 서 있어도 절대 흔들리지 않는다.

종종 상황이 어려워서 소명의 길을 접으려고 고민하는 이가 있다면 깊이 생각해 보라. 혹 그런 이가 있다면, 그는 복음에 대한 확신이 없든지, 확고한 소명을 받지 않았든지, 둘 중의 하나일 것이다. 목사된 지 30년이 훨씬 넘었었으니 지금쯤이면 조금도 흔들리지 않을까? 흔들리면서 이날까지 달려왔다. 힘든 문제가 있으면 여전히 흔들린다. 그래서 더 엎드리고, 더 주님을 바라보려고 몸부림친다. 언젠가 마음이 힘들 때 읽은 시가 참 위로가 되었다.

> 흔들리지 않고 피는 꽃이 어디 있으랴/ 이 세상 그 어떤 아름다운 꽃들도/ 다 흔들리면서 피었나니/ 흔들리면서 줄기를 곧게 세웠나니/ 흔들리지 않고 가는 사랑이 어디 있으랴// 젖지 않고 피는 꽃이 어디 있으랴/ 이 세상 그 어떤 빛나는 꽃들도/ 다 젖으며 젖으며 피었나니/ 바람과 비에 젖으며 꽃잎 따뜻하게 피웠나니/ 젖지 않고 가는 삶이 어디 있으랴.[5]

흔들릴 수 있다. 인생길에 비바람이 거세기에 다 흔들리면서, 젖으면서 피어난다. 흔들리면서 꽃대를 세운다. 결국 신앙생활은 인생의 비바람 앞에서 믿음의 꽃대를 세우고, 기도의 꽃대를 세우고, 예배의 꽃대를 세우는 것이다. 완성을 선언할 수 없는 여정이다. 그래서 바울도 그렇게 고백하지 않던가?

"내가 이 모든 것을 다 얻었다거나 다 이루었다고 말하는 것이 아닙니다. 나는 다만 놀랍게도 나를 붙드신 그리스도를 붙잡으려고 내

---

5 도종환의 시, "흔들리며 피는 꽃," 전문. 도종환 시집, 『흔들리며 피는 꽃』(서울: 문학동네, 2012).

길을 갈 뿐입니다…. 나는 결코 나 자신을 이 모든 일의 전문가라고 생각지 않습니다. 나는 하나님께서 우리를 손짓하여 부르시는 그 목표, 곧 예수님만을 바라볼 뿐입니다" 빌 3:12-14, *The Message*.

이런 고백을 던지는 바울은 지금 감옥에 갇혀 있다. 평생 주님을 섬기고 충성했는데 그 결과가 감옥이라니 낙심되지 않았을까? 감옥에서 인생을 끝내야 하는 상황인데 원망이 터져 나오지 않았을까? "이 세상에는 우리가 받아야 할 고난이 많습니다. 그것은 그리스도께서 겪으신 것과 같은 고난입니다. 나는 교회가 겪는 이 고난에 참여할 기회를 기꺼이 환영합니다. 나는 이 교회의 일꾼이 되어 이 고난을 순전한 선물로 받았습니다. 그것은 나로 하여금 여러분을 섬기고, 온전한 진리를 전하게 하시려는 하나님의 방법이었습니다." 그는 어려움 속에서도 당당하게 일어서고 있다. 그 승리의 비결이 도대체 무엇이었을까? '하나님의 미소.' 그가 늘 욕심낸 것은 한가지였다. 사람의 인정이나 평가도 아니고, 삶의 환경이나 조건도 아니었다. 그래서 그는 그것에 마음을 빼앗기지 않았다. 오직 그의 시선은 늘 하나님께 고정되어 있었다.

그는 사역자로 달리는 목적이 분명했다. 복음을 통해 사람들을 세우고 교회를 세우기 위해 달리고 있다. "내가 교회의 일꾼 된 것은 하나님이 너희를 위하여 내게 주신 직분을 따라 하나님의 말씀을 이루기 위함이라" 골 1:25. 목적이 분명했기에 어려움 앞에서도 전혀 흔들리지 않을 수 있었다. 아니 흔들릴 수가 없었다. 하나님의 말씀을 이루기 위해, 십자가의 복음으로 온 세상을 구원하기 위한 하나님의 구원계획을 이루기 위해, 달리는 목적이 분명했다. 여기에서 '이루다'에 해당하는 헬라어 '플레로사이' πληρῶσαι 는 '채우다, 가득하게 하다, 완성하다, 성취하다' 등의 뜻을 가진다.

이것은 하나님의 사람들이 '이루어 가야 할 목적'이며, '채워가야 할 영성의 차원'을 포함한다. 그리스도로 더 충만하게, 더 온전하게 채우기 위해 우리는 달리고 있다. 그런데 내 속이 삭정이인데 다른 사람을 '플레로사이' 할 수 있을까? "그리스도의 남은 고난을 그의 몸 된 교회를 위하여 내 육체에 채우노라." 자신의 텅빈 가슴을 먼저 채우기 위해 성경으로 들어간다. 작은 등불 밝히고 감옥 바닥에 엎드려 말씀을 읽고, 또 읽고, 밑줄 긋고, 가슴에 채우기 위해 암송하고, 종일 묵상하며 읊조렸을 것이다. 주님의 일꾼으로, 복음의 일꾼으로 부름을 받았는가? 그렇다면 돈 몇 푼에 인생을 걸지 말자. 더 큰 것, 더 영원한 것에 인생을 걸자. 몇 푼 더 주는 곳, 조건이 더 좋은 곳, 큰 곳만 기웃거리지 말고, 주님께서 나를 보내시기를 원하시는 곳이 어디인지에 온 마음을 두자.

62회기 총회장을 지내셨고, 장신대에서 오래 목회학을 교수하기도 하셨던 한 선배 목사님의 이야기가 기억난다. 어려운 교회에 부임하여 열심히 사역했더니 2백 명 정도가 출석하는 교회가 되었다. 그렇게 목회를 잘하시니 8백 명 출석하는 큰 교회로부터 담임목사 청빙을 받으셨다. 그 소문을 전해 들은 장로님들이 그렇게 만류했단다. "큰 교회로 가시면 사례비 더 많이 드리겠지요. 다음 달부터 우리도 당장 사례비 올려 드릴테니 목사님 가지 마세요." 그 말을 듣고 목사님이 그렇게 대답했다. "저는 우시장의 소가 아닙니다."

우시장의 소는 돈을 더 많이 주는 곳으로 끌려간다. 우시장의 소처럼 돈에 끌리는 인생이 아니라 하나님의 부르심에 이끌리는 삶을 살자. 이것은 저절로, 시간이 지나면, 그냥 되지 않는다. 내가 말씀으로 충만했을 때 가능한 일이고, 작은 것에서부터 인도하심을 받는 훈련을 통해 가능해 진다.

25살의 한 젊은 목회자가 스위스의 작은 마을 자펜빌에서 목회를 시작했다. 얼마 떨어지지 않은 곳에선 전쟁이 일어나 많은 사람이 죽어가고 있었고, 유럽 전역이 불길에 휩싸여 있었다. 살육과 거짓이 판을 치는 그곳에서 그 젊은 목사는 성경을 다시 읽기 시작한다. 마치 성경을 처음 보는 사람처럼 집중하여 말씀을 읽어가기 시작한다. 새롭게 발견한 것을 써 내려가기 시작했고, 그것을 책으로 출간한다. 무너져 가는 세상과 함께 무너지는 교회를 바라보며, 할 수 있는 게 아무것도 없었다. 그렇게 성경을 새롭게 읽어가면서 그 말씀의 세계에 빠져들었고, 복음이 가지는 변혁성에 전율을 느꼈다.

　　말씀 가운데서 새롭게 발견한 '복음의 변혁성'을 책에 담아낸다. 『로마서 주석』이었다. 성경을 방부처리 해서 묻어둔 세상과 자유주의 신학에 매몰된 교회를 향해 그가 발견한 "성경 안에 있는 낯선 신세계" the Strange New World within the Bible를 활짝 펼쳐 보이면서 "성경으로 돌아가야 살길이 있다"고 외친다. 그의 이름은 칼 바르트 Karl Barth 이다. 19세기 이후 계몽주의를 수용한 자유주의 신학은 성경을 신화와 전설 정도로 여기게 되었다. 인간의 능력을 무한 신뢰하던 낙관론은 850만이 죽고, 2,000만이 부상을 당한 1차 세계대전을 겪으면서 야수로 변한 인간에게서 희망을 찾을 수 없다는 결론에 이르게 된다. 어떻게 하면 스스로의 삶에 하나님을 끌어들일까가 아니라 성경이 제시하는 하나님의 그 신비의 세계 안으로 어떻게 내가 들어갈 수 있을지 고민하며 성경을 다시 읽기 시작했다. 다른 30대 청년들도 합류한다. 루돌프 불트만 Rudolf Karl Bultmann, 에밀 부르너 Emil Brunner, 폴 틸리히 Paul Johannes Tillich, 라인홀드 니버 Reinhold Niebuhr, 리차드 니버 Richard Niebuhr 등, 그 어두운 시대에 누군가가 우뚝 서 있었다.

　　2012년 1월, 한 달 정도 미국 일정 중일 때의 일이 생각난다. 한 교회 집회 인도를 마친 후 바로 귀국 길에 오를 예정이었는데, 오래 투병 중이시던 장인어른께서 돌아가셨다는 급한 연락이 왔다. 바로 비행기 표를 구하면서 그 교회에 연락을 했다. 장인이 돌아가셔서 바로 한국에 가야하니 아무래도 집회 인도가 어렵겠다고 양해를 구했다. 그런데 목사님이 막무가내로 안 된다고 했다. 지역 한인 신문에 이미 집회 광고도 나갔고, 대대적으로 준비를 해왔기 때문에 한국에 나가셔서 장례 마치고 오셔서 집회를 인도해 주셔야 한다고 했다. 다음 가을학기에 연구 학기이니 그때 집회 인도를 해 주겠다고 설득했지만 막무가내였다.

한국에 나와 장례를 마치고 그 다음 날, 다시 미국 가는 비행기를 탔다. 애틀랜타에서 하루를 쉬고, 미네소타 미니애폴리스의 한 한인교회 집회 인도를 위해 아침 일찍 공항에 나갔다. 탑승하려고 탑승구 앞에 줄을 서 있는데 억울한 생각이 들었다. 네 번 설교를 마치고선 다시 애틀랜타로 돌아와 하루저녁 자고, 또 바로 한국으로 나가야 하는 여정을 생각하니 힘든 생각이 들었다. "나는 설교 때문에 삽니다" 그런 좌우명을 가지고 살아보려고 지금껏 노력해 왔지만 몸이 피곤해서인지 설교하러 가는 길이 그렇게 행복하지 않았다.

그런데 갑자기 애틀랜타 공항 스피커에서 한국 찬송이 나오는 것이다. 나는 귀를 의심했다. 미국 국제 공항 스피커에서 찬송이, 그것도 한국 찬송이 나올 리가 없어서 어디에서 그 찬양이 나오는지를 확인하려고 두리번거렸다. 사람들은 그 찬송 가락을 음미하고 있었다. 7-80명 모이는 작은 이민교회에서 고작 네 번 설교를 위해 이 고생을 해야 하는가 하는 생각 때문에, 집회 인도를 가면서도 별로 행복해 하지 않는 부족한 종을 위해 하나님께서는 거기에 찬양을 준비해 놓으셨다.

K-Pop이 전세계적 열풍을 일으키는 지금은 어떨지 모르지만 17년

전, 미국의 국제공항에서 어떻게 한국 찬양이 나왔는지 아직도 잘 모르겠다. 비행기에 탑승한 다음에 컴퓨터 가방을 확인했다. 그 찬양 파일은 노트북에도, 아이패드에도 있었다. 수천 개가 넘는 파일이 담겨 있는데, 그 폴더를 찾아서 클릭하지 않으면 찬양은 들을 수 없다. 고개를 갸우뚱하고 있는 제게 주시는 음성이 있었다. "김 목사, 너 정말 하나님의 능력을 믿고 사는 거냐?" 하나님은 애틀랜타 공항에도 계셨다. 그때 부족한 종을 울게 했던 찬양이다.

나의 피난처 예수

나의 피난처 예수 의지해요/ 나의 피난처 예수 의지해요/ 나는 가는 길에 거센 바람 몰아쳐 와도/ 나의 피난처 예수 의지해요/ 나는 영원히 주님 사랑해요/ 나는 영원히 주님 사랑해요/ 세상 어떤 것도 나의 사랑 끊을 수 없네/ 나는 영원히 주님 사랑해요/ 아바 아버지 사랑하시니/ 나의 모든 것 주께 드려요/ 아바 아버지 내가 여기 있으니/ 주님 영광 위하여 써주세요/ 주님 교회 위하여 써주세요.

하나님의 신비에 몸을 잠그라

먹을 것이 가득 채워져 있는 커다란 창고에 있는 남녀 무리가 있었다. 그들은 그곳에서 태어났고, 그곳에서 자랐다. 거기에는 그들이 필요한 모든 것이 다 있었다. 거기에는 출입구는 없지만 작은 창문 하나가 있었다. 먼지가 잔뜩 끼어 있어 누구도 그 창문을 통해 밖을 내다보려고 하지 않았다. 그 창고는 그들이 알고 있는 세상의 전부이고, 그들이 필요로 하는 모든 것이 있었기 때문이다. 그런데 어느 날 한 아이가 의자를 끌어다가 창문의 먼지를 걷어내고, 유리창을 닦은 다음 밖을 내다본다. 그들은 창문 밖의 세상이 있다는 것을 처음 알았다. 창문 밖의 사람들은 모두 위를 올려다보고 있었다. 그들도 올려다보았지만, 거기에서 보이는 것은 창고의 천장이 전부였다.

바르트가 전하는 비유이다. 그는 우리에게 이 비유를 통해 외친다. "전적으로 낯선 하나님의 세상이 끝도 없이 우리 위로 펼쳐지고 있지만 우리는 그것을 바라보지 않는다." 알고 있는가? 예수님께서는 그 천장을 걷어 내셨고, 갇혀 있었던 사람들을 풀어내셨다. 성경은 계속해서 우리를 위해 하나님께서 펼치시는 창조와 구원의 세계로 들어가도록 초대한다. 그것을 깨달은 몇몇 아이들은 그 창고의 한쪽에 출구를 내고 바깥세상으로 나간다. 광대한 세계를 보며 감격한다. 성경은 그 세계를 '비밀, 뮈스테리온, 신비'라고 칭한다. 하나님의 뮈스테리온을 보고 온 이들이 그 세계를 설명한다. 창고에 사는 어른들은 그런 세계는 없다고 비웃는다. 자기 삶의 방식을 고수하면서 받아들이려 하지 않는다.

바르트는 자신이 바로 창고에 갇혀 있던 아이였음을 발견한다. 창문의 먼지를 걷어 내고, 출구를 만들고 밖으로 나가자고 계속 그를 독려한 사람이 바울이었다. 그래서 성경의 세계로 달려간다. 그는 '한 책의 사람'이 되었고, 그 책의 말씀에 의해 형성된 사람으로 평생 달린다. 그가 보았던 세계를 증언하기 위해 기록한 책이 바르트 설교학 연구 고전인 『하나님의 말씀과 인간의 말』 The Word of God and the Word of Man 이다.[6]

우리는 '한 꿈의 사람'이며, '한 책의 사람'들이다. 예수 그리스도의 피 묻는 십자가의 복음 위에 교회를 세우고, 사람들을 세우고, 세상을 세울 꿈을 꾸는 사람들이다. 피 묻은 십자가의 복음을 통해 우리에게

---

6   Karl Barth, *The Word of God and the Word of Man* (New York: Harper, 1957).

허락하신 하나님의 신비이신 그리스도를 알게 되고, 그 구원의 선물을 누리게 되는 꿈을 꾸는 사람이다. 언젠가 복음의 신비를 묵상하며 개강예배 말씀을 준비하는데 계속 입술에 맴돌았던 찬양이 있었다. 마치 하나님의 신비를 전하도록 부름을 받은 일꾼들의 주제곡처럼 느껴져서 부를 때마다 전율이 느껴졌다.

엎드려 경배해
(Mercy)

"엎드려 경배해 십자가 발 앞에/ 날 향한 그 자비/ 이제는 더 이상 정죄함 없으리/ 날 덮는 그 보혈/ 엎드려 경배해 십자가 발 앞에/ 날 향한 그 자비/ 이제는 더 이상 정죄함 없으리/ 날 덮는 그 보혈/ 주의 자비 바다처럼 깊어/ 찬양해 할렐루야/ 영원 영원토록/ 떡과 잔 들고서 우리 다 기억해/ 주님의 사랑을/ 우리의 허물을 대신해 달리신/ 주님의 십자가…"[7]

이것은 하나님의 사람으로 살아갈 때 평생의 주제가가 되길 빈다. 주의 긍휼과 자비, 은혜로 사는 존재이기에 늘 하늘의 은혜를 구하며 살아야 한다.

---

[7] Matt Redman & Jonas Myrin, "Mercy"(엎드려 경배해), 「처음과 나중」(예수전도단, 2017).

8

Power

거기 그 이름의 능력을 간직한 이들이 서 있었다

> 위엄의 개념을 잃어버린 현대의 그리스도인은
> 그와 더불어 경배와 경의^{敬意}의 개념을 잃어버렸다
> 자신의 감추어진 영의 성소로 들어가
> 하나님과 깊은 교제를 나눌 수 있는 능력을 잃어버렸다.
> 이런 능력이 기독교의 본질적 능력임에도 불구하고
> 우리는 이것을 거의 잃어버렸다.
> 우리는 신자들의 수를 늘렸지만
> 하나님을 향한 경외심을 잃어버렸다
> 우린 외적인 것은 얻었지만 내적인 것들을 잃었다.
> — A.W. 토저[1]

그 이름으로 명하니

건국대 교수 가정대학장을 지내신 여류 소설가 임옥인은 우리가 즐겨 부르는 찬송, "산마다 불이 탄다 고운 단풍에"를 작사한 분이다. 서울 강동구 천호동의 그의 집은 능소화가 많이 피어나는 집이어서 사람들은 그 집을 '능소원'이라고 불렀고, 문인들의 사랑방으로 여길 만큼 찾는 이들로 붐볐다. 그는 충남 유성에서 세미나 발표를 하던 중 뇌졸중으로 쓰러졌다. 이틀 만에 의식이 돌아왔지만, 특별한 치료 방법이

---

[1] Aiden W. Tozer, *The Attribute of God*, 이용복 역, 『God 갓 하나님』 (서울: 규장, 2007), 31.

없어 20여일 만에 퇴원해야 했다. 그동안 많은 글도 썼고, 많은 사역도 감당했는데, 이젠 손가락 하나 움직일 수 없게 되었고, 할 수 있는 것은 누워 기도하는 것밖엔 없었다. 그때 그는 그런 기록을 남겼다. "나의 몸은 그 당시 유기체에서 무기물로 변해 있었다. 나는 바윗덩이 같은 몸을 느끼며 천정을 바라보고 하나님께 간구했다. 하나님, 손과 발을 꼭 돌려주세요."

어느 날, 한 친구 권사가 병문안을 왔단다. 방에 들어오더니 안부도 묻지 않고 그를 잡고 간절하게 긴 기도를 드린 후, 그를 향하여 대뜸 그렇게 외치더란다. "옥인아, 일어나라." 그 말을 듣는 순간 화가 났단다. '놀리는 것도 아니고 전신마비로 누워있는 친구에게 다짜고짜 일어나라니, 일어날 수 있으면 이러고 있겠냐?' 울컥 슬픔과 함께 분노가 치밀었단다. 그런데 사도행전 3장 말씀과 함께 "나면서부터 걷지 못하는 사람도 일어났는데…"라는 생각이 들더란다. 그때 친구 권사의 목소리가 또 들려 왔다. "나사렛 예수 그리스도의 이름으로 명하노니, 옥인아, 일어나라!" 예수님 목소리처럼 느껴져 슬그머니 발을 움직여 보았단다. 그런데 마비되어 지난 며칠 동안 조금도 움직일 수 없던 발이 움직여지더란다. 손을 움직여 보았더니 손이 움직여지기 시작하더란다. 마음대로 움직여지지 않아 하루에도 수십 번 절망케 했던 손과 발이 움직여지기 시작했다. 그때 친구 권사가 다시 외치더란다. "옥인아, 일어나라!" 그래서 그는 벽을 잡고 일어났단다. 친구 권사가 다시 말했다. "벽을 잡고 돌아!" 벽을 잡고 돌았단다. "손을 떼고 돌아!" 손을 떼고 돌았단다.

자원봉사로 차 수발을 하던 건국대 여학생이 차를 가지고 들어오다가 그 광경을 보고 '악!' 소리를 지르며 밖으로 나갔다. 혹시 우리 장신대 학생이었다면 "할렐루야! 주님을 찬양합니다!"라고 외쳤을지도 모르겠다. 그의 회복 스토리를 읽으면서 그 말씀이 떠올랐다. "예수 그리스도는 어제나 오늘이나 영원토록 동일하시니라"[히 13:8]. 오래전, 초대교회에서도, 오늘 우리 삶의 자리도 하나님은 언제나 동일하신 분, 교회가 시작되던 사도행전 상황에서도, 오늘 우리 사역의 자리에서나 동일하신 하나님이시란다. 우리는 그 하나님을 믿는 사람들이다.

그 이름의 능력으로

오늘 말씀은 예수 그리스도의 이름으로 초대교회가 경험한 첫 번째 '기적'에 대해 들려준다. 단순한 초자연적 기적 이야기가 아니라 예수 그리스도, 그 이름의 능력에 대한 이야기이다. 주님의 교회가, 사역자들이 무엇으로 충만해야 할지에 대한 말씀이다. 그때 교회는 뚜렷한 조직도, 체계도 갖추지 못했다. 성령님의 강력한 임재로 가슴은 뜨거웠지만 체계화된 신학도 없었고, 무엇을, 어디에서부터 시작해야 할지도 알 수 없는 상황이었다. 예수님도 죽인 자들이니 그 제자들 정도는 파리 목숨으로 여겨지던 위기 상황이었다. 하지만 그들은 예수 그리스도의 이름으로 충만했다.

지난 며칠 동안 일어난 십자가 사건, 부활과 승천 사건은 아직도 꿈을 꾸는 것만 같았다. 엊그제 함께 모인 다락방에 강권적으로 역사하신 성령의 역사로 가슴은 지금도 불타고 있고, 그들을 통해 주님께서 무엇을 하시기 원하시는지에 온 마음이 집중되어 있다. 그래서 베드로와 요한이 함께 성전에 기도하러 가는 길이었다. 성전 미문에서 구걸하는 불쌍한 사람을 보고서 베드로가 갑자기 소리를 쳤다. '나사렛 예수 그리스도의 이름으로 명하노니 일어나 걸으라…' 참 무모한 도전이 아닌가? 그런데 그 무모한 도전에 반응하여 그가 일어나 걸었다고 성경은 증언한다. 예수 그리스도, 그 이름의 능력이 얼마나 대단한지, 초대교회가 처음 경험한 사건이었다.

태어나면서 뇌성마비 장애를 안고 태어나 방안에 갇혀 지내야 했던 한 여인도 방송을 통해 예수 그리스도를 만났고, 복음을 들었다. 그 후, 그는 인생의 깊은 어두움 속에서 벌떡 일어나 노래하기 시작한다.

예수 그 이름

예수 그 이름/ 나는 말할 수 없네/ 그 이름 속에 있는 비밀을/ 그 이름 속에 있는 사랑을/ 그 사랑을 말할 수 없어서/ 그 풍부함 표현 못 해서/ 비밀이 되었네 그 이름/ 비밀이 되었네/ 사람들 그 이름 건축자의 버린 돌처럼 버렸지만/ 내 마음속에 새겨진 이름은 아름다운 보석/ 내게 있는 귀한 비밀이라/ 내 마음에 숨겨진 기쁨/ 예수 오 그 이름/ 나는 말할 수 없네/ 그 이름의 비밀을/ 그 이름의 사랑을.[2]

그 이름 속에 있는 비밀, 사랑, 풍성함을 내 작은 머리로는 다 이해할 수 없고, 내 작은 입으로 다 말할 수 없어서 '비밀'이 되었단다. 건축자의 버린 돌처럼 사람들을 그를 버렸고 등을 돌렸지만, 그 이름은 그의 마음에 간직한 아름다운 보석이란다. 적어도 그 이름의 능력을 경험한 사람, 그 능력으로 충만한 사람의 고백이다. 오래전, 이 시에 최덕신 씨가 곡을 붙여 한 여인의 고백은 참 많은 사람의 고백이 되지 않았던가. 초대교회는 그 이름의 능력으로 충만했다.

장신대 졸업생 가운데도 그런 분이 계셨다. 최봉석 목사[1869-1944]. 나중 개명하여 '최권능'으로 더 알려진 분이다. 1907년에 입학하여

---

2 송명희의 시, "그 이름," 전문.

1913년, 6기로 졸업한다. 만주 간도 지방의 전도목사로 14년간 활동하다가 1926년에 고국으로 돌아와 평남 강동교회에서 목회하면서 복음전도에 힘써 74개 교회를 세웠다. 1940년 12월, 주기철 목사와 함께 신사참배 반대로 체포되어 온갖 고문을 당하였다. 그때 나이 71세였다. 최권능 목사는 6번 감방에, 주기철 목사는 7번 감방에 갇혀 있었다. 혹독한 고문을 받으면서 그의 입에서는 계속해서 나오는 소리가 있었다. '예수 천당!' 일제의 만행에 항거하여 1944년 3월 1일에 40일 금식기도에 들어갔고, 4월 15일 병보석으로 풀려났지만, 나흘 후 세상을 떠난다. 최권능 목사님의 장례식이 치러지던 날, "하늘에서 전보가 왔구나. 하나님이 나를 오라고 부르신다"는 마지막 말을 남기고 순교하셨다.

고문하던 일본 경찰이 물었다. "도대체 네 속에는 뭐가 들어있기에 한 대를 맞으면 '예수', 또 한 대를 맞으며 '천당' 하느냐?" 그는 그렇게 대답했다. "나는 머리부터 발끝까지 예수로 가득 차 있어서 때리면 예수가 내 입에서 튀어나온다." 예수로 충만했던 사람이었다. 세상이 감당할 수 없는 사람이었다.

오래전 예루살렘 성전 미문 앞에 서 있던 그 충만했던 사람들도 돈을 구걸하고 있는 사람에게 당당하게 외친다. "우리를 보라!" 잘난 모습을 보라는 것일까? 그가 가진 멋진 신식 자동차나 기기를 보라고 한 것일까? 잘남과 소유와 지식과 세상의 지위를 바라보라고 한 것이 아니다. 그들 속에 계시는 주님, 영원한 생명을 주시는 예수 그리스도를 보라는 말이었다. 이들은 우리와는 근본적으로 다른 사람이라고 생각하기 쉽지만 얼마 전 그 입술은 주님을 배반했던 가증한 입술이었다. 장담만 늘어놓다가 위험이 닥치자 도망갔던 사람이었다. 3년 동안 따라다녔지만, 주님의 뜻과 마음에서 멀리 서 있는 사람이었다. 그러나 지금 그의 모습은 완전히 다르다. "은과 금은 내게 없거니와 내게 있는 이것을 네게 주노니 나사렛 예수 그리스도의 이름으로 일어나 걸으라!" 우리에게는 네가 원하는 것은 없다. 하지만 우리에게는 예수님이 계시고, 그 이름의 능력이 있다. 내가 그 이름으로 능력으로 명하노니 일어나라. 그들에게는 가장 소중한 것, 예수 그리스도의 이름의 능력이 가득했다.

은과 금은 없으나

예수 이름의 능력, 엘라 골짜기의 양치기 이야기에서는 그것을 물맷돌로 비유했다. 대단한 믿음으로 나섰는데, 내 주머니에는 분명 그것이 있으리라 생각했는데, 텅 비어 있었다. 예수 그리스도의 십자가 피 묻은 복음으로 세상을 바꾸는 꿈을 꾸며 올라왔는데, 신학의 원시림을 기웃거리며 헤매다 보니 가슴은 삭정이로 변했고, 주머니는 텅 비었고, 눈물은 흔적도 없이 말라버린 메마른 눈이며, 가슴은 타오르다가 새까맣게 그을린 흔적뿐이라면 비극이 아니겠는가? 1559년, 장 칼뱅은 오랫동안 준비해 온 제네바 아카데미를 설립한다. 많은 사역 중에서 그가 마지막으로 심혈을 기울였던 사역이었다. 타락한 교회를 새롭게 세워가기 위해서는 바른 지도자가 가장 중요하다는 인식에서 지도자 훈련을 위해 세운 학교였다. 생피에르교회에서 학교를 시작하면서 초대 학장으로 선출된 데오도르 베자 Theodore Beza 는 그렇게 연설한다. "단지 교훈을 받거나 그리스인들처럼 운동장의 덧없는 게임을 위해서 모인 것이 아니라, 하나님의 영광을 드러낼 임무를 위해서, 그리고 사명을 이루기에 합당한 병사가 되는 의무를 위해서 모인 것입니다." 다 듬어지지 않은 이들을 복음으로 불타는 사역자로 만들어 보내겠다는 의지도 대단하고, 타락한 교회를 새롭게 세워가려는 열정으로 불타올랐던 개혁교회 후예들의 열정도 대단하다. 그것은 개혁교회 신학연구의 센터가 되었고, 선교의 센터가 되었다. 프랑스의 위그노 지도자를 포함하여 당시 유럽 각국의 지도자는 제네바 아카데미 출신이었고, 실제로 그들은 생명을 걸고 교회와 신앙을 지켜냈다.

어두움의 시대에 작은 거인으로 살았던 변호사 한승헌은 수많은 위협과 어려움으로 마음이 흔들릴 때마다 자신에게 외쳤단다. "자랑스럽게 살지는 못하더라도 부끄럽게 살지는 말자." 나중에 그것은 그의 좌우명이 되었다. 1965년 발간한 그의 두 번째 시집, 『노숙』에서 그렇게 노래한다. "산다는 것은 하나의 진실을 마련하는 일/ 그것은 외로운 작업/ **벅차고 눈물겨운 일이다.**"[3] 불의가 춤을 추는 시대에 인권변호사로 산다는 것은 가난하고, 외롭고, 힘든 일이었다. 그러나 신앙인으로 하나님의 공의를 세워간다는 점에서 벅차고 눈물겨운 일이었다.

복음의 일꾼으로 사는 것도 마찬가지이다. 자신을 말씀 앞에, 하나님의 뜻 앞에 바로 세워야 하기 때문이다. 초대교회는 가난했고, 어떤 이들은 고향을 떠나 유리방황하며 살아야 했다. 교회는 제대로 된 건물도 없었고, 좋은 시설도 없었으며, 화려한 예배 악기도 없었다. 그러나 그들에게는 예수 그리스도의 이름의 능력이 있었다. 그 이름의 능력과 복음이 그들의 가슴에 춤추고 있었다.

4세기 이후 교회는 부요해졌다. 313년, 밀라노칙령을 통해 기독교는 로마의 종교로 공인되었고, 325년에는 황제가 소집한 총회 니케아 공의회가 열렸으며, 380년에 드디어 기독교는 로마의 국교가 되었다. 복음을 받아들인 황제가 웅장한 교회를 지어 헌납했다. 황제가 참석한 예배이니 예배당은 화려해졌고, 예배 순서들은 더 정교해졌다. 작은 다락방에

---

3   한승헌의 시, "노숙" 일부. 한승헌 시집, 『노숙』 (서울: 문학사, 1967).

서 시작된 그 교회는 이제 세계적 종교가 되었고, 성직자들의 지위는 막강해졌다. 생명을 걸고 복음을 전하지 않아도 태어나면 모두가 교인이 되어 교회에 나온다. 성직자는 노력하지 않아도 되는, 생명을 걸 필요가 없는 화려한 직업이 되었다. 그러면서 교회는 예수 이름의 능력, 복음의 능력을 상실해 가기 시작한다.

중세 신학자 토마스 아퀴나스의 말이 생각난다.

"초대교회는 '은과 금은 내게 없거니와 내게 있는 것으로 내게 주노니, 나사렛 예수 그리스도의 이름으로 일어나 걸으라!' 명할 수 있는 확실한 나사렛 예수 그리스도의 이름을 가지고 있었다. 우리는 참으로 아름다운 하나님의 교회를 지었다. 금으로 기둥을 만들었고 대리석으로 바닥을 꾸몄다. 엄청난 하나님의 교회였다. 우리는 땅도 많이 가지고 있다. 많은 건물도 가지고 있고, 사람들도 많아졌다. 이제 은과 금은 우리에게 있다. 그러나 나사렛 그리스도의 이름의 능력은 없다."

교회의 지도자들이 깊이 음미해야 할 이야기가 아닌가? 우리가 꿈꾸는 교회는 어떤 교회인가? 예수 그리스도의 이름의 능력을 가진 교회인가, 아니면 은과 금을 가진 교회인가?

그 능력의 비결

나사렛 예수의 이름이 그렇게 엄청난 능력을 가지고 있는지 처음 경험하면서 그들은 흥분했을 것이다. 무기력하게 로마의 사형수로 죽임을 당한 예수님의 이름이 그렇게 엄청난 능력을 가졌는지 처음 경험했던 사건이었다. 하지만 이 말씀은 흥분할 수밖에 없는 그 기적의 사건에 대해서 먼저 언급하지 않는다. 말씀은 그렇게 시작된다. "제9시 기도 시간에." 9시는 한참 분주하게 일할 오후 3시에 해당한다. 한참 바쁘게 일할 시간에 하던 일들을 접어두고, 베드로와 요한은 성전에 기도하기 위해서 올라간다. 하나님의 모든 역사는 사실 이 단어로부터 시작된다. "제 9시 기도시간에." 바쁘고 분주함 속에서 하나님을 향해서 그들의 마음이 열려 있었음을 보여주는 단어이다. 사실 모든 것은 여기에서부터 시작된다.

오래전 기억 하나가 떠올랐다. 강원도 화천에서 군복무 시절, 한 보병대대 군수장교 보직을 수행한 적이 있다. 600명 병사들을 먹이고, 입히고, 훈련에 필요한 지원을 책임지는 것이 군수장교의 주 업무였다. 다른 것이야 상급 부대에서 받아다가 공정하게 분배하면 되지만 병사들이 사용하는 물은 자체 해결해야 했다. 5-600m 산 중턱을 깎아 막사를 지었기 때문에 물 확보가 쉽지 않았다. 위 계곡에 물 샘을 깊게 파서 저장된 물을 PVC 파이프 관을 통해 세면장으로 끌어내리는 방식으로 물을 사용했다.

본인이 중대장으로 있던 부대는 물이 24시간 콸콸 쏟아지기 때문에 맘껏 쓰고 남아서, 작은 분수대까지 설치하여 쉼터를 만들었더니 대대의 명소가 되었다. 바로 옆의 1중대는 물이 쫄쫄 흘러내렸다. 늘 물이 부족하여 우리 중대 세면장으로 원정을 오니 이만저만 눈치를 받는 것이 아니다. 전역하는 병사 한 명이 그것을 '소원 수리'로 써낸 모양이다. 어느 날 대대장님이 부르더니 명령이 떨어졌다. "군수장교, 1중대 물 문제 빨리 해결해!" 바로 점검 작업에 들어갔다. 물 저장 샘 뚜껑을 열어보니 물이 가득 차 흘러넘치고 있었다. 그런데 밑에서는 야단이었다. 끌어오는 파이프에 문제가 생긴 것이다. 추운 지역이라 겨울에 물이 얼지 않도록 거의 1m 이상 깊이로 관을 묻었고, 어디가 막힌 것인지 땅을 파서 찾아내야 하는 큰 작업이었다. 병사들을 지원받아 의심 지역에 배치하여 파기 시작했다. 그렇게 파 내려가니 문제 지점을 찾아낼 수 있었다. 오가는 대형 트럭에 눌려 파이프 관이 파손된 부분 때문이었다. 관을 들어내고 새로 관을 연결했더니, 아래에선 바로 물이 콸콸 쏟아져 내렸다.

아주 오래전 그 일을 떠올리면 그런 생각이 든다. '하나님의 세계는 마르는 법이 없고, 하늘의 능력은 쇠하지 않는다.' 하지만 그것을 전달해야 할 내 가슴이 메마르고, 냉랭하여 '수로'가 막히면 그 풍성함과 능력을 맛볼 수 없게 된다. '제 9시 기도 시간에'는 그런 의미를 담고 있다. 바쁘고, 분주한 삶 속에서도 어떻게 푸르름을 유지할 수 있었는가? 하늘 은혜를 공급받았기 때문이고, 은혜의 수로가 활짝 열려 있었기 때문이다. 하나님과의 친밀함, 그 친밀함 속에서 늘 이어지는 기도, 그것이 비결이었다.

모든 것이 중요했지만 그 주님과의 깊은 영적 교제의 시간은 무엇으로 대체할 수 없었다. 제3시, 6시, 9시에 기도 시간을 정하였고, 아무리 바빠도 그것을 결코 소홀히 할 수 없었다. 베드로와 요한은 겟세마네 동산에서 그 사실을 처절하게 경험했다. "제9시 기도 시간이 죽으면 우리는 망한다. 그것이 죽으면 우리는 아무것도 할 수 없다." 그렇게 그들은 그 이름의 능력으로 충만했기에 능력의 통로가 될 수 있었다.

코로나 팬데믹 기간에 신대원 졸업생을 파송하던 때가 생각난다. 1907년에 1기를 파송한 이래, 2023년에 파송한 116기 학생들은 팬데믹 때문에 2년 넘게 함께 모이지 못하고, 온라인으로 모든 것을 진행해야 했다. 그래서인지 학위수여식에서 그들을 현장으로 파송할 때는 눈물이 났다. 묶임 가운데서 보냈지만, 어느 때보다 고독 속에서 하나님과의 대면 시간이 길었고, 친밀함을 만들 수 있었으며, '인간의 한계'를 철저하게 경험한 기수이니, 그것이 저들의 자산이 되게 해달라는 간구가 간절했다. 파송할 때 그들에게 당부했다. '예수 그리스도로, 복음으로 가슴을 가득 채우라. 계속해서 제9시 기도시간을 만들라.'

나는 1981년에 신대원 2학년 1학기를 마치고 군복무를 위해 군에 입대했다. 광주 보병학교에서 장교 훈련을 받는데 광주민주화운동 직후였기에, 데모하다 온 놈들이라고 얼마나 혹독하게 훈련을 시키는지, 한 달여 동안은 완전 개 취급을 당했다. 군복으로 갈아입힌 후, 제일 먼저 훈련하는 것이 관등성명을 대는 것이었다. 상관이 물으면 자기 계급과 이름, 즉 소속을 밝히는 것이다. 처음에는 그것 때문에 참 많이 혼이 났다. 학군장교인 구대장은 1년, 혹은 2년 선배 학번들인데 캠퍼스에서 함께 지내던 이들이니, 사관학교 출신 구대장보다는 마음으로는 더 가깝게 느껴졌던 것이 사실이다. 구대장이 모처럼 다정하게 다가와서 속삭이듯 물었다. "야, 김운용! 애인 있어?" 작은 목소리로 묻기도 했고, 동료들이 듣지 못하도록 작은 소리로 바로 대답을 했다. '예, 있습니다!' 그날 밤, 완전무장하고 새벽 2시까지 연병장을 돌았다. "예, 20065번 후보생 김운용, 애인 있습니다!"라고 답을 해야 하는데, 그의 유도심문에 걸린 것이다.

그건 후보생 훈련을 마치고 임관한 후, 초군반 훈련 때도 그것은 필수적인 일이었다. 누가 툭 건들기만 하면 관등성명이 자동으로 튀어나오도록 훈련을 받았다. 전쟁터에서 부상을 당해 정신이 혼미해 지면서 죽어가는 자리에서도 자신이 누구인지를 기억하게 하는 훈련이었다. 보병학교 훈련을 통해 내가 누구인지 정확히 기억하였다. "군번 20065, 육군 소위, 김운용…" 육군 보병학교 7개월 동안의 훈련은 45

년이 지나고 있어도 선명하게 기억이 난다. 하나님 나라의 일꾼인 우리의 정체성은 무엇인가? "나는 예수 그리스도의 이름의 능력으로 새 생명을 신비를 깨달은 사람, 내 가슴에 충만한 그 이름의 능력을 세상에 전해야 하는 복음의 사람."

장이 된 이후 어려운 시간이 참 많이 있었다. 돌이켜 보면 내 인생길에서 있어서 가장 힘들었던 순간이었다. 학교 장이 되다 보니 일일이 대응할 수도 없어 하나님 앞에 엎드려 참 많이 울었다. 허위 사실을 유포하고 명예를 짓밟는 일이 이어져 자문해 주는 변호사들 도움으로 고소장까지 써놓고서도 학교에 누가 될까 봐 실행에 옮길 수 없어 참아내려니 몸무게가 3개월 동안에 8kg이 빠졌다. 그렇게 울고 있을 때, 하나님께서 입술에 담아주신 찬송이 "은혜"라는 찬양이었다. 깨어있는 동안에는 그 찬양을 가슴에 채우려고 노력했다. 한참 후에 "감사"라는 찬양을, 그다음에는 "행복"이라는 찬양을 담아주셨다. 요즘은 "충만"이라는 찬양을 담아주셔서 늘 부르고 있다. 장신대 교회음악학과 손경민 교수가 작사 작곡한 찬양들이었다.

'교수님, 귀한 찬양 만들어 주셔서 감사해요. 그 찬양들이 아니었다면 그 험한 시간을 헤쳐 나올 수가 없었을 것 같아요. 정말 감사해요.' 요즘 계속 채우는 고백은 그것이다. "난 예수로/ 예수로/ 예수로 충만하네/ 영원한 왕 내 안에 살아계시네…" 이 고백을 가슴에 채우면서 간구는 이어진다. "주님, 이것이 저의 평생의 간구가 되게 하시고, 평생의 고백이 되게 하소서." 그렇다. 이것이 우리 평생의 고백이 되었으면 좋겠다. 우린 예수 이름의 기적을 계속 펼치도록 부름을 받았다. 우리 심장이 뛰는 날 동안 우릴 통해, 우리가 서 있는 자리에서 예수 이름의 기적들이 나타나게 되기를 바란다. 그 이름의 능력이 가슴에 충만하고, 그로 인해 춤추는 사람을 통해서만 이뤄지는 역사이다.

하나님의 사람들 속에 예수 아닌 것으로 가득 차 있으면 그도 죽고, 성도들도 죽게 된다. 주의 종들의 가슴에 예수님으로 충만하지 않고, 다른 것으로 가득 차 있으면 교회도 죽고, 그도 죽는다. 예수님으로 충만했던 사람들, 그래서 '제9시 기도 시간'을 만들어 가는 사람들, 그 무엇으로도 대신할 수 없었던 삶의 편린片鱗을 가지고 있었던 사람들이 거기 우뚝 서 있어, 그 시대는 예수 이름의 기적을 맛볼 수 있었다. 기도의 불이 꺼지지 않는 그곳에서 '예수 이름의 기적'은 오늘도 계속된다. 2023년 3월 이후 3년 동안 장신대 캠퍼스에서 기도의 불이 꺼지지 않고 타오르는 것에 감격하는 이유이다.

기도는 하나님의 사역을 지탱하고 활성화 시키는 가장 강력한 무기이다. 기도가 죽으면 모든 것이 죽는다.

다시 한번, 찬양을 가슴에 담는다.

무명이어도 공허하지 않은 것은/ 예수 안에 난 만족함이라/ 가난하여도 부족하지 않은 것은/ 예수 안에 오직 나는 부요함이라/ 고난 중에도 견뎌낼 수 있는 것은/ 주의 계획 믿기 때문이라/ 실패하여도 일어설 수 있는 것은/ 예수 안에 오직 나는 승리함이라/ 난 예수로 예수로 예수로 충만하네/ 영원한 왕 내 안에 살아 계시네"[4]

충만
(손경민)

---

4   손경민 작사, 작곡, "충만."

9

Strength

어두운 밤, 더 강해지다

그분을 보기 위해
나무 위에 올라갔지만
그분을 만나기 위해서는
내려와야 했다네
— 조희선[1]

어두운 밤에 노래하는 사람

'현대 첼로 음악의 아버지'로 알려진 파블로 카잘스 Pablo Casals 는 어두움 가득한 시간을 보냈다. 교회 오르가니스트였던 아버지의 영향으로 열 살 때부터 첼로를 시작하여 평생 첼로 연주자로 살았다. 하지만 그 어두움의 시간에는 연주를 중단한다. 스페인 내란 이후 1936년, 히틀러 Adolf Hitler 와 무솔리니 Benito Mussolini 의 지원으로 파시스트 프랑코 정권이 들어서면서 그는 긴 망명길에 오르게 된다. 그의 조국 카탈루냐는 1930년대 자치권을 획득하였으나 프랑코에 의해 자치권과 모국어 카탈루냐어는 공용어의 지위를 박탈당한다. 이탈리아, 프랑스, 영국, 독일 등 유럽의 다수 국가가 프랑코 정권을 인정하자 항거의 표시로 해

---

[1] 조희선의 시, "삭개오," 전문. 조희선 시집, 『사랑을 말하지 않았다』 (서울: 나담, 2020).

당 국가에서의 공식 연주를 중단한다. 바흐 서거 200주년인 1950년에야 10년 만에 활동을 재개하였고, 97세에 세상을 떠날 때까지 연주를 이어간다.

 1971년, UN은 독재 정권에 항거하며 민주주의를 위해 헌신한 공로로 카잘스에게 "유엔 평화상"을 수여한다. 유엔총회 석상에서 그는 다음과 같은 수상 연설을 하였다.

 저는 카탈루냐 사람입니다. 현재는 스페인의 한 지방입니다만 카탈루냐는 이 지구상에서 가장 위대한 국가였습니다. 오늘 카탈루냐의 짤막한 민요 한 곡을 연주하려고 합니다. 저는 이 곡을 지난 14년 동안 연주하지 않았습니다. 하지만 오늘은 꼭 연주해야겠습니다. '새들의 노래'라는 곡입니다. 카탈루냐 새들은 하늘을 날면서 'Peace, Peace, Peace' 하며 노래합니다. 저에게 이 노래는 바흐나 베토벤의 음악보다도 더 아름답습니다. 이 노래엔 나의 조국 카탈루냐의 혼魂이 깃들어 있기 때문입니다.

 짧은 연설을 마친 후 95세의 첼리스트는 첼로를 부둥켜안고 연주를 시작한다. "새들의 노래"는 카탈루냐의 민요이자 크리스마스 캐럴이었다. 독수리, 참새, 방울새, 개똥지빠귀, 나이팅게일, 딱새, 굴뚝새, 카나리아, 박새, 딱따구리 등 새들이 예수님의 탄생을 찬미하는 가사를 담고 있고, "망명자들의 주제곡"으로도 불린다. 3분 11초의 짧은 연주였지만, 그것은 고난 가운데 있던 그의 조국을 울렸고, 온 세계를 울렸다.

새들의 노래
(파블로 카잘스)

하늘의 심포니, 그리고 위기

"혼이 깃든 노래," 그날도 그 노래를 연주하는 사람들이 있었다. 십자가 사건 이후 잠시 흩어졌던 그들은 예수님의 부활과 성령 강림을 경험하면서 다시 모였고, 노래하기 시작한다. 그 노래는 그들이 서 있던 도시와 인근 마을로까지 전해졌고, 그곳에 교회가 세워졌다. 수많은 사람들이 주님 앞으로 나아 왔다. 그렇게 예루살렘교회에는 놀라운 역사가 계속해서 일어난다. 사도행전은 그 상황을 이렇게 전한다. "하나님의 말씀이 점점 왕성하여 예루살렘에 있는 제자의 수가 더 심히 많아지고 허다한 제사장의 무리도 이 도에 복종하니라" 행 6:7.

사도행전은 예루살렘교회의 상황과 성령으로 충만해진 교인들 전반을 소개하다가 카메라 앵글이 초대교회의 젊은 지도자 7명에게로 좁혀진다. "그들은 믿음과 성령이 충만했다." 그들을 간단하게 소개한 후, 카메라 앵글은 다시 한 사람에게로 옮겨간다. '하나님의 은혜와 능력이 차고 넘치고 있었던 사람, 스데반…'

거침없이 복음을 전하던 그는 공의회 앞에 끌려갔다. 성경은 그의 모습을 이렇게 묘사한다. "공의회에 앉아 있는 사람들이 모두 스데반을 주목하여 보니, 그 얼굴이 천사의 얼굴 같았다" 행 6:15, 새번역. 그리고 공의회 석상에서 스데반의 긴 설교가 시작된다. 거침없는 최고의 설교였다. 그가 전한 하나님의 말씀이 얼마나 강력했던지 사람들의 마음에 깊은 울림과 찔림이 있었다. 그래서 회개의 역사가 일어났는가? 아니었다. 성경은 초대교회 첫 번째 순교자가 된 스데반이 설교하다가 돌에 맞아 죽은 사건과 마지막 시간을 이렇게 전한다.

> 그 말을 듣고 있던 사람들이 난폭해지더니 야유와 휘파람과 욕설을 퍼붓는 폭도로 변했다. 그러나 성령 충만한 스데반의 눈에는 그것이

보이지 않았다. 하나님밖에 보이지 않았다. 그는 모든 영광 가운데 계신 하나님과 그 곁에 서 계신 예수를 보았다. 그가 말했다. '아! 하늘이 열리고 인자가 하나님 곁에 서 계신 것이 보입니다!' 폭도의 고함과 야유가 그의 목소리를 삼켜 버렸다. 그들은 사정없이 달려들어 그를 시내 밖으로 끌어내어서 그에게 돌을 던졌다…. 돌이 비 오듯 쏟아지는데, 스데반이 기도했다. '주 예수여 내 생명을 받아주십시오.' …그리고 그는 숨을 거두었다.[2]

큰 어둠이 몰려오다

그것을 기점으로 해서 그 이후, 예루살렘교회에 무서운 박해가 일어났다. 기세가 등등한 권력자들은 살육의 칼을 휘두르며 교회를 아예 없애버리려고 날뛰고 있었다. 사람들은 멀리 유대와 사마리아 전역으로 흩어졌고, 사도들만 목숨을 걸고 예루살렘에 숨어서 교회를 지키고 있었다. 권력자들은 집마다 수색하여 남녀를 가리지 않고 끌어내서 감옥에 가두었다. 용감한 사람들 몇이 나서서 스데반의 장례를 치렀는데 그날 많은 이들의 눈에 눈물이 마르지 않았다. 무서운 박해가 시작되면서 사람들은 살던 집과 고향을 떠나 사방으로 뿔뿔이 흩어졌다.

예수를 믿는다는 것, 신앙생활을 한다는 것, 사역을 한다는 것이 바로 목숨과 연결된 상황이었다. 생명을 걸지 않으면 그것들을 감당할 수 없는 상황, '어두운 밤'이었다. 어디로 가야 목숨을 부지할 수 있을지, 들판에 어두움이 몰려오면서 모두 막연한 두려움에 사로잡힐 수밖에 없는 상황이었다. 한 사람은 죽이고, 다른 사람들은 잡아 가두고, 그

---

2 행 7:54-60, *The Message*.

렇게 하면 끝날 것으로 생각했다. 그날 예루살렘에서 일어난 무서운 박해 소식은 입소문으로 그 지방에까지 전해졌을 것이다. 위축될 수밖에 없었다. 그들이 위축되었는가? 아니었다. 본문 말씀은 그렇게 흩어진 이들이 조금도 위축되지 않고, 두루 돌아다니면서 예수 그리스도의 십자가 복음을 전하고 있었다고 전한다. 태생적으로 두려움을 모르는 사람들이었던가? 아니면 상황 파악을 잘 못하는 사람들이었는가?

인생길에는 어두운 밤이 참 많이 있다. 어두움에 대해 묵상하다가 문득 두 편의 동시가 생각이 났다. "어둠이/ 커다란 어둠이/ 꽃들을 재웠다고/ 큰소리치지만/ 꽃들은/ 자는 척/ 향기로 이야기 나누는 걸/ 어둠은/ 고건 모르지요."[3] 어둠으로 덮어버리면 끝날 줄 알았다. 그런데 어둠은 한 가지를 모르고 있었다. 꽃들은 자는 척하지만 향기로 자기 이야기는 나눈다는 걸. 김종순 시인도 어두움 가득한 시간을 보내고 있는 이들에게 권면하듯, 그렇게 외친다. "…꿈을 꾸렴/ 무서움이/ 그리움이/ 푸른 약속으로 살아난단다/ 산 넘어가는 빛살들/ 풀잎 귓가에/ 메아리로 번져온다."[4]

어두움도, 죽음의 위협도 어찌하지 못했다. 오히려 푸른 약속으로 살아나고 있었다. 젊은 지도자 빌립은 사마리아 한 성에 내려가 메시야에 대한 메시지를 전하였다. 사람들은 말씀에 반응하기 시작하였고, 한마디도 말씀을 놓치지 않으려고 애썼다. 그들 가운데 성령님께서 역사하시니 귀신 들린 사람들에게서 귀신이 쫓겨 나가고, 중풍 병자가 고침을 받았고, 걷지 못하는 사람들이 걷는 치유와 회복의 역사가 일어났다. 예수님의 이름으로 나타난 능력이었다.

---

3   이화주의 시, "고건 모르지요," 전문. 이화주, 『이화주 동시선집』(서울: 지식을만드는지식, 2015), 3.
4   김종순의 시, "푸른 약속," 일부.

어두운 밤에 더 강해지다

지금 상황은 갈수록 어려워지고 어두워지는데 그들은 더 강해진다. 그 비결이 무엇이었을까? 분명한 것은 그들 자신의 강함에 있지 않았다. 그들의 능력에 있지 않았다. 그들은 그리 대단하지 않았고, 가난했고, 숫자가 많은 것도 아니었다. 사도행전은 계속해서 그 비결을 우리에게 들려준다. 그들은 더 강해지기 위해 전념한다. 기도에 전념하고, 말씀에, 예배에 전념한다. 그리스도께 더 전념한다.

미국 남부의 어느 술집에서 한바탕 싸움이 벌어졌다. 경찰이 도착했을 때는 손님들이 모두 떠난 후였고, 난장판이 된 홀에서 흑인 한 사람이 트럼펫을 연주하고 있었다. 경찰이 그에게 다가와 물었다. "싸움을 건 사람이 누굽니까?" 그는 의아한 표정으로 반문했다. "누가 싸움을 했나요?" 그 사람은 자신의 연주에 심취해, 거기에서 싸움이 일어난 것조차 몰랐다. 재즈와 트럼펫으로 유명한 루이 암스트롱Louis Armstrong의 이야기이다. 무명 시절, 그는 허름한 술집에서 팁이 적어도, 손님이 없어도, 손님들이 듣는 것 같지 않아도 상관하지 않고 밤새 트럼펫을 연주하며, 즐겁게 노래했다. 이러한 재즈에 대한 사랑과 열정이 그를 세계적 연주자로 세운 것이다.

이렇게 우리도 전념할 수 있을까? 어두운 밤에도 일하고 계시는 우리 하나님께 전념, 그것이 우리의 이야기가 된다면, 우리 인생의 이야기도 달라진다. 3년 전, 미국 켄터키주 애즈베리대학에서 시작된 영적 부흥 이야기를 들으며 흥분이 되었다. "애즈베리의 부흥을 위해 기도하라!" 그 명령을 듣고 기도했던 사람들이 있었고, 함께 기도하는 중에 자연스럽게 일어난 하나님의 역사였다. 요란하지 않지만, 그들은 온 마음을 하나님께로 향하고 있었고, 간절한 예배와 찬양, 기도, 그리고 삶 속에서 하나님의 임재와 역사하심에 사로잡히게 되었다. 오늘 우리 시대를 감당하기 위해, 우리가 더 충만해져야 한다. 우리가 더 강해지면 어두움은 문제가 되지 않는다.

쇠재두루미는 몽골 초원에서 지내다가 겨울이 오면 히말라야를 넘어 따뜻한 남쪽 나라 인도로 비행하는 철새이다. 해발 8,000m 히말라야산맥을 넘는다는 것은 결코 쉬운 일이 아니다. 어떻게 그 혹독한 환경을 극복하고, 생명을 이어가는 것일까? 히말라야를 넘기 위하여 쇠재두루미는 먼저 체질부터 바꾼다고 한다. 봄부터 식성을 초식에서 잡식으로 바꾸고, 먹이 주머니 등 몸집을 줄여 몸을 가볍게 한다. 공기주머니를 2개로 나누어 호흡법을 바꾸는데, 가늘고 길게 천천히 숨을 내쉬는 방식으로 들숨을 조절하는 방식을 훈련한다. 해발 8,000m의 차가운 얼음 공기를 마시면 심장이 마비되기 때문이다. 또한 살아남기 위해 떼를 지어 공동 비행을 한다. 자신이 가진 힘만으로는 히말라야를 넘을 수 없어서 초속 100m 이상의 상승 제트기류가 형성될 때 그 기류를 타고 순식간에 히말라야 봉우리를 넘는다. 참 지혜롭지 않은가?

불가능한 봉우리를 초대교회는 이렇게 넘었다. 그것은 '불가능한 봉우리'였다. 하지만 그들은 어두운 밤에 더 강해졌고, 그들은 더 충만했다. 기도로 충만했고, 말씀으로 충만했고, 복음으로 충만했고, 예수로 충만했다. 그들은 전심으로 하나님을 갈망했던 사람들이었고, 복음에 생명을 걸었던 사람들이었다. 주님께 모든 것을 걸었던 충성스러운 사람들이었다.

성경을 묵상하는데, 계속 말을 걸어오는 것이 있었다. 상황이 점점 어렵다면서? 교회 상황이 어두워지고 있다고? 그런데 너는 충만한가? 100여 년 전, 당신들 교회도 초기에 참 어려웠지. 그때 당신의 선배들은 충만했다. 그 이야기를 잘 알고 있지? 그들이 어떻게 몸부림쳤는지를 알고 있지? 그 전통을 이어가기 위해서 지금 몸부림치고 있는 것 맞아? 1913년 6월, 당신들의 학교는 6기 졸업생 33명을 배출했지. 당시로는 가장 많은 학생이었어. 무너진 나라에 영적 부흥을 위해 평생을 달렸던 한 사람이 신사참배 거부 혐의로 일본제국주의 경찰에 체포되어 혹독한 고문을 당했지. 고문의 강도가 높아갈수록 그의 입에서 터져 나오는 소리가 있었어. '예수!' 더 강도를 높이면 '천당!' 고문하던 경찰이 '너 같은 놈은 처음 본다면서 네 속에 도대체 무엇이 들어있느냐'고 물었다지? '나는 머리부터 발끝까지 예수로 가득 차 있어서 몸이 움직일 때마다 예수가 내 입에서 튀어나옵니다.' 결국 심한 고문으로 위중하게 되어 병보석으로 풀려나 바로 병원으로 옮지만, 나흘 후 ^{1944년 4월 15일}, 그는 주님 품에 안겼어. 그의 이름을 나는 기억해. '최봉석!'

    오늘도 말씀은 우리에게 묻고 있다. 124년, 긴 세월동안 힘차게 섬겨온 선배들이 우리에게 묻고 있다. "지금 당신들은 그 전통을 잘 이어가고 있는가? 그대들은 지금 가슴이 불타고 있는가? 그대들이 더 충만해지면, 더 강해지면 주님의 나라는 세워진다." 신실한 하나님의 사람들은 그 충만함으로 어두운 밤을 이겼고, 주님의 교회를 세워간다. 생명의 길을 전하는 사람들로 평생을 살기를 원한다면 우리는 더 충만해져야 한다. 어두운 밤에 더 강해졌던 선배들처럼 우리가 더 충만해지면 된다. 복음의 핵심, 사역의 핵심을 새롭게 깨우쳐 주어서, 몇 개월째 입술에 가득 담고 있는 찬양이 있다.

주 예수 나의 산 소망

깊은 절망의 수렁 가운데/ 주님께 닿을 수 없던 우리/ 어두운 밤 중에 하늘을 향해/ 주의 이름 나 부를 때/ 어둠을 뚫고 오신 주 사랑/ 나의 절망 거두셨네/ 주님의 공로 다 이루셨네/ 주 예수 나의 산 소망// 그 누가 주의 자비를 다 알아/ 한없는 은혜 측량할까/ 영광을 떠나 이 땅에 오신/ 죄가 되신 구주 예수/ 주의 십자가 내게 말하네/ 영원히 난 용납됐네/ 아름다우신 왕 나는 주의 것/ 그리스도 나의 산 소망/ 할렐루야 주를 찬양하여라/ 할렐루야 자유케 하셨도다/ 죄의 저주 끊으신 주께 구원 있도다/ 주 예수 나의 산 소망// 언약 된 아침 장사 된 몸에/ 부활의 호흡 시작됐네/ 유다의 사자 위엄찬 선포/ 사망이 무너졌도다/ 이제 사망은 무덤이 더는/ 우리를 주장할 수 없네/ 유다의 사자 위엄찬 포효/ 사망이 무너졌도다/ 주 예수 승리하셨네.[5]

---

5 Brian Johnson & Phil Wickham, "Living Hope," 레위지파, "주 예수 나의 산 소망," (2017).

3부

불타는 가슴으로

너 처음 세상 향해
눈 열려
분홍 커튼 사이로 하얀 바다 보았을 때
그때처럼 늘 뛰는 가슴 가져야 한다
까막눈보다 한 권의 책만 읽는 사람이
더 무서운 법
한 눈으로 보지 말고 두 눈 겨누며 살아야 한다
깊은 산속 키 큰 나무 곁에
혼자 서있어도 화안한 자작나무같이
내 아들아
그늘에서 더욱 빛나는 얼굴이어야 한다

— 최상호, "내 아들아," 전문.
최상호 시집, 『김춘수의 '꽃'을 가르치며』, 시와시학사, 1997.

10
Passion*
복음의 열정: 나의 가슴에 불이 타고 있어서이다

> 잠들지 마라 잠들지 마라
> 소리치는 바람이
> 우물 안 이끼 낀 바윗돌을 두드리고…
> 잠들지 마라, 잠들지 마라
> 우물 안 개구리는 밤새워 울고
> — 정철용[1]

통증을 못 느끼는 사람

언젠가 학교에 대한 총회 감사가 있던 때가 생각이 난다. 점심시간에 감사 위원들과 식사하는데, '장신대 학생들, 참 인사도 잘하고 친절하다'고 칭찬하셔서 기분이 좋았다. 좀 일찍 학교에 도착하신 위원 한 분은 북카페 이야기를 듣고 거기에서 차 한잔하려고 지나가는 학생에게 위치를 물었더니, 아주 친절하게 가르쳐 주더란다. 설명은 들었지만 처음 가는 곳이라 잘 찾을 수 있을까 걱정하면서 걸어가고 있는데 조금 전 그 학생이 뛰어오더란다. '처음 오시는 분이 북카페 입구를 찾기가 쉽지 않을 것 같아 알려드리려고 왔어요.' 북카페 앞에까지 친절하게 안내한 후, 좋은 시간 가지시라며 인사하고 달려가더란다. "인사 잘

---

[1] 정철용의 시, "시인 연습," 일부. 정철용 시집, 『교육에 편지를 쓰다』(서울: 더푸른출판사, 2023).

하는 장신대생", "친절한 장신대생", 총회 감사위원들이 붙인 호칭이다. 참 듣기 좋은 칭찬이었다.

문득 주님 앞에 서는 그날, 우리에게는 어떤 평가가 주어질까를 생각하며 잘 살아야 한다는 마음, 다시금 갖게 되었다. 시인 정철용의 외침처럼 평생 연습만 하고 끝나서는 안 되고 "별빛 눈동자 닮은" 시^{詩}가 되어야 한다는 생각부터, 감각 없이 흘러가는 인생이 되면 안 된다는 생각까지 계속 확대되었다. 때로는 자신을 보며 아파도 하고, 이를 악무는 결단도 있어야 그 삶은 가능해진다. 말씀 앞에서 자기 성찰이 약해지고, 무감각해진 사람은 그 충만하던 시절에도 무너져 내렸다$^{행 5장}$. 주님 원하심에 온전히 초점을 맞추고 살았던 사람들은 그 시대에서 자신을 세우고 교회를 세웠다^{15장}. 그 말씀을 묵상하다가 문득 언젠가 가볍게 보았던 영화, 「통증」이 생각이 났다. 강풀의 웹툰을 원작으로 한, 2011년에 개봉한 영화이다.[2]

어릴 적, 교통사고로 가족을 잃은 죄책감을 안고 사는 주인공은 사고 후유증으로 찢어지고 깨지고 피가 나도 전혀 통증을 느끼지 못한다. 자기 때문에 교통사고가 나서 가족이 목숨을 잃었다는 죄책감에 사로잡혀 살고 있었다. 고통을 못 느끼기에 타인의 고통도 알지 못한다. 돈을 갚지 않는 채무자에게 겁을 주기 위해, 그는 주로 얻어맞는 역할을 하는 악덕 사채업자 똘마니 일을 한다. 돈을 못 받으면 바로 그 자리에서 상사에게 얻어터지는 역할을 한다. 왜 그렇게 돈을 못 받느냐며 그 앞에서 얻어터지고 피를 흘리는 모습을 보이며, 채무자에게 겁을 주기 위함이다. 그런데 본인은 정작 고통을 전혀 못 느낀다. 어느 날, 돈을 갚지 못하는 채무자를 찾아간다. 태어날 때부터 유전으로 인

---

2   곽경택 감독, 「통증」(2011)

해 한번 피가 나면 멈추지 않는 혈우병을 앓고 있는 여자였다. 작은 상처도 치명적인 여자 앞에서 피투성이가 될 정도로 얻어맞는 역할을 해서 결국 전 재산인 전세보증금까지 빼앗아 왔다.

상처가 나면 통증이 신경섬유와 척수를 거쳐 뇌로 전달되면서 통증을 느끼게 된다. 하지만 그런 느낌이 전혀 없는 질환을 의학에서는 analgesia, '무통증'無痛症 질환, 혹은 무감각증 congenital analgesia 이라고도 한다. 미국 미시간주의 작은 도시에서 그런 환자가 있어 유전자 연구가 진행되어 1963년에야 그 원인이 알려지게 되었다. 두뇌에 감각을 전달하는 신경세포가 유전자 변형으로 생성되지 않아서 생기는 질환으로, 피부와 뇌 사이의 신경이 끊겨서 통증을 전혀 느끼지 못하는 것으로 밝혀졌다. 유형에 따라 느끼지 못하는 통증의 종류도 다르다. 아직 한국에는 보고된 환자가 없지만, 일본에는 300명, 중국에는 176명이 있는 것으로 보고되고 있다. 통증뿐만 아니라 온도 변화, 체온 조절이 불가능하며, 위급한 상황을 인식하지 못해 어려움을 겪게 되기도 한다. 현재까지는 특별한 치료제나 치료법이 없는 불치병이다. 최근 연구에서는 끊어진 신경세포 재생이 가능지며 치료의 길이 보여 환자에게 희망을 주고 있다.

길을 가는 사람

초기 교회에서도 일종의 '무통증'analgesia 환자로 보이는 사람을 만나게 된다. 하나님의 말씀을 전하다가 돌아 맞아 죽은 현장에서도 얼굴이 천사의 얼굴처럼 광채가 났다는 스데반도 그렇고, 죽을 줄 알면서도 그 길을 걸어가는 바울도 그런 부류이다. 과연 무통증 질환이 있어 전혀 두려움도 통증도 못 느끼는 사람이어서 그 길을 가고 있는 걸까? 성경은 고난의 길을 당당하게 걷고 있는 그들을 향한 '주님의 미소'로 새로운 평가를 내린다. 사도행전 20장에는 인생길의 마지막 여정을 가는 바울이, 에베소교회 장로들을 밀레도로 불러서 만나는 장면을 전해 준다. 로마에 가면 죽는다고 만류했을 때, 그의 대답은 단호했다.

> 보십시오. 이제 나는 성령에 매여서, 예루살렘으로 가는 길입니다. 거기서 무슨 일이 내게 닥칠지 나는 모릅니다. 다만 내가 아는 것은 성령이 내게 일러주시는 것뿐인데, 어느 도시에서든지 투옥과 환난이 나를 기다리고 있다는 것입니다. 그러나 내가 나의 달려갈 길을 다 달리고, 주 예수께 받은 사명, 곧 하나님의 은혜의 복음을 증언하는 일을 다하기만 하면, 나는 내 목숨이 조금도 아깝지 않습니다.[3]

죽을 줄 알면서도, 죽기를 각오하고 가고 있었다. 가이사랴에서 빌립의 집에서 잠시 머무를 때도 모두가 만류할 때 그는 단호하다. "여러분이 어찌하여 울어 내 마음을 상하게 하느냐? 나는 주 예수의 이름을 위하여 결박당할 뿐 아니라 예루살렘에서 죽을 것도 각오하였노라"[행 21:13]. 아픔을 모르는 사람이었기 때문이었을까? 적진 한복판을 달려가는 영화의 특수부대 요원처럼 겁을 모르는 사람이어서였을까? 총탄이 비 오듯 쏟아지는데, 여유 있게 달리는 007 영화의 주인공처럼 죽지 않는다는 보장을 받았기 때문일까? 아니다. '보라 이제 나는 성령에 매여 예루살렘으로 간다'고 말한다. 여기에서 '매여'라는 헬라어 단어 '데오'^{δέω}는 '사로잡히다'의 뜻을 가진다. 성령님께 사로잡혀, 말씀에 사

---

3   행 20:22-24, 새번역.

로잡혀, 복음에 사로잡혀, 사명에 사로잡혀 지금 길을 가고 있었다. 그 광경을 유진 피터슨의 번역으로 다시 한번 들어보자.

> 지금, 내 앞에는 또 하나의 긴급한 일이 있습니다. 예루살렘으로 가야 한다는 부담입니다. 거기에 가면 무슨 일이 벌어질지, 나는 전혀 모릅니다. 쉽지 않을 것이 분명합니다. 내 앞에 고난과 투옥이 있을 것을 성령님께서 거듭해서 분명히 말씀해 주셨습니다. 그러나 그것이 나에게는 별로 중요하지 않습니다. 나에게 가장 중요한 것은 하나님께서 시작하신 일을 마치는 것입니다. 주 예수께서 내게 맡기신 사명, 곧 믿을 수 없을 만큼 후히 베푸시는 하나님의 자비를, 내가 만나는 모든 사람에게 알리는 것입니다. 오늘은 작별의 날입니다. 여러분은 나를 다시는 보지 못할 것입니다. 나도 여러분을 다시는 보지 못할 것입니다.[4]

또 하나의 긴급한 일 때문이란다. 하나님의 사랑을 온 세상에 알리는 그것, 다시 말해 복음을 증거하는 일 때문에 그는 지금 달리고 있단다. 평생 달려온 인생길에서 내 욕망과 야망에 이끌려 산 것이 아니라 하나님의 말씀에 이끌리고, 소명에 이끌리고, 성령님께 이끌려 살았다. 남은 인생길도 그렇게, 그 길을 걸어가겠다. '내 사랑하는 아들아, 그 사람들도 주님의 피 묻은 십자가의 복음을 들어야 하지 않겠니? 그 소중한 일을 네가 좀 감당해 주지 않겠니?' 성령님께서 강권하시는 그 음성에 이끌려 지금 그 길을 가고 있다. 가슴이 불타고 있어서, 사람들을 세우기 위해, 주님의 교회를 세우기 위해 달려가고 있었다.

---

4 행 20:22-25, *The Message*.

다른 길을 가는 사람들

성경 여러 곳에서는 그 길을 가는 사람들에 대해 알려준다. 시편 여기저기에서 만나게 된다. 바벨론 포로 귀환 사건과 해방의 기쁨을 배경으로 하는 시편 147편에서도 만날 수 있다. 할렐루야 시편으로 분류되는 146편에서 150편까지 5편의 시 가운데 위치하는 이 말씀은 시편 전체의 결론인 송영 doxology 을 담고 있다. 총 5권으로 되어 있는 시편은 '5중의 할렐루야'로 마감하는 특성을 가진다. 여정을 마치면서 올려드리는 일종의 '영광송' doxology 인 셈이다. 그들은 이제 무너진 조국과 교회를 다시 세우기 위하여 귀환하는 길이었다. 그들의 가슴에는 지금 찬양이 넘쳐나고 있다. 하나님께서 자기 백성들에게 행하신 위대한 일들과 창조 세계 가운데서 행하시는 크고 놀라운 일들, 하나님을 신뢰하는 백성들에게 베풀어 주신 수만 가지 은혜를 떠올리며 찬양한다. 가는 길이 멀어도, 수행해야 할 일이 힘들고 막중해도, 불타는 가슴과 감격으로 찬양하면서 지금 그들은 길을 가고 있다.

"예루살렘을 세우시며 이스라엘의 흩어진 자들을 모으시며, 상심한 자들을 고치시며 그들의 상처를 싸매시는" 분, "구름으로 하늘을 덮으시며 땅을 위하여 비를 준비하셔서 만물을 소생시키시는" 분, 그들은 지금 위대하신 그분을 찬양하고 있다. 왜 하필이면 내가 이 험한 길을 가야 하는지, 왜 이렇게 힘든 일을 해야 하는지 한숨을 쉬면서 간 것이 아니라, 염려와 두려움에 가득하여 그 길을 간 것이 아니라, 찬양하며 그 길을 걸어가고 있었다. 자신에게 명령하며 그렇게 찬양했다. "예루살렘아 여호와를 찬송할지어다/ 네 하나님을/ 감사함으로 그 앞에 나가며/ 주 임재 앞에 경배해."

힘든 길을 가면서 온 가슴에 찬양을 채우고 있다. 초대교회 제자들도 모두 약한 존재들이었다. 한때는 권력자의 위세 앞에서 두려워서 떨었고, 무너지기도 했다. 하지만 성령강림절에 주의 영에 이끌려 그들은 지금 길을 가고 있다. 에이든 토저 Aiden W. Tozer 의 말이 옳다.

> 초대교회는 능력으로 시작했고, 능력으로 움직였고, 능력을 가진 만큼 움직였다. 만약 오늘날 교회에서 성령을 뺀다 해도, 우리가 하는 일의 95%가 계속될 것이고 아무도 차이를 알지 못할 것이다. 만약 신약 교회에서 성령을 뺀다면, 그들이 행했던 일의 95%는 멈췄을 것이고 모두 그 차이를 알았을 것이다.[5]

그렇게 성령님께 사로잡힌 사도 베드로는 어려움 가운데서도 믿음을 지켜가고 있는 초대교회를 말씀으로 일깨운다. 박해로 인해 흩어져 나그네처럼 살고 있는 소아시아의 그리스도인들을 향해 주신 권면을 담고 있는 베드로 전후서는 "그리스도의 의를 힘입어 동일하게 보배로운 믿음을 우리와 함께 받는 자들"에게 말씀을 전하고 있음을 상기시킨다.

> 우리는 하나님을 기쁘시게 해드리는 삶에 어울리는 모든 것을 기적적으로 받았습니다. 그것은 우리를 하나님께로 초청해 주신 분을 우리가 직접 친밀하게 알았기 때문입니다. 그분의 초청은 이제껏 우리가 받은 초청 가운데 최고의 초청입니다. 또한 우리는 여러분에게 전해줄 멋진 약속도 받았습니다. 그 약속은 여러분이 욕망으로 얼룩진 세상에 등을 돌리고 하나님의 생명에 참여할 수 있는 입장권입니다.[6]

---

5   Peyton Jones, "In His Absence," *Christianity Today* (September 29, 2015)에서 재인용.
6   벧후 1:3-4, *The Message*.

은혜로 세움을 받았고, 놀라운 생명의 복음을 전하도록 세움을 받았다. 생명의 복음을 위해서 살도록 세우셨다. 이 최고의 초청, 그것을 확인시켜 주시면서 베드로는 두 번째 서신을 그렇게 끝맺는다. "그러므로 형제들아, 더욱 힘써 너희 부르심과 택하심을 굳게 하라. 너희가 이것을 행한즉 언제든지 실족하지 아니하리라" 벧후 1:10. 어려움이 가득한 삶이지만, 지금도 여전히 날 구원하시고 불러주신 분에 대한 감사와 감격이 끓고 있는지 묻고 있다. 생명을 드려서라도 그 생명의 복음을 전하고 싶은 복음의 열정이 여전히 불타고 있는지 묻고 있다. 아직 열정은 불타오르고 있는가?

교육 전도사 시절부터 나는 주로 중고등부 사역을 계속했다. 당시 나에게는 그것을 가슴 뛰게 하는 사역이었다. 젊은 가슴에 복음을 심어주고, 비전을 심어주는 일이 너무 행복했다. 학생들 가르치고 상담하고, 세워가는 기쁨에 밥을 안 먹어도 괜찮았고, 잠을 못 자도 상관이 없었다. 교회에 안 나오는 아이들이 있으면 고급 주택가 굳게 닫힌 대문을 노크했다. 1980년대 초, 고급 주택가에는 비디오폰이 설치되어 있어 벨을 누르면 먼저 신분 확인부터 해 왔다. 자녀가 다니는 교회 전도사라고 신분을 밝히면 문을 열어주는 집은 열 집 중에서 한두 집 정도였지만 개의치 않았다. 당시 비싼 아파트 동네도 마찬가지였다.

토요일 성경 공부하고, 아이들 상담하다 보면 늦은 시간이라 학교 생활관으로 돌아오지 못했다. 기다리는 사람이 있는 것도 아니고, 내일 아침 이른 시간에 다시 교회로 달려 나와야 해서 텅 빈 교회당 장의자에 누워 쪽잠을 잤다. 날씨가 추워지면 찬양대 연습실에서 가운 몇 벌을 가져와 덮고 잠을 청했다. 아침에는 주변 구멍가게에 가서 작은 우유와 빵 하나 사서 혼자 아침 식사를 했다. 아무도 알아주지 않아도, 수고한다고 말해주는 사람이 없어도, 밥 한번 사주는 이 없어도, 교회에서 주는 장학금이 없어도 그 일이 너무 좋았다. 나름대로 열정을 가지고 달려왔다고 생각했는데, 부목사로 섬기던 교회에서 만난 담임목사님 열정은 따라갈 수 없었다. 복음과 구령 열정, 교회와 성도들 향한 사랑의 열정은 따라갈 수가 없었다.

그분은 지난 2021년 10월, 총장 취임식에 오셔서 귀한 축시로 학교와 나를 축복해 주셨다. 큰 족자에 담아오신 그 시는 학교와 나에게 주신 축복기도이자, 광나루 동산의 젊은 신학도들이 복음의 열정으로 불타오르기는 바라는 교회의 기도를 담고 있어, 총장실에 걸어두고 임기 내내 그것은 내 기도로 바꾸어 주님께 드리곤 했다.

아차산 골짜기 위에/ 경건과 학문의 해가/ 영원히 지지 않게 하소서/ 뒤돌아본 120년/ 은총의 세월/ 함께 갈 내일/ 새롭게 땅끝으로 가야 할/ 오직 선교의 시간// 별 수 같고 모래 수 같은/ 순교자들과/ 선지자들을 길러내/ 오늘의 한국교회를/ 열방 위에 우뚝 세운/ 실로 영광스런/ 장신 선지동산이여

에벤에셀 임마누엘 야훼이레/ 그 신비의 가장자리에서/ 춤추며 노래하는/ 설교자로 예배자로/ 자신을 세운 이들에게/ 여호수아 같은 도전과 승리/ 바울 같은 사랑과 능력을/ 갑절로 입혀 주소서// 경건은 학문을 입고/ 학문은 경건을 품고/ 당신의 제자들을/ 돌아올 곳이 아니라/ 살아 돌아오지 못할 곳으로/ 살기 위해서가 아니라 죽기 위해/ 가야 할 곳으로 내보내십시오/ 교회가 쓰러지면/ 기도가 되어 일으키고/ 교회가 헐벗으면/ 한 벌 옷이 되어 입히고/ 교회가 벗고 있으면/ 한 켤레의 신발이 되어 신기고/ 교회가 울고 있으면/ 눈물이 되어/ 저들 눈에서 흐르시고/ 교회가 아프면/ 병이 되어/ 대신 아프게 하십시오

장신 캠퍼스 위에는/ 성령의 불이/ 꺼지지 않고 타오를 것이며/ 이 땅에 얍복강 광나루는/ 부서지고 깨진 선지/ 수많은 생도들이 브니엘의 아침을/ 보게 될 것이니/ 그때 한국교회는/ 다시 한번 초대교회 같은/ 1907년 평양 같은/ 부흥을 바라보며/ 한라에서 백두로/ 백두에서 땅끝으로 가면/ 이 땅은 제사장 나라/ 선교의 모국이 될 것입니다

우리 모두는 이 벅찬 감격으로 인해/ 이 선지 동산에 영원히/ 솔라 크리스투스/ 솔라 그라티아/ 솔라 피데/ 솔라 스크립투라/ 솔라 글로리아/ 주여, 아차산 골짜기 위에/ 경건과 학문의 해가/ 영원히 지지 않게 하소서.[7]

제 가슴에 불이 타고 있어서요

우리 주님을 더 가까이에서 따르자. 멀리에서 방관자로, 비판자로, 평가자로 서지 말고 가슴에 타는 불을 담고 따라가자. 평생 감당할 사역을 준비하고 있다면, 좀 더 적극적으로, 기쁨으로, 행복하게 그 일을 감당하자. 지금 여기에서부터 주님께 최고의 것을 드리는 연습을 하자. 말씀이 잠든 영혼을 다시 흔든다. "여호와는 말의 힘이 세다 하여 기뻐하지 아니하시며, 사람의 다리가 억세다 하여 기뻐하지 아니하시고 여호와는 자기를 경외하는 자들과 그의 인자하심을 바라는 자들을 기뻐하시는도다." 시 147:10-11.

'주여, 우리는 주님이 아니면 아무것도 아닙니다. 아무것도 할 수 없습니다. 주의 긍휼이 아니면 설 수가 없습니다. 주님, 도와주십시오.

---

[7] 고훈의 시, "아차산 골짜기에 경건과 학문의 해가 영원히 지지 않게 하소서: 김운용 22대 장신 총장 취임에 안산제일교회 고훈 원로목사," (2021년 10월 21일), 전문.

흔들리지 않고 달려갈 수 있게 꼭 붙잡아 주십시오.' 이런 고백으로 전심으로 주님을 의지하는 사람, 찾는 사람, 늘 가슴이 타는 사람, 그래서 찬양과 기도로 그 길을 가는 사람을 주님은 기뻐하신다. 그래서 권면하고, 선포한다. "예루살렘아, 여호와를 찬송할지어다. 시온아 네 하나님을 찬양할지어다."

그리스도인들이 영적으로 타락해 가는 현실을 보면서 인기에 영합하지 않고, 타협하지 않고, 하나님의 말씀을 강력하게 선포했던 20세기의 큰 설교자 A. W. 토저는 하나님의 사람의 중요한 특징으로 '하나님을 향한 열정'을 든다. "하나님에 대한 단순한 호기심이 아니라 그분의 모든 충만함 가운데 그분을 체험하기를 원하는 갈망이다. '나를 찾으라, 그리하면 살리라.' 하나님을 제대로 알아야 진짜 큰 기쁨을 맛볼 수 있다. 하나님을 향한 열정이 나의 미래를 결정짓는다."[8] 떨림과 감격, 온전한 갈망과 경외심과 같은 내적인 것들을 잃어버리고 외적인 것에 천착하면서 기독교는 차츰 저급하고 경박한 종교로 변질되고 있다는 토저의 지적은 옳다. 하나님을 가린 구름을 걷어 내야 한다.[9]

하나님께 대한 갈망, 시편은 그것은 '목마른 사슴'의 이미지로 설명한다. 그런 갈망으로 평생을 살았던 사람을 성경은 "내 마음에 합한 사람"행 13:22이라고 칭한다. '그 옛날 다윗처럼 우리의 마음이 그분을 찾기에 갈급하게 하시고, 주님으로 목이 말라 헐떡이게 하소서.' 하나님의 사람들은 그 열정에 압도당한 사람들이었다. 어떤 것도 중요하지 않다. 가슴이 불타고 있기 때문이다. 사명이 있기 때문이다. 오늘 우리도 여러 위기 상황을 보고 있고, 듣고 있고, 분석하여 정확히 인지하고 있다. 그 여정에서 실망하고, 불안해하고 있는가? "내 영혼아 네가 어

---

8 A. W. Tozer, *The Knowledge of the Holy* (San Francisco: HarperOne, 2019).
9 A. W. Tozer, 『God 갓 하나님』, 45.

찌하여 낙심하며 어찌하여 내 속에서 불안해하는가. 너는 하나님께 소망을 두라. 나는 그가 나타나 도우심으로 말미암아 내 하나님을 여전히 찬송하리로다." 본연으로 돌아갈 좋은 기회이다. 우리 가슴이 다시 복음으로 불타오른다면 교회는 희망이 있다.

17세기 청교도 신학자였던 존 오웬 John Owen 은 그의 책, *Biblical Theology* 서문에서 당시의 신학교육을 고민하면서 그렇게 적고 있다.

> 담대하게 선포하자! 하나님의 사랑으로 불타지 않는 사람은 그 누구든 모든 신학에 대해 외부인일 뿐이다." 그는 탄식하듯 그렇게 이어가고 있다. "오늘날 학생들 가운데 이런 종류의 열정을 찾아볼 수 있는가?… 누가 이런 마음을 가졌는가? 하나님의 진리를 자신에게 가장 사랑스럽게 가장 아름다우며 가장 귀한 것으로 삼고자 결심하는 자, 그 진리를 잘 알고 또한 그것에 따라 자기 스스로를 형성하고자 결심하는 자가 누가 있는가?

제네바 아카데미 Geneva Academy 는 제네바에서 개혁교회 운동을 시작하던 1541년부터 긴 기도로 준비하여 1559년이 되어서야 허락을 받아 시작된다. 젊은 신학자 데오도르 베자 Theodore Beza 가 학장을 맡았고, 첫 입학생은 162명이었다. 5년 후 300여 명이 되었고, 신학 공부를 위한 준비반 college 에 1천여 명의 학생이 공부하는 학교로 성장한다. 설교자, 목회자, 학자를 양성하여 유럽 전역에 개혁 신앙 확산에 결정적 역할을 감당하였다. 학교 설립 후 칼뱅이 유럽 교회들에 보낸 편지가 전해져 온다. "당신들은 통나무를 보내주십시오. 그러면 우리는 불붙는 장작을 만들어 교회로 돌려보내겠습니다. 불타는 화살을 만들어 보내겠습니다." 통나무와 같이 다듬어지지 않은 이들을 경건과 학문 훈련을 통해 복음으로 가슴이 불타는 사역자로 만들어 보내겠다는 의미였다. 불붙은 장작, 복음에 대한 열정으로 타오르는 사람이 우뚝 서 있었을 때 교회는 새롭게 세워진다는 것이 개혁 신학의 모토이고, 핵심이다. 교회는 복음으로 불타오르는 장작이 필요하고, 적진을 파할 불타는 화살이 필요하다.

복음 때문에, 교회 때문에, 죽어가는 영혼 때문에, 방황하는 영혼 때문에 가슴에 불이 타고 있는 사람이 누구인가? 하나님께서는 오늘도 사람을 찾고 계신다. 부르심 따라 나아온 사람들에게 다시 물으신다. 왜 그 길을 가려고 하는가? "나의 가슴에 불이 타고 있어서이다." 용감하게 대답하며 복음을 위해 일생을 달릴 사람, 주님을 위해서 달릴 사람, 그대인가? 그대인가? 찾고 계신다. 한 시인의 이야기가 떠오른다. 안데스산맥의 만년 설산, 깊은 곳에 사는 한 부족 마을을 찾아가는 길에 추위와 탈진으로 주저앉아 죽음의 공포가 엄습해 오는 상황이었다. 희박한 공기는 열 걸음만 걸어도 숨이 차게 만들었고, 발길 아래로 떨어지는 돌들이 아찔한 벼랑을 구르며 태초의 정적을 깨뜨리는 칠흑 같은 밤이었다. 어둠이 그렇게 무겁고, 무서운 것을 경험하면서 죽음의 공포에 떨고 있었다. 그때, 희미한 불빛 하나, 어둠 속에 길을 잃은 이들을 위해 부족 청년이 작은 등불 들고 마중 나왔다. 그 한 사람으로도 충분했다.

> 어둠이 크고 깊은 설산의 밤일지라도/ 빛이 있다는 걸 나는 알고 있다/ 거대한 악이 이해할 수 없는 선이/ 야만이 이해할 수 없는 인간 정신이/ 패배와 절망이 이해할 수 없는 희망이/ 깜빡이고 있다는 걸 나는 알고 있다/ 그토록 강렬하고 집요한 악의 정신이 지배해도/ 자기 영혼을 잃지 않고 희미한 등불로 서 있는 사람/ 어디를 둘러보아

도 희망이 보이지 않는 시대에/ 무력할지라도 끝끝내 꺾어지지 않는 최후의 사람/ …희망은 단 한사람이면 충분한 것이다/ …그대, 희미한 불빛만 살아있다면/ 그러니 그대 사라지지 말아라.[10]

---

10 박노해의 시, "그러니 그대 사라지지 말아라," 일부. 박노해 시집, 『그러니 그대 사라지지 말아라』 (서울: 느린걸음, 2010), 552.

11
*Admiration**

그대, 그분의 광대하심에 자신을 빠뜨리라

벌새는 1초에 90번이나 제 몸을 쳐서
공중에 부동자세로 서고
파도는 하루에 70만 번이나
제 몸을 쳐서 소리를 낸다
나는 하루에 몇 번이나
내 몸을 쳐서 시를 쓰나
— 천양희[1]

그 광대한 세계

최근 미국 NASA 비행 통제관(관제사)이 명령어를 잘못 입력하여 47년째 비행을 이어가고 있던 우주선이 교신이 끊겨 우주 미아가 될 뻔한 사건이 발생하여 언론의 주목을 받았다. 다행히 2주 만에 복구가 되었지만, 그로 인해 잊고 있었던 보이저호에 대한 관심이 아주 높아졌다. '가장 위대한 항해자'로 불리는 보이저호는 NASA의 Grand Tour Project로 발사된 무인 우주탐사선으로, 쌍둥이 탐사선이다. 2호가 한 달 먼저인 1977년 8월에, 1호가 한 달 후에 발사되어 지금까지 비행을 이어가고 있다. 지금도 지구에서 200억km 이상 떨어진 지점을 시속

---

1 천양희의 시, "벌새가 사는 법," 전문. 천양희 시집, 『너무 많은 입』(서울: 창작과 비평, 2005).

16만km 속도로 비행하면서 우주에 대한 정보를 지구에 송출하고 있다.

현재 보이저 1, 2호는 모두 '태양계'를 지나 '은하계'에 돌입했다. 태양계는 "태양과 그 중력에 이끌리는 주변 천체가 이루는 체계"를 말한다. 태양을 중심으로 공전하는 행성은 소행성대를 기준으로 안쪽에 있는 네 개의 고체 행성인 수성, 금성, 지구, 화성 등의 지구형 행성과 바깥쪽에 있는 네 개의 유체 행성인 목성, 토성, 천왕성, 해왕성 등의 목성형 행성이 있다. 반면 은하계는 우주를 구성하는 단위로 수천억 이상의 별, 가스성운, 암흑성운 등으로 이뤄진 천체 대집단을 지칭하는 용어이다. 1천만 개 정도의 항성을 가진 작은 은하계에서부터 100조 이상의 항성들을 가지고 있는 큰 은하계가 존재한다. 우주에는 이런 은하계가 1천억 개 이상 존재한다. 태양도 은하계를 공전하는 항성의 하나이다. 그렇게 비교한 글을 읽은 적이 있다. "은하계가 북아메리카 대륙 전체만 하다면 태양계 크기는 작은 컵 하나 정도이다." 그 먼 곳까지 우주탐사선을 보낸 인간의 지혜도 대단하지만, 주님의 창조 세계의 광대함에 새삼 놀라게 된다.

광대함과 감격

그 광대함에 눈뜬 사람이 성삼위 하나님께 올려드리는 멋진 찬양을 시편 8편은 들려준다. 고대 신앙인이 그 광대함을 이렇게 멋지게 묘사할 수 있을까 놀라게 된다. 사실 지식의 많음이 반드시 감탄과 감동과 정비례하지는 않음을 알게 해 준다. 창조주 하나님과 그분이 지으신 창조 세계에 눈을 뜬 시인은 감탄하고 있다. "여호와 우리 주여, 주의 이름이 온 땅에 어찌 그리 아름다운지요." 시의 첫 부분에서 아름다운 찬양을 올려드린 다음에는 그것을 설명하는 구조를 취한다. 중심 내용은 온 우주와 만물 속에 깃든 '하나님의 영광'이 주제이다. 그리고 마지막에 그 찬양을 반복한다. 신학적 지식이나 교리의 나열이 아니라 우주에 충만한 하나님의 영광과 창조 세계를 바라보며 찬양하고 있다.

익숙함의 늪에 빠진 현대인들을 향해 유진 피터슨은 오늘 말씀을 이렇게 새롭게 번역해서 들려준다. "주님의 거대한 하늘, 캄캄하고 광대한 하늘을 우러러봅니다. 손수 만드신 하늘 보석, 제자리에 박아 넣으신 달과 별들을. 그리고 한없이 작은 내 모습에 깜짝 놀랍니다. 우리가 무엇이기에 이토록 걱정하시고 우리 인생길이 무엇이기에 이토록 살뜰히 살피십니까?" 시 8:3-4, The Message.

지식이 발전하지 않은 시대를 살았지만 감탄하는 일에 있어서 시인은 우리를 훨씬 앞서간다. 하나님께서 지으신 거대한 세계를 macro-skies라고 하고, 자신을 micro-self라고 표현한다. 광대한 우주를 만드시고 다스리시는 창조주 하나님께서 나 같은 죄인에게 눈길 떼지 않으시고 살뜰히 살펴주시는 것에 감탄한다. 물론 그 시편의 핵심은 인간의 감탄이 아니라 하나님의 광대하심이다. 그분의 크심을 맛본 사람은 그냥 감탄과 찬양이 나오게 되어 있다.

모든 것은 성경의 첫 장 첫 구절에서 결정된다는 말이 옳다. "태초에 하나님이 천지를 창조하시니라" בְּרֵאשִׁית בָּרָא אֱלֹהִים אֵת הַשָּׁמַיִם וְאֵת הָאָרֶץ. 감탄으로 시작한다. 천문학이 광대한 우주를 탐구한다면, 신학은 그 광대한 세계를 창조하신 분을 탐구한다. הַשָּׁמַיִם 핫솨마임, 그 하늘들과 הָאָרֶץ 하아레츠, 그 땅를 보면서 감동이 가득하여 창조주 하나님의 크심을 탐구한다. 신학은 하나님을 설명하는 학문이 아니라 그분 앞에서 경외감과 놀람을 가지고 경배하는 학문이다. 그런 점에서 신학의 최종 귀착점은 영광의 찬송 doxology이 되어야 한다. 그 엄청난 세계를 경험한 사람은 감탄과 경이감에 사로잡혀 찬양하기 시작한다. 감탄이 없는 신학은 그 광대한 세계를 아직 맛보지 못했거나, 아니면 지금 제대로 그 길을 걷지 않고 있을 가능성이 높다. 우리 생애의 모든 것도, 시작도 마지막도 이 고백으로 귀결되어야 한다. "여호와 우리 주여, 주의 이름이 온 땅에 어찌 그리 아름다운지요"시 8:9.

어거스틴 Aurelius Augustinus 은 창조, 구속, 은혜를 설명하면서 모두 설명을 넘어서는 경이로움을 표현하기 위해 "하나님의 놀라운 일들" mirabilia Dei 이라는 용어를 사용한다. 지식은 우리를 교만하게 만들지만 놀라움은 우리를 겸손하게 만든다면서 '놀라움의 신학'이어야 한다고 주장한다. 그에게 있어 신학은 "하나님을 아는 지혜"이지만, 그분은 끝까지 측량할 수 없는 분이시기에 신학의 결론은 언제나 감탄과 찬미로 돌아가게 된다. 지식의 시작은 호기심으로 시작된다. 신학의 길은 하나님을 향한 탐구의 여정이지만 언제나 감탄과 찬미를 바탕으로 한 예배로 귀결되어야 한다. '놀라움' admiratio, mirabilia 의 주제는 그의 저서, 『고백록』에 잘 나타난다. 특히 10권과 11권에서 경이와 놀라움의 신학적 태도를 잘 보여준다. 『하나님의 도성』 역시, 인간 역사를 하나님의 섭리를 통해 이해하면서 하나님의 놀라움을 언급한다. 하나님의 창조와 구속 역사는 이성으로 다 설명할 수 없는 신비와 경이의 사건으로 이해한다.[2]

어려움 가득한 자리에서의 찬양

십자가를 통해서 나타난 하나님의 의와 복음, 타락한 인간을 향한 구속의 은혜에 대한 명료한 신학을 제시하는 로마서는 하나님의 의가 나타나 우리가 어떤 은혜를 입게 되었는지 구속 역사에 대한 긴 신학

---

[2] Augustine, *The Confessions*, 신선명, 신현복 역, 『고백록』(서울: 아침영성지도연구원, 2010), 10-11장; *The City of God*, 조호연, 김종흡 역, 『하나님의 도성』(고양: 크리스챤다이제스트, 2014), 참고.

적 진술이 제시된다. 그리고 11장은 그 진술의 총결론에 해당한다.

> 이 비할 데 없는 하나님의 엄청난 관대하심과 깊고 깊은 지혜! 우리는 결코 다 이해하지 못하며, 다 헤아려 알 수도 없다. 하나님을 설명할 수 있는 이 누구인가? 그분께 하실 일을 아뢸 수 있을 만큼 똑똑한 이 누구인가? 하나님이 조언을 구하시는 이 누구며, 그분께 도움이 된 이 누구인가? 모든 것이 그분에게서 시작하고 그분을 통해 일어나며 그분에게서 마친다. 영원토록 영광! 영원토록 찬양! 오 참으로 그러하기를!³

"영원토록 영광! 영원토록 찬양! 오 참으로 그러하기를." Doxology 영광의 찬송, 그것이 신학 연구의 최종 목적이다. "신학 연구의 최종 목적은 영광의 찬송 doxology이 되어야 하고, 될 수밖에 없다"고 한 미국 듀크대학교 제프리 웨인라이트 Geoffrey Wainwright의 외침은 그 여정을 걷는 이들에게 길을 잃지 않도록 안내한다. 그래서 그는 단호하게 "기독교 예배 doxology는 모든 신학 연구와 명제, 사역이 집결되어야 하는 집중점 point of concentration"이라고 주장한다.⁴ 거대한 신학의 거리를 누비면서 많은 것을 배우고, 신앙의 거인들을 만나고, 여러 가지 지식을 습득하지만, 그것이 예배와 경배로, 감탄과 경외로 나타나지 않는다면 우린 지금 제대로 걷고 있는 것이 아니라는 말이다.

긴 바벨론 포로기를 보내는 이들에게 들려주시는 위로의 말씀이 이사야 40장 이후로 기다랗게 펼쳐진다. 물 가운데로 지날 때도, 불 가

3　롬 11:33-36, *The Message*.
4　Geoffrey Wainwright, *Doxology: The Praise of God in Worship, Doctrine, and Life* (New York: Oxford University Press, 1980).

운데로 지날 때도 지키시며 보호하신다는 약속의 말씀은 늘 힘이 된다. 하지만 단순한 위로의 메시지를 넘어, 긴 포로 생활 가운데 힘든 시간을 보내고 있는 하나님의 사람들에게 창조신앙과 구속 신앙을 일깨운다. "야곱아 너를 창조하신 여호와께서 지금 말씀하시느니라. 이스라엘아 너를 지으신 이가 말씀하시느니라. 너는 두려워하지 말라. 내가 너를 구속하였고, 내가 너를 지명하여 불렀나니 너는 내 것이라"사 43:1. 이방 땅에서 70년 포로 생활을 하는 동안 신앙의 토대가 다 무너졌다고 실망하는 이들에게, 너무 힘든 삶의 문제에 지쳐 있는 이들에게 들려주는 말씀이다. "내가 너를 창조하였다, 내가 너를 구속하였다. 너는 내 것이다." 여기에는 창조 신학, 구속 신학, 하나님 주권 신학이 담겨 있고, 그 메시지는 그 신앙으로 다시 일어서라는 외침과 연결된다. 광대한 우주를 창조하시고, 한 치 오차도 없이 통치하시는 하나님, 그분에 대한 생생한 믿음의 회복을 요청하신다.

성삼위 하나님의 살아계심을 믿는다는 것은 단순히 교리나 신학적 명제에 대한 동의가 아니다. 그것은 삶으로 살아내고 경험하고, 고백하고, 증언하고, 간증하고, 선포하는 신앙의 '실재'이다. 연구하는 신학이 단순한 지식으로 끝나지 않고 삶이 되고 고백이 될 때 그것은 세상을 바꾸는 진리가 될 수 있다. 나도 이른 나이에 신학 공부를 시작하여, 고민도 많았고, 어려움도 많았다. 삶의 위기와 이해하기 어려운 인생의 난제들도 있었다. 기도로 씨름하고 있을 때 분명하게 각인시켜 주신 것이 있었다. '에벤에셀, 내가 너를 여기까지 도왔다, 여호와 이레, 여호와의 산에서 준비되리라.'

대학 3학년 때 부모에게서 독립을 선언하고 입주 과외 지도를 하면서 대학과 신대원 과정을 마쳤다. 월급을 받으면 헌금과 교통비를 제외하고 다 모았지만, 등록 때가 되면 늘 부족했다. 그 학기는 학점도 잘 받았는데, 더 열심히 한 친구들이 많아서인지 장학금도 못 받았고, 열심히 저축을 했지만, 5-6만 원 정도가 부족했다. 그때 학교 등록금이 60만 원 정도였으니 결코 적은 돈이 아니었다. 결국 금식하면서 기도의 자리로 나아갔다. 등록 기간을 몇 번을 넘긴 후에도 수업은 계속 들어갔다. 그런 어느 날, 게시판에 '학생처로 오라'는 쪽지가 붙어 있었다. 달려가니 66,000원 장학금이 나왔단다. 무슨 장학금이 10만 원도 아니고, 60만 원도 아니고, 66,000원이냐고 의아해했다. 지금도 그렇지만 그때도 그런 작은 장학금은 없었다.

    6만 원이 부족해서 기도하고 있었는데 6천 원을 보너스로 붙여주셨다. 전율이 일어났다. 당시 나는 밥은 굶더라도 십일조는 정확히 계산해서 드렸기 때문에 하나님께서 십일조까지 계산해서 주신 것이었다. 나중 알고 보니 어떤 분이 학교 관계 일을 끝내면서 잔돈이 남아서 그거 필요한 학생에게 주라고 안 받아 간 것이었다. 그때 나에게 '여호와 이레, 에벤에셀'은 단순한 신학적 교리가 아니었다. 울게 만드는 삶의 실재였고, 고백이었다. 66,000원! 그것은 염려의 늪에 빠질 때마다 늘 나를 일깨워 주는 표지판이었다.

그 광대하심에 자신을 빠뜨리라

    '시퍼렇게 살아계신 하나님', 그 신학적 명제가 신학적 실재가 되고, 경험과 고백으로 바꾸고, 치열하게 삶으로 체화하는 훈련을 하라. "나는 '정말' 온 우주를 창조하신 하나님을 믿는 사람인가? 나는 정말 홍해를 가르시고, 요단강을 가르신 하나님, 여리고 성을 무너뜨리신 하나님, 골리앗을 쓰러뜨리신 하나님, 감옥 문을 여신 하나님, 죽은 자를 살리신 하나님, 그분을 정말 믿는 사람인가?" 거기에 확실하게 '아멘'

이 나와야 하고, 그렇다면 거기에서 만족하거나 멈추지 말고, 왕 되신 그분께 순종하는 훈련, 더 영원한 것에 마음을 두고 사는 훈련으로 이어져야 한다.

성경은 인간의 두뇌로는 다 표현할 수 없고 이해할 수 없는 차원을 신비, 혹은 비밀 μυστήριον로 표현한다. 골로새서에는 감추어져 있다가 하나님의 계시로 환히 드러난 구원의 비밀을 지칭하는 용어로 사용한다. 어떻게 하나님의 독생자가 인간의 몸을 입고 이 땅에 오실 수 있는지, 말로 다 설명할 수 없어서 '예수 그리스도는 하나님의 비밀이신지라'고 표현한다 골 1:26-27. 이방인이 복음을 받아들이면서 하나님의 백성이 되는 사건과 부활 사건 역시 신비로 설명한다 엡 3:3-6, 고전 15:51. 말로 다 설명할 수 없고, 인간의 머리로 이해할 수 없는 신적 차원을 이 한 단어가 포괄한다.

뇌성마비로 학교 문턱도 밟지 못했지만, 온 삶으로 그 신비를 경험한 한 시인은 모두에게 가슴 벅찬 노래를 들려주어 감탄하게 했던 이가 있었다.

"예수 그 이름"

"예수 그 이름 나는 말할 수 없네/ 그 이름 속에 있는 비밀을 그 이름 속에 있는 사랑을/ 그 사랑을 말할 수 없어서 그 풍부함 표현 못해서/ 비밀이 되었네 그 이름 비밀이 되었네/ 사람들 그 이름 건축자의 버린 돌처럼 버렸지만/ 내 마음에 새겨진 이름은 아름다운 보석/ 내게 있는 귀한 비밀이라/ 내 마음에 숨겨진 기쁨/ 예수 오 그 이름 나는 말할 수 없네."[5]

---

5   송명희의 시, "예수 그 이름."

한 작곡가가 거기에 곡을 붙여 한국교회의 가슴 벅찬 노래가 되지 않았던가? 그 이름의 신비에, 그 사랑의 광대함에 자신을 던진 사람, 그래서 그것을 맛본 사람의 고백이다.

'나 자신을 하나님의 광대하심에, 신비의 세계에 던져 보라. 하나님의 세계에 나를 빠뜨리고, 그분의 손에 온전히 붙잡히는 훈련을 계속하라.' 영성 신학자 토마스 머튼 Thomas Merton 은 그 광대한 세계를 탐구하기 위해 나선 사람들에게 조언한다. "하나님께서 우리를 찾아서, 우리를 소유하실 수 있도록 조용함과 질서정연함을 통해 우리를 둘러싼 세상의 굴레에서 해방되는 법을 찾는 데 집중해야 한다."[6] 진리를 받아들일 수 있도록 마음을 열라는 충고이다. 다 안다는 오만과 지적 교만에서 벗어나라는 말이다. 탐구하는 신학적 지식이 우리 삶의 실재가 되어야 한다는 조언이다. 우주를 지으시고 다스리시는 광대하신 하나님을 믿는가? 그렇다면 그 고백에 걸맞은 삶을 만들어 가라. 시시한 것, 사소한 것에 목숨 걸지 말고, 영원한 것에 내 인생을 거는 훈련을 계속하라. 지금 우리는 그리스도인으로 사는 훈련을, 창조주이시며 나의 구주이신 주님을 인생의 최고 자리에 모시는 훈련을 하고 있다.

담임 목회를 하다가 늦은 나이에 미국에서 유학하면서 솔직히 엉덩이로 버티었다. 도서관 문 열면 나가서 문 닫을 때까지, 문 닫은 후에는 강의실로 가서 밤늦게까지 공부했지만 늘 역부족이어서 몸부림쳤다. 내가 공부했던 학교에서는 박사과정 학생들에게는 도서관에 넓은 캐럴 carrel 을 배정해 주어 논문 쓸 때 큰 도움이 되었다. 아침에 도서관에 나가 공부를 시작하면서, 그리고 마치고 방을 나오면서 책상 앞에 붙여 놓은 말씀을 늘 고백하곤 했다.

---

6 Thomas Merton, *Life and Holiness* (New York: Image Books, 1963), 29.

> "Put God first in everything you do,
> and God will crown your efforts with success!"
>
> 잠 3:6, Phillips Version

　신학의 원시림을 탐구하면서, 아침 일찍부터 저녁 늦게까지 책을 읽고, 논문을 완성하기 위해서 몸부림치면서 최종 집중점을 잃지 않으려는 작은 몸부림이었다. 공부의 최종 목적, 인생의 최종 목적은 그리스도, 그리스도의 십자가 복음이기 때문이다. 삶과 학업과 사역에 하나님을 첫 번째 자리에 모시려고 노력하라. 그러면 하나님께서 그 모든 노력을 빛나게 하실 것이다. 화관을 씌워주실 것이다. 우리의 목표는 보이저호가 47년 동안 비행하면서 하나님이 지으신 창조 세계의 광대함과 신비를 탐사하여 전송하듯 성삼위 하나님의 광대하심에, 복음의 신비에 나 자신을 빠뜨리는 것이고, 발견한 그 신비를 전하는 것이 사역이다.

　1980년대에는 국내에서 영어 원서를 구하는 것이 그리 쉽지 않았다. 복음 선교선 로고스 호가 인천항에 한 달 정박한다는 뉴스를 듣고 그곳에 내려갔다. 당시 로고스 호는 전 세계를 돌아다니면서 문서 선교를 했고, 승무원들은 선교사였다. 책을 둘러보다가 한 승무원에게 부탁했다. 신학을 공부하는 사람인데, 내가 꼭 읽어야 할 책을 한두 권만 추천해 달라고 했다. 그분은 일말의 망설임도 없이 두 권의 책을 찾아주었다. 도날드 블로쉬 Donald G. Bloesch 의 *The Crisis of Piety*와 제임스 패커 James I. Packer 의 *Knowing God*이라는 제목의 책이었다.[7] 서울로 돌아오는 전철에서 한 책의 첫 부분을 읽는데 전율이 일어났다. 오래전, 그 기억이 떠올라 책을 찾아 다시 읽는데, 그때의 감격이 새롭게 느껴졌다.

7　Donald G. Bloesch, *The Crisis of Piety: Essays Towards a Theology of the Christian Life* (Grand Rapids: Eerdmans, 1968); James I. Packer, *Knowing God* (Downers Grove: InterVarsity Press, 1973).

하나님의 택함 받은 사람들이 연구해야 할 가장 합당한 주제는 하나님이 어떤 분이신가에 대한 것이다. 예수 그리스도께서 나의 아버지라고 불렀던 그분, 위대하신 하나님의 이름, 본성, 성품, 행하신 일과 통치하심, 그분의 실재에 관해 연구하는 것은 가장 차원 높은 학문이며, 가장 고상한 성찰이며, 가장 강력한 철학이다…. 하나님을 알아가는 이 최고 학문에 접하게 되면 우리의 다림줄로는 그 깊이를 잴 수가 없으며, 날카로운 눈으로도 그 높이를 결코 알 수 없음을 깨닫게 된다. 이 주제는 우리를 겸손하게 해 주며, 지식을 넓혀 준다…. 삶 전부를 확대해 주며… 상처를 싸매 주며 치유하는 향유가 된다. 성삼위 하나님의 깊고 깊은 광대한 바다에 자신을 던져 보라. 하나님의 광대하심에 자신을 빠뜨려 보라…. 하나님이 어떤 분이신지 경험하게 되고, 그분이 어떤 분이신지를 알게 된다면 슬픔과 비탄의 굽이치는 파도 속에서도 평온함을 누릴 수 있게 될 것이다. 시련의 광풍 속에서도 진정한 평화를 찾게 될 것이다. 이 아침, 이 주제 가운데로 여러분을 초대한다."[8]

하나님을 아는 지식의 고상함을 새롭게 인식하게 되었다. 그때 산 책을 지금도 종종 꺼내 읽으면서 그때의 감격을 반추하곤 한다. 지난 며칠, 한 시인의 시가 계속 입에 맴돌았다.

바다의 주인은 하늘입니다/ 하늘이 되고자 하진 않습니다/ 다만 섬 길 뿐입니다/ 하늘 향해 수그리고/ 또 수그린 시간만큼/ 깊어졌습니다/ 주인의 얼굴을 그리워하고/ 그리워한 만큼/ 넓어졌습니다/

---

8   James I. Packer, *Knowing God*, 13-14.

주인께 정직하고/ 유리처럼 투명하게/ 마음을 닦고 닦았더니/ 하늘빛이 되었습니다/ 바다는 주인을/ 속이지 않습니다.[9]

이것이 나의 고백이기를 원하고, 주님을 구주로 고백하는 모든 이들의 고백이 되었으면 좋겠다. 하늘이 되려고 하지 말고, 자신이 하늘인 것처럼 목에 힘주지 말고, 군림하려고 하지 마라. 교회는 그런 사람들 때문에 어려워지고, 교회의 영광이 땅에 떨어지고 있다. 오늘 여기에서 그 고백을 새롭게 하며 살자. 내가 하늘인 것처럼 살지 말고, 어떻게 하늘을 담아내고, 하늘빛을 드러낼 것인지를 더 고민하면서 살자. 감탄이 회복된 자만이 그 길을 바로 걸어갈 수 있기 때문이다.

---

9 정명성의 시, "하늘빛 바다," 전문. 정명성 시집, 『하늘빛 바다』(서울: 한국기독교연구소, 1999).

12

Hope*
참 어리석은 그대들이 희망이다

끙끙 앓는 하나님
누구보다도 당신이 불쌍합니다
우리가 암 덩어리가 아니어야
　　　당신 몸이 거뜬할텐데
피둥피둥 회충 떼처럼 불어나며
이리저리 힘차게 회오리치는
온몸이 혓바닥뿐인 벌건 욕망들
　　　　　　　　— 최승호[1]

어리석음의 대명사

　그레코로만 시대, 초대교회 그리스도인들은 어리석음의 대명사로 통했다. 그들이 예배하고, 전하는 예수 그리스도 역시 어리석음의 상징이었다. 2세기 말에서 3세기 초반 것으로 추정하는 "알렉사메노스 벽면 낙서 그림" Alexamenos graffito 이 전해져 온다. 로마 막시무스 경기장 the Circus Maximus, 팰라틴 힐 Palatine Hill 경비초소 회반죽 벽에 새겨진 낙서 벽화이다. 현존하는 예수님을 그린 그림으로는 가장 오래된 것이다. 특징적인 것은 이 벽화가 십자가에 달린 예수님을 '당나귀 얼굴'로 표현하고

1　최승호의 시, "몸," 전문. 최승호 시집, 『세속도시의 즐거움』(서울: 세계사, 2006).

Alexamenos Graffito

있다는 점이다. 그래서 "불경스러운 낙서 벽화" graffito blasfemo 로 지칭한다.

당나귀 얼굴을 한 예수님은 십자가에 매달려 있고, 그 옆에 한 사람이 서 있다. 손을 들고 서 있는 모습이 기도하는 것 같기도 하고, 경배하는 것 같기도 한다. 밑에 휘갈기듯 헬라어 글씨가 새겨져 있다. "알렉사메노스는 그의 신을 예배하고 있다" ΑΛΕξΑΜΕΝΟC CεΒΕΤΕ θΕΩΝ, Alexamenos worships [his] God. 아래 사진은 글씨를 선명하게 볼 수 있게 정리한 것이다.[2]

당시 로마 사회에서 당나귀는 어리석음의 상징이고 경멸의 대상이었다. 십자가에 달리신 예수님을 당나귀 얼굴로 그린 것은 어리석음, 그 자체라는 의미를 담고 있고, 그를 따르는 그리스도인에 대한 경멸의 시선이 고스란히 담겨있다. 그도 그럴 것이, 그들이 증언하는 복음의 핵심인 '십자가'는 당시엔 식민지의 중죄인과 노예에게나 부과되었던 치욕스러운 형벌의 상징, 즉 사형 틀이었다. 그런데 그것이 영원한 생명을 부여하는 구원의 길이라니, 참 어리석은 사람들이다. 좀 고상한 철학이라면 모를까 귀담아들을 필요도 없는 유치하고 어리석은 교리이다. 그런 분위기를 잘 알고 있었던 당시의 한 설교자는 이렇게 고백한다. '십자가의 못 박히신 그리스도를 전하는 것 자체가 유대인들에게는 거침돌이었고 다른 민족에게는 어리석은 것이었다' 고전 1:23.

---

2 김운용, 『하늘 신비를 드러내는 설교』(서울: 장로회신학대학교 출판부, 2025), 123-25.

이어지는 어리석은 이들의 행렬

　구약이 가장 많은 장을 할애하는 다윗의 스토리에서도 그런 어리석음을 읽게 된다. 억울한 누명을 쓰고 도망자의 삶을 살고 있던 다윗에게 정적 사울을 제거할 수 있는 절호의 기회가 주어졌다. 그런데 그는 그 기회를 흘려보내고 만다. 한번이 아니라 몇 번을 그리했다. 평생의 억울함을 한 방에 날려 버릴 좋은 기회가 왔는데 그 기회를 놓치고 만다. 부하들은 그걸 절대 놓치면 안 된다고 강하게 건의도 했다. '이런 절묘한 기회는 다시 오지 않을 것입니다. 이건 하나님께서 주신 절호의 기회입니다.' 그런데 그는 그 기회를 그냥 흘려보내고 있다.

　그의 생각과 관점은 확고했다. "내 손을 들어 내 주를 해하지 아니하리니 그는 여호와의 기름 부음을 받은 자이기 때문이라"^{삼상 24:10}. '하나님을 앞서지 않겠다'는 뜻이었다. 하지만 그러다가 죽은 사람도 많고, 인생 종친 사람도 많이 있다. 아무리 생각해도 '어리석음' 그 자체이다. 하루도 마음 편히 잠들지 못하고 들로 산으로 도망 다녀야 했던 게 벌써 몇 년이었던가. 하나님께서 그것을 원치 않기 때문이라고 말하지만 해석하기에 따라 다르다. 하나님이 주신 기회로도 볼 수 있고, 그 고난을 해결하시는 하나님의 응답으로도 볼 수 있다. 그런데 그는 참 어리석은 결정을 내린다. 성경에는 그런 어리석은 행보를 이어가는 사람들의 이야기가 계속 들려온다.

　고린도에 교회가 세워질 때, 그 도시에 처음 들어갈 때 바울은 참 두렵고 떨었다고 전한다^{고전 2:3}. 하지만 그곳에서 귀한 동역자인 브리스길라와 아굴라를 만났고^{행 18:1-3}, 마케도니아에 파송한 실라와 디모데도 그 도시로 와서 함께 힘을 모았다^{행 18:5}. 1년 6개월 동안 정말 열심히 사역한 결과 그 도시에 교회가 세워졌다. 그런데 그가 다른 도시에 복음을 전하기 위하여 떠나있었을 때 교회는 심각한 문제에 휩싸였다.

파벌, 다툼, 음행, 성적 타락, 율법, 은사, 부활 이슈와 관련한 신학적 혼란 등이 그 교회를 와해시킬 수 있는 상황에 있었다.

그 교회의 문제에 대한 실질적 답을 주기 위해 바울은 에베소에서 편지를 써 보낸다. 그것이 고린도서이다. 교회의 문제에 대한 '목회적 대응의 고전'이란 평가를 받는다. 그 도시와 교회가 앓고 있는 영적 질병에 대한 해법이 무엇이었는가? 십자가였다. 당시 로마 사회에서는 수치와 어리석음의 상징이었던 그것이 과연 교회 문제의 해법이 될 수 있을까?

그 대답은 확고했다

하지만 성경의 대답은 분명하고 확고하다. "십자가의 도가 멸망하는 자들에게는 미련한 것이요, 구원을 받은 우리에게는 하나님의 능력이라." 세상 사람들이 어리석음의 징표라고 여기는 십자가, 어리석음의 절정이라고 여기는 십자가의 도, 어리석은 사람들의 잠꼬대로 여겨지는 복음이, 영적 질병의 치료제라고 말한다. 아니, 그 복음을 위해서 '어리석은 자'로 자처하며 살겠단다. "누가 우리의 구원자입니까? 누가 영원히 섬길 왕입니까? 누가 영원히 예배할 구세주입니까?" 백번 물어도 그들의 대답은 한결같이 똑같았다. 예수 그리스도, 십자가의 피 묻은 복음. 그들의 대답은 확고했다. 타락한 세상을 향해 그들은 담대하게, 선명하게, 확고하게 그 메시지를 전하고 있다. 조롱을 받아도, 옥에 갇혀도, 고문을 당해도 그들은 굴하지 않고, 그 십자가 이야기를 이어간다.

1870년, 고고학자들이 또 다른 장소에서 그 조롱거리에 대한 알렉사메노스의 대답이 적힌 벽화를 발견했다. 그 젊은 그리스도인은 조롱하는 세상을 향해 담대하게 외친다. "나 알렉사메노스는 그리스도께 충성을 다한다!" 생명을 걸고 그 주님을 섬기고, 그 주님을 예배하겠다고 한다. 조롱하는 세상을 향해 담대히 외치고 있다. 그 젊은이는 일어나 예배하고 있고, 그 십자가의 복음을 자랑스럽게 증거한다. 모두 경멸하고 조롱하는 '그 사형 틀'은 하나님의 구원 방법이었고, 구원의 역사를 이루신 징표였다.

흔히 오늘의 시대를 VUCA로 칭한다. 미군에서 처음 사용하였는데, 이제는 오늘의 시대를 규정하는 핵심 용어가 되었다. 변동성 Volatility, 불확실성 Uncertainty, 복잡성 Complexity, 모호성 Ambiguity의 첫 글자를 딴 것이다. 변화의 속도가 빠르고 다양하게 전개되는 시대, 미래 상황에 변수가 많아 예측하기 어려운 시대, 인과관계가 단순하지 않고 다양한 요인이 작용하는 시대, 뚜렷한 현상이 없어 판별하기 어려운 시대를 지칭한다. 코로나 상황을 지나면서 'BANI 시대'로 명명하기도 한다. 취약성 Brittle, 불안성 Anxious, 비선형성 Non-linear, 불가해성 Incomprehensible을 특징으로 하는 시대라는 뜻이다. AI는 삶의 편리성, 유용성, 효율성을 높여주겠지만 다양한 영역에서의 많은 변화가 예고된다. 탈종교화가 가속될 것이며 자본주의가 양산하는 물질주의와 세속화의 물결은 더 거세질 것이다. 이런 급변하는 세상 속에서 우리가 붙잡아야 할, 전해야 할 '불변의 진리' Unchanging truth in the changing world는 무엇인가? 성경과 성삼위 하나님의 대답은 분명하다. 초대교회의 대답도 명료하다.

십자가의 도가 멸망하는 자들에게는 미련한 것이요, 구원을 받은 우리에게는 하나님의 능력이라… 유대인은 표적을 구하고 헬라인은 지혜를 찾으나 우리는 십자가에 못 박힌 그리스도를 전하니 유대인에게는 거리끼는 것이요, 이방인에게는 미련한 것이로되 오직 부르심을 입은 자들에게는 유대인이나 헬라인이나 그리스도는 하나님의

능력이요, 하나님의 지혜니라.[3]

당신은 무엇을 믿는가

그것에 대한 확고한 믿음이 있는가? 전하겠다는 그 진리에 생명을 걸 수 있겠는가? 그렇다면 우리 시대는 안심해도 된다. 한국교회는 안심해도 된다. 그러나 그러한 확신이 희미하다면 이야기는 달라진다. 영원한 생명의 복음에 대해서 확신도, 열정도 없고, 사역마저도 먹고 살기 위한 수단이라면 이야기는 달라진다. 세상의 지혜를 좇아 분주한 사람들로 신학교가 가득하다면 이야기는 달라진다. 생명력이 없는 교회에 사람들이 더 많이 모여들수록 문제가 될 수 있다.

영국 현대 예술가인 데미안 허스트 Damien S. Hirst의 2007년도 작품인 "God Alone Knows"가 국내에서는 "누구도 모른다"는 제목으로 소개되었다.

"God Alone Knows"(2007)
© Damien Hirst and Science Ltd

'하나님'이란 단어를 일부러 감추기 위해 의역을 한 것이다. 허스트는 이 작품을 만들고서 제목을 "오직 하나님만 아신다"로 정한다. 허스트가 초기 교회의 벽화를 보고 영감을 얻은 것인지는 확인할 수 없지만, 그는 당나귀 대신에 '양'을 오브제로 사용한다. 죽은 양을 십자가에 매달아 놓은 형태로 작품을 구성한다. 첫 번째 그림에서 보는 대로, 세 작품이 연속적으로 이어지는 형식인

---

3 고전 1:18, 22-24.

'트립틱'Triptych의 작품이다. 대리석 기단부 위에 유리, 도색 된 스테인레스 스틸, 실리콘, 거울, 고정 띠, 양과 포름알데히드 등을 재질로 사용한다. 중앙부 작품은 380×201×61cm 크기이다. 두 번째 그림은 가운데 작품을 확대한 것이다.

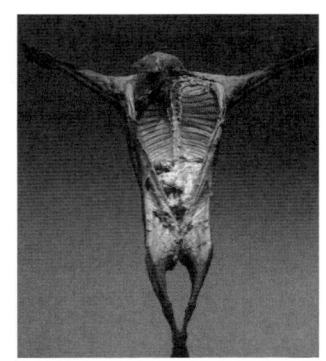

유대 문화권에서는 어린 양은 희생제물이었기 때문에 흔히 세상 죄를 지고 가는 메시아 상징으로 사용한다. 하지만 어린 양은 고집이 세고, 눈과 귀가 어두워 '맹목성과 어리석음의 상징'으로도 이해되었다. 허스트는 죽은 양을 십자가 형태로 매달아 포름알데히드가 가득 차 있는 유리통에 집어넣는 형식으로 작품을 구성한다. 그리고 그 앞에 서 있는 관객들에게 질문을 던진다. "지금 당신은 무엇을 믿고 있는가?" 대답할 말을 찾는 이들에게 속삭이듯 그는 말을 걸어온다. "표상은 중요하지 않다. 중요한 것은, 표상 너머에 있는 그 무엇과 자신과의 관계이다. 표상 너머에 존재하는 그분이 내 삶을 지배하지 않는다면 온전한 신앙생활을 하는 것이라고 할 수 없다."

다시 말하자면, 십자가에 달리신 그분 앞에 서 있는 우리에게 질문을 던진다. 당신에게 그리스도는 누구인가? 어리석음의 상징인 당나귀로 여기는 세상을 향해 그분은 생명의 구세주이시라고 외칠 확신이 있는가? 그리고 허스트는 두 번째 질문을 우리에게 던진다. "당신은 스스로와 그분과의 관계에 충실한가?" 그렇다. 나는 생명 다하는 그날까지 그분을 예배할 것이며, 내 젊음을 걸고 그분을 섬길 것이다. 나는 지금 그분께 충성을 다하고 있다. 이렇게 고백하는 사람이 우뚝 서 있을 때 그 땅에 하나님의 교회가 세워질 것이며, 하나님 나라가 견고하게 세워질 것이다.

"누가 당신의 구원자입니까? 그리스도는 당신이 영원히 섬길 왕입니까? 영원히 예배할 구세주입니까?" 백번 물어도, 아니 목숨을 내놓아야 하는 자리에서도 초대교회 그리스도인들의 최종 대답은 언제나 한 가지였다. 백번 물어도 답은 언제나 한가지인 '백문일답', 답은 예수 그리스도이다. 그들의 대답은 언제나 확고했다. 당시의 상황에서 그들은 참 어리석은 사람들이다. 하지만 그들이 있어서 주님의 교회가 세워졌고, 그 나라와 민족이 생명의 주님께 돌아왔다.

대학생선교회를 이끌었던 총재 김준곤은 젊은이들에게 물었고, 그들은 대답한다. 해마다 CCC 수양회 마지막 날에 참석자들 향해 던지셨던 질문들이었다. 그것이 모아져 백 가지가 되었고, 피 토하듯 물으시는 질문이 젊은 가슴을 흔들어 놓았다. 그들은 목이 터져라 외쳤다. '예수 그리스도!' 그중 몇 가지만 우리도 외쳐보자.

백문일답
(김준곤)

우리 생의 주인이 누구입니까? 예수 그리스도! 우리 삶의 이유가 무엇입니까? 예수 그리스도! 우리가 여기 왜 있습니까? 예수 그리스도! 여러분의 인생 목표는 무엇입니까? 예수 그리스도! 어떻게 하면 죄 사함을 받습니까? 예수 그리스도! 영원한 생명을 어떻게 얻을 수 있습니까? 예수 그리스도! 병든 사람에게 전해 줄 메시지는 무엇입니까? 예수 그리스도! 행복한 가정이 되는 비결은 어디 있습니까? 예수 그리스도! 바른 교육은 어떻게 할 수 있습니까? 예수 그리스도! 부자들이 들어야 할 메시지는 무엇입니까? 예수 그리스도! 가난한 사람들이 들어야 할 메시지는 어디 있습니까? 예수 그리스도! 역사의 주권자는 누구입니까? 예수 그리스도! 어디에 생명이 있습니까?

예수 그리스도! 누가 우리를 죽음에서 부활시킵니까? 예수 그리스도! 누가 궁극적으로 인류를 통치하십니까? 예수 그리스도! 전 인류에게 전해야 할 복음은 무엇입니까? 예수 그리스도! 누가 우리 삶의 진정한 주인이 되십니까? 예수 그리스도! 이 세상 끝까지 함께 하시는 분이 누구입니까? 예수 그리스도! 우리를 죽도록 사랑하시는 그 분의 이름을 누구십니까? 예수 그리스도! 우리가 죽도록 사랑해야 될 그 분은 누구입니까? 예수 그리스도…!

참 어리석은 그대들이 희망이다

어리석음은 하나님의 방법이었다. 그래서 십자가의 도, 복음의 진리는 하나님의 어리석음으로부터 시작되었다. '어리석음'이라는 말을 하나님께 붙이는 것 자체가 불경스럽다. 하나님을 떠난 인간을 구원하시기 위해 하늘 보좌를 버리고 이 땅에 오신 것 자체가 이해할 수 없어서, 흉내도 낼 수 없어서, 죄인들이 이해할 수 있도록 '어리석다'고 표현한 것뿐이다. "이 세상이 자기 지혜로 하나님을 알지 못하므로." 계산할 줄 모르시는, 아니 계산하지 않으시는 '하나님의 어리석음'이 우리를 구원했고, 그것이 세상을 살리고 교회를 살린다. 그리스도인들은 "십자가에 못 박힌 그리스도"가 삶의 이유였다. "이방인들에게는 미련한 것이로되 오직 부르심을 받은 자들에게는 그리스도는 하나님의 능력이요, 하나님의 지혜니라."

우리도 그 진리를 따라 살 것인가? 텅 빈 들판이라도 복음의 등불을 들 것인가? 타락한 도시를 향해 그 등불을 들고 달려갈 것인가? 장로회신학대학교 124년 역사는 그 어리석은 사람들이 하나님의 교회를 세운 역사이다. 새로 단장된 도서관 '장신 래거시' PUTS Legacy 에 가 보라.

하나님의 어리석음에 사로잡혀 생명을 걸고 교회를 세운 자랑스러운 선배들을 만날 수 있을 것이다.

평양 장대현교회 맹관호 장로의 아들, 맹의순 전도사 이야기를 들은 적이 있는가? 해방 후 온 가족이 월남하였고, 연희전문학교를 다니다가 목사가 되기 위해 신학교로 편입했다. 남대문교회 중등부 전도사로 사역하던 중 한국전쟁이 발발했다. 피난을 가던 중 대전 부근에서 인민군 첩자로 오인을 받아 미군에게 체포되었고, 거제 포로수용소에 갇힌다. 그는 당국의 허락을 받아 수용소 안에 교회를 세운다. 교회 이름은 '광야교회'였다. 열악한 여건 속에서 죽어가는 중공군 환자들을 희생적으로 돌보아주며, 그리스도의 사랑을 실천한다. 다행히 남대문교회 배명준 목사를 포함하여 지인들의 노력으로 그의 신분이 밝혀졌다. 이제 그는 석방될 수 있었지만, 풀려나는 것을 거절하고 그곳에 남는다. 그가 돌보던 중공군 포로 환자들을 내버려두고 갈 수가 없었기 때문이었다. 그곳에서 그들을 돌보다가 그는 과로로 쓰러졌고, 회복되지 못하고 주님 품에 안겼다. 그의 장례식 때 낭독한 중공군 포로 환자의 추도사가 전해져 온다.

우리는 서로 말이 통하지 않던 이방인들이었습니다. 우리처럼 포로 옷을 입은 그가 미군 의사들을 도우며 병동을 찾아오던 초기에 우리는 그를 경멸하고 무시했습니다. 그러나 그의 얼굴은 늘 온화했고, 그의 행동은 희생정신으로 언제나 꾸밈없이 여일했습니다. 그래도 우리는 별로 관심을 두지 않았습니다…. 우리는 그 무엇인가에 대해서 몹시 화가 나 있었습니다. 전쟁이라는 것에 대해서 화가 났고, 우리를 전장戰場에 보낸 사람들을 죽도록 원망했습니다. 그런 우리에게 맹선생은 십자가의 도를 가르치기 시작하셨습니다…. 선생은 새벽 한두 시면 늘 병동에 오셨습니다. 중환자들이 심하고 무거운 고통에 시달리는 그 시간에 선생은 천사로 우리 앞에 오셨습니다. 한 손에는 성경책이, 다른 한 손에는 물통이 들려있었습니다. 선생은 움직이지 못하는 환자를 골고루 만져주시고 주물러주면서 간절하게 기도하셨습니다. 우리는 그 말을 알아들을 수 없었지만, 그의 기도를 듣고 있으면 고통은 사라지고, 편안한 단잠을 자곤 했습니다…. 선생의 손에는 신비한 힘이 있었습니다. 그 손이 얼굴에 닿으면 시원하고 가벼워졌습니다. 선생이 발을 씻겨 주면 천상에 오른 것처럼 평화로워졌습니다.

선생은 우리의 더러워진 육체를 구석구석 닦아주시면서 그 부드러운 음성으로 나직하게 노래하셨습니다. 눈을 감고 들으면 그 노래는 천사의 옷깃 스치는 소리 같기도 했고, 천사가 안고 있는 하늘나라의 악기가 울리는 것 같았습니다. 선생에겐 사랑의 신이 계시다는 것을 깨닫게 되었습니다. 말이 통하지 않는 것도 별로 불편하지 않았습니다. 끝없는 원망과 증오가 굳어져서 우리의 마음은 깜깜하였습니다. 그 자리에 맹선생이 오셨습니다. 얼음장처럼 차고 두껍고 어둡던 마음의 문을 기도와 친미와 사랑으로 녹여주셨습니다. 그 사랑의 따뜻함이, 단단하게 빗장 질러졌던 우리의 마음을 따뜻하게 덥혀주시고 빗장을 풀어주셨습니다. 십자가의 도가 사랑이라는 것을 알았습니다. 그 사랑의 시작이 예수 그리스도, 그분임을 알았습니다. 내 죄로 인하여 예수님께서 십자가 위에서 죽으셨음도 알았습니다. 맹 선생이 지켜주시는 밤은 어둠이 아니었습니다. 맹 선생이 함께하시는 밤은 고통이 아니었습니다. 선생은 우리 고통을 막아 주시는 기도의 용사였습니다. 우릴 낙담케 하는 외로움을 쫓아주시던 파수

꾼이었습니다.[4]

참 어리석은 사람이다. 살 수 있는 길을 내려놓고, 원수인 중공군 부상병을 돌보다가 과로와 영양실조로 쓰러졌으니 참 어리석은 사람이 틀림없다. 하지만 그 '어리석은' 사람이 있어 죽어가던 그들은 하늘을 보았고, 위로와 격려, 희망을 노래할 수 있었다. 세상도, 가정도, 교회도 이들을 통해서 세워진다는 것을 성경은 계속 외친다. 한 시인은 '어리석은' 그들이 세상의 희망이라며 우리에게 한 시를 들려준다.

그토록 강력하고 집요한 악의 정신이 지배해도/ 자기 영혼을 잃지 않고 희미한 등불로 서 있는 사람/ 어디를 둘러 보아도 희망이 보이지 않는 시대에/ 무력할지라도 끝끝내 꺾여지지 않는 최후의 사람/ …희망은 단 한 사람이면 충분한 것이다/ 세계의 모든 어둠과 악이 총동원되었어도/ 결코 굴복시킬 수 없는 한 사람이 살아 있다면/ 저들은 총체적으로 실패하고 패배한 것이다/ 삶은 기적이다/ …희망은 불멸이다/ 그대, 희미한 불빛만 살아 있다면/ 그러니 그대 사라지지 말아라."[5]

---

[4] 정연희, 『내 잔이 넘치나이다』 (서울: 홍성사, 1990), 325-30.
[5] 박노해의 시, "그러니 그대 사라지지 말아라," 전문. 박노해 시집, 『그러니 그대 사라지지 말아라』 (서울: 느린걸음, 2010), 560.

13
Patience*
그 길에서 한 번도 물러선 적이 없다

가장 큰 하늘은 언제나
그대 등 뒤에 있다.
— 강은교[1]

그들은 성공했다

언젠가 명절 연휴를 보내면서 아내와 영화를 한 편을 보았다. 오래 전에 본 영화인데 첫 장면이 떠올라 다시 꺼내 본 영화이다. "1969년 3월 3일, 미 해군은 상위 1%의 조종사를 위한 엘리트 스쿨을 설립한다. 그 학교가 설립된 목표는 점점 사라져가는 공중 전투 기술aerial combat을 가르쳐, 그 학교를 졸업하는 남녀 학생들이 세계에서 최고 전투기 조종사가 되게 하는 것이었다. 그 계획은 성공했다. 오늘날 해군은 그 학교를 Fighter Weapons School이라고 부르지만, 조종사들은 그 학교를 그렇게 부른다. '탑건'."[2]

1986년, 동일 제목으로 영화가 만들어진 이후, 36년 만에 동일 제목으로 후속작이 나왔다. 본래 2020년에 개봉 예정이었으나 코로나 때문에 2022년에 개봉이 되었다. 적국이 협곡 끝 지하 벙커에 설치한 우

---

1 강은교의 시, "사랑법," 일부. 강은교 시집, 『풀잎』(서울: 민음사, 1974).
2 Tony Scott 감독, *Top Gun* (Paramount Pictures, 1986)

라늄 농축 공장이 가동되기 전에 타격하여 파괴하라는 임무가 떨어진다. 중요시설이어서 적진은 철통 방어를 하고 있다. 전투기가 아니면 침투할 수 없는 곳인데, 레이더에 잡히는 순간 수십 기의 지대공 미사일이 자동 발사되고, 적국의 전투기가 바로 출격하게 되어 있다. 그뿐 아니라 공중 침투를 막기 위해 출격한 전투 편대가 24시간 상공을 지키고 있다. 레이더 감시를 피하기 위해서는 협곡을 따라 침투하는 방법이 있지만 그것은 고난도의 비행술을 요구하고, 분지 지역의 표적을 요격하기 위해서는 마하 10의 최고 속도로 상승한 후 바로 분지로 내려가 타격한 후 적국 전투기가 이륙하기 전에 그곳을 빠져나와야만 살 수 있다. 성공 가능성이 제로에 가까운 최고난도 작전이었다.

  그 임무를 수행하도록 미 해군 최정예 조종사들이 소집된다. 최고 파일럿이자 전설적 인물 '매버릭'이 교관으로 발탁된다. 단 한 번의 실수도 용납되지 않는 작전이어서 실전을 방불케 하는 훈련이 이어진다. 교관이 직접 함께 상공을 누비며 훈련에 임하는데, 현재 전투기로서는 마하 9가 최고 속도이고, 마하 10은 전투기가 버텨 내느냐도 문제이지만 조종사가 버틸 수 없는 속도이다. 그래서 태평양 함대 사령관은 그 작전계획을 취소하고, 가능한 다른 계획을 논의할 상황에서 교관 매버릭 대령은 다크 스타 전투기를 직접 몰고 최고 속도인 마하 10에 도전하여 성공한다. 목숨을 건 도전이었다. 아무도 감당할 수 없는 비행이라 결국 매버릭이 선발된 조종사들을 이끌고 팀장으로 직접 작전에 투입된다.

  국가가 내린 명령을 수행할 최고 전투기 조종사를 훈련하고 배출하는 학교는 그 임무를 잘 수행하였을까? 그 고난도 작전에서 성공했을까? 영화 시작 부분에서 한 문장으로 답이 제시된다. "They succeeded." 그들은 성공했다. 그 문장이 긴 여운으로 남았던 것은 몸담은 장로회신학대학교도 같은 임무를 수행할 영적 '파일럿'을 양성해 왔기 때문이다. 1901년에 시작되어 평양에서부터 광나루까지 124년 동안, 하나님 나라의 파일럿을 양성하고, 작전사역의 현장에 투입하는 그 사명을 수행해 왔다. '과연 성공했을까? 그들은 성공했다. 그러면 우리는 지금 성공했는가? 아니 지금 성공하고 있는가?'

처방전을 바꾸다

예루살렘에서 시작된 십자가의 복음이 사마리아를 넘어 지중해 연안으로 전파되고 있었다. 그 일을 위해 선발된 제자들은 대단한 것도 없고, 신통해 보이지 않았다. 그들은 열심히 달렸지만, 권력자들에게 체포되었고, 하나씩 무기력하게 거대한 제국의 권력자들에게 죽임을 당했다. 로마제국의 권력은 막강했고, 세계 최고 판도를 누리고 있었다. 막강한 군사력과 거대한 영토를 가진 그 제국은 최고 풍요를 누리면서 타락한 문화가 넘실대고 있었다. 검투사 경기 등을 통해 정치적 대중 오락으로 발전하면서 폭력을 즐기는 문화가 확산되었고, 서로 죽이는 경기를 오락으로 만들어 민심을 다스리는 정치 수단이 되었다. 연회와 성적 문란, 사치와 향락은 극에 달해 있었다. 절제, 책임, 공공의식, 시민 윤리, 인간 덕목은 상실되었고, 원초적 욕망에 이끌려 살았다. 점성술과 신비종교, 쾌락주의가 백성들의 의식을 좀먹고 있었다.

신흥종교인 기독교인들은 식민지의 한 청년이 죽임당한 그 사형틀 이야기로 그 거대한 제국을 변화시킬 수 있었을까? 그러한 시대적 상황에서 근동을 그 십자가 이야기로 덮었던 한 인물을 만나보자. 중요한 역할을 한 사람이지만 그에 대한 자세한 소개도, 행적에 대한 언급도 별로 없다. 성경은 짧지만 선명하고, 함축적으로 그를 소개한다.

"사랑을 받는 의사 누가…"골 4:14. 그래서 그를 '숨어있는 제자'라고도 칭한다. 당시 최고 문명과 의술을 자랑하던 헬라 문화권에서 역사와 전통을 자랑하는 의술 학교에서 훈련을 받은 그는 의사였다. 최고 의사를 만들기 위해 그 학교는 많은 학업과 과제 수행, 훈련을 요구했을 것이다. 소정의 과정을 마치고 의사가 되었지만, 그는 졸업 후에도 쉬지 않았다. 자기 앞에 있는 환자의 병을 치료하기 위해 밤을 새워가며 약재와 치료 방법을 연구했을 것이다. 그렇게 애쓴 보람이 있어 환자가 회복되었을 때의 기쁨은 무엇으로 비교할 수 없었다.

그 유망한 의사는 어느 날, '신약'新藥을 발견한다. 하지만 그가 내놓은 새 처방전은 당시 헬라와 로마의 의학계에선 조롱받기에 넉넉한 것이었다. 그는 늘 처방하는 약을 'Gospel Medicine'이라 부른다.[3] 사람들은 비난했지만, 이후 그는 한 번도 그 처방전을 바꾼 적이 없다. 한 고위직 인물에게 제시한 처방전을 누가복음 첫 부분은 이렇게 기록한다.

> 우리 중에 이루어진 사실에 대하여 처음부터 목격자와 말씀의 일꾼 된 자들이 전하여 준 그대로 내력을 저술하려고 붓을 든 사람이 많은지라. 그 모든 일을 근원부터 자세히 미루어 살핀 나도 데오빌로 각하에게 차례대로 써 보내는 것이 좋은 줄 알았노니 이는 각하가 알고 있는 바를 더 확실하게 하려 함이로라.[4]

여기에서 "우리 중에 이루어진 사실"로 번역된 헬라어 원어는 완

---

[3] 이것은 미국의 설교자이자 설교학자인 바바라 브라운 테일러에게서 빌린 것임을 밝힌다. Barbara Brown Taylor, *Gospel Medicine* (New York: Rowman & Littlefield Publishers, 1995).
[4] 눅 1:1-2.

료 수동태 분사를 사용하여 예수 그리스도의 십자가 사건을 통해 이미 성취된 구속 역사의 완성과 연결한다. "그 모든 일"이라는 표현을 병치시키면서, 자신이 "그 근원부터 자세히 미루어 살핀" 사실임을 강조한다. '근원부터'의 헬라어 ἀπ᾽ ἀρχῆς^{아프 아르케스}는 '처음부터'라는 뜻이고, 하나님의 구속 역사가 구체적으로 이 땅에 펼쳐지던 때, 공생애 시작부터 예수님께서 행하신 일을 직접 보고 들었던 목격자^{αὐτόπται}이며, 그것을 전하기 위하여 달리고 있는 말씀의 일꾼^{ὑπηρέται τοῦ λόγου}이란다. 그냥 일꾼이 아니라 '말씀의 일꾼'임을 밝히기 위해 '로고스'라는 단어를 사용한다. 예수 그리스도를 통한 생명 구원의 약을 제시하는 'Gospel Medicine' 처방전이다.

그 이후 약을 바꾸지 않았다

마태, 요한과는 달리 누가는 예수님의 공생애 초기부터 예수님과 행적을 직접 보고 들었던 사람이 아니었다. 그는 깊고도 광대한 헬라 철학과 수사학, 의학이 최고인 줄 알고 있었고, 거기에 대단한 자부심을 느끼며 자랑스럽게 생각했다. 하지만 말씀 공동체에서 예수님의 십자가 복음을 들었고, 말씀을 통해 복음의 신비를 깨달아 알았다. 그 사실을 강조하면서 모든 것을 시초부터 정확하게 조사하였고, 그렇게 발견한 사실을 지금 전하고 있음을 강조한다. 약재와 치료 방법을 연구하듯 말씀을 연구했고, 하나님의 구속 역사를 꼼꼼히 살펴보면서 예수님에 대한 모든 사건을 '자세히' 살펴보았단다. 헬라어 ἀκριβῶς^{아크리보스}는 꼼꼼하게 조사해 본 결과 복음이 생명을 살리는 하나님의 처방임을 깨달았다는 의미를 담는다. '극점'을 뜻하는 ἄκρον^{아크론}에서 나온 단어를 사용하여 '아주 면밀하게, 세밀한 부분까지 엄밀하게 살펴서 발견한' 약재임을 밝힌다.

누가복음과 사도행전 수신자인 '데오빌로'라는 인물이 누군지 정확하지 않다. 그래서 여러 주장이 있다. 고유명사와 '각하'라는 명칭이 사용된 것을 보면 '신앙에 입문한 로마의 왕족 중 한 사람'으로 추정하기도 한다. 누가복음에서는 κράτιστε카라티스테를 사용하여 '존귀하신 데오빌로여'라고 호칭한다 눅 1:3. 그의 이름, 테오필로스 Θεόφιλος를 분석하여 데오스 하나님와 필레오 사랑하다 친구가 되다가 합성된 것으로 보아 "하나님의 사랑을 받은 자, 하나님의 친구"라는 뜻을 담고 있으며, 이는 당시 널리 사용된 표현이어서 '하나님을 믿은 성도들, 혹은 신앙공동체'를 지칭하는 것으로 추정하기도 한다.

어떤 신분의 사람이었느냐가 중요한 것이 아니어서 자세히 밝히지 않았을 수도 있다. 그는 과거에 주로 허브 요법, 운동 요법, 이집트의 신비 약재를 쓴 비싼 신약 요법 등을 처방했을 것이다. 하지만 이제 그는 전혀 다른 처방전을 사용한다. "예수 그리스도의 복음 처방. 그 이후 저는 한 번도 돌아선 적이 없습니다. 제가 발견한 신약이 너무 놀라웠기 때문입니다. 그 약의 이름은 'Gospel Medicine'입니다."

세상엔 우릴 행복하게 해 줄 것으로 여겨지는 약재가 참 많이 있다. 그럴듯하게 포장되어 있어 사람들의 관심을 끌기도 한다. 연일 언론은 광고하고, 그것을 팔기 위해 온갖 방법을 연구한다. 가짜도 많고, 해로운 것도 많이 있다. 한 시인은 그 사실을 이렇게 들려준다.

예쁜 아이가/ 과자를 사달라 손을 이끈다/ 과자를 먹으며 뒷면을 읽는다/ 제조 일자와 유통기한을 확인하고/ 원재료 함량을 읽으며 문답한다// 보존료가 뭐야?/ 과자가 썩지 않게 넣는 방부제란다/ 감미료는 뭐야?/ 설탕의 수백 배 효과를 내는 물질이지/ 이건 뭐야, 착색

제 발색제 탈색제?/ 먹음직한 색을 칠하는 화학 물감이란다/ 유화제는 뭐야?/ 섞이지 않는 재료들의 접착제인 셈이지// 그럼 어떡해, 다 몸에 나쁜 거잖아?/ 아이가 얼굴을 찌푸리며/ 과자 봉지를 내려놓는다.

시인은 아이에게 계속해서 그렇게 인생의 지혜를 알려준다. 시는 이렇게 이어진다.

그래 아이야, 보이는 것만이 아니라/ 눈에 띄지 않는 뒷면이 중요하단다/ 너는 과자 봉지의 뒷면을 읽듯이/ 사람도 그의 이면을 읽어내라/ 그가 성공하고 유명해진 원재료가 무엇인지/ 그의 급성장에 어떤 힘들이 첨가되었는지/ 화려한 그 모습에 어떤 독성이 들어있는지/ 과자 봉지의 뒷면을 읽듯 찬찬히 확인하라// 어떤 뉴스와 사건을 마주할 때도/ 먼저 그 뒷면을 냉철히 읽어가라.[5]

그렇다. 무엇인 진리인지 구분이 쉽지 않은 모호함이 지배하는 세상을 우린 살고 있다. 가짜 뉴스, 온갖 술수를 동원한 광고, 거짓, 권모술수가 판을 치는 세상이다. 정치계와 언론매체는 '조작의 달인들'이고, 그들이 토해 놓는 것들 앞에서 우리는 덩달아 춤을 출 때가 많이 있다. 그래서 캐나다 몬트리올의 퀘벡대학교 교육학 교수인 노르망 바이르종 Normard Baillageon은 영어와 불어로 한 책을 출간하면서 제목을 그렇게 잡는다. *A Short Course in Intellectual Self-Defense*. 이것을 한국어로 번역하면서 『촘스키처럼 생각하는 법: 말과 글을 단련하고 숫

---

5 박노해, "과자 봉지의 뒷면을 읽듯이," 박노해 시집, 『너의 하늘을 보아』, 359.

자, 언어, 미디어의 거짓으로부터 나를 지키는 기술』이라는 제목으로 출간되었다. 불어 원서 제목은 '지적인 자기방어를 위한 짧은 강좌'인데, 제목과 긴 부제가 눈길을 끈다. 조작된 여론, 온갖 광고의 속임수, 통계의 함정, 거짓 정보가 넘실대는 시대에 '지적 자기 방어법'을 제시한다. 교육철학을 가르치는 저자는 "지적인 자기방어 능력을 키우는 것도 시민의 의무"라고 주장한다. 언어, 수학, 심리학, 과학, 미디어의 영역에서 나를 속이려는 시도와 착시를 불러일으키는 것을 세밀하게 분석한다. MIT 교수였던 에이브럼 노엄 촘스키 Avram Noam Chomsky 의 방법론을 통해 비판적 수용을 위한 제시가 눈길을 끌고, 범람하는 거짓 정보 속에 자신을 지키는 법이 흥미롭다.[6]

보스톤대학교 교수, 리 메킨타이어 Lee Cameron McIntyre 는 그의 저서에서 탈진실의 세계를 이기는 유일한 방법은 "탈진실 현상에 대한 올바른 인식"이라고 주장한다. 그에게 있어 '포스트트루스' post-truth 는 '여론을 형성할 때 객관적인 사실보다 감정이 더 중요하게 여겨지는 현상'이다. 이것을 '탈진실'이라는 용어를 사용하여 설명한다. 거짓 정보로 사람을 어떻게 유혹하고, 또 그것은 왜 사람을 현혹시키는지, 가짜 뉴스가 사람을 현혹하는 탈진실 사회 현상을 파헤친다. 대표적인 것이 나치 집단이었으며, 이 가짜뉴스는 오늘날에도 정치 세계를 지배하고, 언론 역시 왜곡된 것으로 오도하는 역할을 서슴지 않는다. 그것은 교계 역시 예외가 아니다.

사실 확인도 하지 않은 채, 기독교 언론조차 한쪽 말만 듣고 기사를 쓰고 학교와 사람을 공격하는 일은 지난 5년 총장직을 수행하는 동안 수없이 있었고, 대처해야 하는 일이 다반사였다. 그것은 지금도 진

---

6 Normand Baillargeon, *Petit Cours D'Autodefense Intellectuelle*, 강주헌 역, 『촘스키처럼 생각하는 법: 말과 글을 단련하고 숫자 언어 미디어의 거짓으로부터 나를 지키는 기술』(서울: 갈라파고스, 2010).

행형이다. 신학교여서 차마 법적 절차는 밟지 않았지만, 내용증명을 보낸 것도 수십 건이며, 언론중재위원회에 제소하여 정정, 사과 보도를 유도한 것도 수를 셀 수 없다. 정정보도와 사과 보도를 하라고 명령이 내려져도 기사 일부만 고치고 시간을 끌면서 슬그머니 꼬리를 내리는 것이 다반사였다. 한나 아렌트 Hannah Arendt 의 말을 인용한 부분이 눈길을 끌었다. "전체주의 지배가 노리는 가장 이상적인 대상은 확신에 찬 나치주의자도 공산주의자도 아니다. 사실과 허구 혹은 참과 거짓을 더 이상 분간하지 못하는 일반 사람들이다."[7]

탈진실의 시대, 무엇이 진리인지 구분이 되지 않고, 모호함이 지배하고 왜곡된 정보가 지배하는 세상이다. 그런 불확실성의 시대에 내 생명을 걸어도, 내 젊음을 걸어도 괜찮을 영원한 진리를 발견하였는가? 그것 때문에, 그 부르심 때문에 선지 동산에 올라왔고, 평생 사역의 길을 지금 걷고 있는가? 아니면 어떻게 하다 보니 등 떠밀려서 이 자리에 나왔는가? 광나루 선지 동산은 생명의 복음, 사람을 살리고 세상을 구원할 '복음의 신약'新藥을 연구하는 구도자들이 무릎 꿇는 동산이다. 그 어려운 여건 속에서 교회와 함께, 민족과 함께 사명을 위해 달렸던 우리 선배들의 성공 비결이 무엇이었는가? 복음이었다. 생명의 복음에 대한 열정이었다.

그 사명을 위해 달리는 사람

오늘 우리에게도 복음의 신약 Gospel Medicine 을 소개하는 누가의 헬라어 이름, '루카스' Λουκᾶς 는 '빛나다, 총명하다, 빛을 주다'라는 뜻을 가진

---

[7] Lee Cameron McIntyre, *Post-Truth*, 김재경 역, 『포스트트루스: 가짜 뉴스와 탈진실의 시대』(서울: 두리반, 2024), 155.

다. 복음의 핵심과 초기 교회가 어떻게 그 약으로 살아났고, 그것을 위해 살았는지를 상세히 전하는 중요 임무를 수행지만, 그의 이름은 후기 바울 서신에 몇 차례 언급될 뿐이다. '이름 없이 빛도 없이', 그저 예수 그리스도만, 생명의 복음만 드러내기를 원했던 이의 모습이다. 영지주의와 유대주의, 헬라 문화에 흔들리고 있던 골로새교회에 보낸 서신서도 짧지만 선명하게 그의 정체성을 알려주는 구절을 다시 되된다. "사랑을 받는 의사 누가…." '사랑을 받는'이라는 한 표현에 모든 것을 담았다. 전도 여행 대부분을 함께 했던 바울이 세상을 떠날 때까지 그의 건강을 챙겼고, 시종을 들었던 신실한 동역자, 누가가 없었다면 바울은 그 광대한 지역을 달릴 수 없었을 것이다. 그렇게 많은 교회를 세우고, 사역을 감당할 수 없었을 것이다. "사랑을 받는 의사 누가."

수천 km가 넘는 거리를 걷고 또 걸어야 했던 그 힘든 길, 배척을 당하고, 추위와 허기에 떨어야 했던 그 힘든 길, 그래서 사람들이 다 떠나간 자리에서도, 열정이 식어 포기하고 많은 이들이 떠난 자리에서도 굳건히 섰던 사람 누가, 바울은 디모데후서에서 그렇게 쓰고 있다. "누가만 나와 함께 있느니라." 짧은 문장에 모든 것이 함축되어 있다. 많은 이들이 떠나간 자리에서 주님께서도 물으시지 않았던가? "너희도 가려느냐?" "주여, 영생의 말씀이 주께 있사오니 우리가 누구에게로 가오리이까?" 요 6:68. 사람을 살리는 복음의 신비를 깨달은 이후, 그 길이 멀고 험해도 한 번도 돌아선 적이 없었던 사람, 동역자들에게 기쁨이 되고 위로가 되었던 사람, 사랑받는 사람 누가, 복음의 신비를 깨달았기에 결코 돌아설 수 없었던 사람 누가. '누가'의 자리에 본인의 이름을 슬쩍 한번 넣어보면 어떨까?

복음의 신비를 깨달은 이후 한 번도 처방전을 바꾼 적이 없었던 사람, 그 길을 포기할 수 없었던 사람, 그가 우뚝 서 있을 때 교회가 세워지고, 사람들이 세워지고, 하나님 나라가 세워졌다. 그래서 우리가 복음을 듣게 되었다. 그 사명을 이루기 위해 최선을 다한 사람, 그래서 하나님께도, 사람들에게도 사랑스러웠던 사람, 복음 때문에 선지 동산에 올라왔고, 밤을 지새워가며 그 길을 걸을 준비를 하는 주님의 젊은 종들에게 천양희 시인은 그렇게 속삭이듯 권고한다.

> 시인이 되려면/ 새벽하늘의 견명성見明星 같이/ 밤에도 자지 않는 새같이/ 잘 때에도 눈뜨고 자는 물고기같이/ 몸 안에 얼음 세포를 가진 나무같이/ 1kg의 꿀을 위해 560만 송이의 꽃을 찾아가는 벌같이/ 성충이 되려고 25번 허물 벗는 하루살이같이/ 하루에도 70만 번씩 철썩이는 파도같이/ 제 스스로를 부르며 울어야 한다.[8]

밤낮으로 환자를 살리기 위해 애쓰던 그 성실한 헬라인 의사를 주목하신 주님께서는 그를 복음의 길로 부르셨다. 부르심을 받은 후 밤을 지새워가며 복음의 신비를 탐구했던 누가, 하루에도 70만 번씩 철썩이는 파도처럼 자신의 정체성을 확인하며 그 험한 길을 달렸던 사람에게 주님께서 미소 띤 얼굴로 속삭이신다. "너는 십자가의 복음으로 구원을 받은 하나님의 사람, 너는 사랑받은 복음 의사 누가." 그래서 그 어려움의 때에도 주님의 교회가 우뚝 세워졌고, 그 시대는 복음을 듣게 되었다.

그런 '사랑스러운 의사 누가'를 보시며, 어려운 여건 속에서도 믿음으로 걸어가고 있는 초기 성도들을 보시며 주님은 말씀하신다. "하나님의 은사와 부르심에는 후회하심이 없느니라" 롬 11:29. 그것이 우리

---

8 천양희의 시, "시인이 되려면," 일부. 천양희 시집, 『너무 많은 입』 (서울: 창비사, 2004).

의 이야기가 되었으면 좋겠다. '후회하심이 없느니라' ἀμεταμέλητος 는 '후회하다' μεταμέλομαι 에 부정관사를 붙인 형태로, 신약에 2회 사용된 단어이다 롬 11:29, 고후 7:10. '변경할 수 없는, 취소할 수 없는'이란 영어단어 irrevocable도 같은 의미이다. 부르심을 따라 달려가는 여러분의 여정을 주님께서 붙잡아 주시기를, 사명을 수행하기 위해 복음과 경건의 훈련에 전념하고, 또 복음의 신약을 들고 외로운 길을 묵묵히 달리는 이들에게 주님께서 '사랑스러운 주님의 사람' 그렇게 칭찬해 주시길 빌며 나 자신에게도 주시는 말씀을 깊이 가슴에 담는다.

> 나는 기도할 때마다 여러분을 떠올리며 감사를 드립니다…. 우리 주 예수 그리스도의 하나님, 영광의 하나님께서 여러분에게 이해력과 분별력을 주셔서 하나님을 친히 알게 하시고 여러분의 눈을 맑고 또렷하게 해 주시기를 구합니다. 그리하여 하나님께서 무엇을 하라고 부르시는지 여러분이 정확히 볼 수 있기를 바랍니다. 또한 하나님께서 그분을 따르는 이들을 위해 마련해 두신 이 영광스러운 삶의 방식이 얼마나 대단한 것인지, 오 하나님께서 그분을 믿는 우리 안에서 끊임없는 에너지와 한없는 능력으로 행하시는 역사가 얼마나 풍성한지를 이해할 수 있기를 구합니다. 이 모든 에너지는 그리스도에게서 나옵니다.[9]

하나님께서 우릴 부르셨고, 거기에는 후회하심이 없다. 총장 임기가 끝나가는 때, 그동안 학교가 파송한 학생들을 생각할 때, 어려운 시대를 감당해 갈 젊은 사역자들을 바라볼 때, 입술에 자주 되뇌이는 찬

---

9   엡 1:16-20, *The Message*.

송은 그것이다.

하나님의 부르심에는 후회하심이 없네/ 내가 이 자리에 선 것도 주의 부르심이라/ 하나님의 부르심에는 결코 실수가 없네/ 나를 부르신 하나님의 신실하심을 믿네// 작은 나를 부르신 뜻을 나는 알 수 없지만/ 오직 감사와 순종으로 주의 길을 가리라/ 때론 내가 연약해져도 주님 날 도우시니/ 주의 놀라운 그 계획을 나는 믿으며 살리// 날 부르신 뜻 내 생각보다 크고/ 날 향한 계획 나의 지혜로 측량 못 하나/ 가장 좋은 길로 가장 완전한 길로/ 오늘도 날 이끄심 믿네.[10]

하나님의 부르심
(손경민)

---

10 손경민 작사, 작곡, "하나님의 부르심."

14
Origin of Power
그대, 지금 무엇에 이끌리고 있는가

환자에게 병은 절망이고
의사는 희망이예요
그 희망 저버릴거예요?
의사는 언제든
달려갈 준비가 되어있어야 해요
— 드라마, 『의사 요한』, 1편

철새, 자기장에 이끌리다

1990년대 초, 미국에서 유학 생활을 시작하면서 준비해야 할 것이 여러 가지였지만 그중 하나가 자동차를 사는 것이었다. 미국은 대중교통이 잘 되어 있지 않아 차 없이 산다는 것은 발 없는 것과 같기 때문이다. 공부 마칠 때까지 써야 할 차인데, 새 차를 살 능력은 안 되고, 예산만 넉넉하면야 문제가 안 되겠지만 싼 가격에 좋은 중고차를 사야 했기에 깊은 고심거리였다. 지인의 도움의 받아 중고차 딜러에게도 가 보았지만, 원하는 차는 가격이 높아서 번번이 돌아서야 했다. 위험부담은 있지만 상대적으로 가격이 더 좋은 직거래를 위해 일간지를 뒤지기 시작했고, 전화로 어느 정도 흥정을 한 다음에 달려갔다. 마음에 들어 다소 예산을 초과하여 미국산 차를 구입했다. 나중에 크고 작은 고장 때문에 애를 먹이긴 했지만, 유학 생활을 마칠 때까지 함께 했던 차였다.

큰 도시를 운행하려면 반드시 필요한 것이 지도였다. 광활한 땅이지만 지도 한 장이면 다 찾아갈 수 있도록 지도가 잘 나와 있었다. 그 도시 지도는 두툼한 책으로 된 것으로 아예 구입을 했고, 타주를 여행할 땐 지인에게 빌리기도 하고, 없는 것은 미국자동차협회 AAA^{American} $_{Automobile\ Association}$가 발행한 지도를 구입해야 했다. 군복무 시절, 보병학교에서 독도법 훈련을 호되게 받아서, 광활한 지역이었지만 길 찾는 것에는 별 어려움이 없었다.

2009년, 아이오와주에서 연구 학기를 보낼 때 뉴욕의 어느 한인교회 말씀 집회를 인도하러 가게 되었다. 당시 중고등학생이던 둘째와 셋째에게 미국 유명 대학 캠퍼스를 좀 보여주고 싶어서 차를 렌트 해서 함께 갔다. 아이오와주립대학 교수로 있던 지인이 장거리 여행을 간다고 작은 내비게이션을 하나 선물해 주었다. 약 2,500km가 넘는 먼 길이었지만 내비게이션을 따라 운전해 가니 길 찾는 데는 아무 문제가 없었다. 옛날엔 오른손에 지도를 들고 운전했던 기억이 나서 '누가 만들었는지 참 잘 만들었다.' 감탄하면서 여행을 했다. 미시간대학교 앤아버 캠퍼스를 둘러보고, 디트로이트에서 캐나다 쪽으로 접어들었다. 토론토대학과 나이아가라 폭포를 둘러보고 가기 위해서였다. 그런데 미국 국경을 넘어 캐나다에 딱 들어서는 순간 내비게이션이 먹통이 되었다. 캐나다는 서비스 지역이 아니었기 때문이다. 가게에 들어가 그 지역 지도를 하나 산 다음, 다시 지도를 들고 여행을 계속해야 했다.

흔히 머리가 나쁜 사람을 비아냥거리는 말로 '새대가리'라고 지칭한다. 새는 머리가 작으니 뇌도 작을 것이라는 생각에서 붙인 말이다. 하지만 그것은 아무런 근거가 없는 말이다. 길 찾는데 있어서 새가 인간을 훨씬 앞선다. 지도나 내비게이션도 없이 철새는 계절이 바뀌면 먼 길을 날아 본래의 자리를 잘 찾아간다. 그 비결이 무엇일까? 최근

과학잡지 사이트인 Science Daily는 철새가 어떻게 자기장을 감지하는지에 대한 중요한 단서를 발견한 오스트리아 과학자들의 연구 결과를 소개한다. 철새가 다른 서식지를 정확하게 찾아가는 비결은 철새의 귓속 내이에 있는 모세포의 지각 뉴런(신경회로)에 쇠공 한 개(자철광)가 들어있어 지구와 태양의 자기장에 이끌려 길을 찾아가 가게 한단다. 어떤 내부 지도 internal map가 있어 작년에 떠나왔던 서식지로 정확하게 찾아가는지에 대한 사항은 신비이고, 그에 대한 작은 실마리를 제시한 것이다. 이 사람들이 과학자여서 이렇게 복잡하게 설명하는 것이지, 신학적으로 설명하면 심플하다. "하나님께서 창조하실 때 지구에 담아놓으신 자기장에 이끌려, 다시 말하면 하나님의 내비게이션에 이끌려 목적지를 찾아가는 것이다." 사람도 무엇엔가 이끌려 산다. 무엇에 이끌리는가가 인생의 많은 것을 결정한다.

부르심과 이끌림

누가복음은 예수님께서 첫 제자를 부르시는 장면을 상세하게 보여준다. 그 장면을 통해 '하나님의 사람이 무엇에 이끌려 살아야 할지', 이끌림을 화두로 던진다. 그 정경을 한번 그려볼까? 게네사렛 호숫가에 배 두 척이 정박해 있다. 그 배에는 열심히 그물을 손질하고 있는 어부들이 앉아 있다. 표정이 그리 밝지 않은 것으로 보아 어제 고기를 별로 못 잡은 듯하다. 아무리 열심히 일을 해도 가난을 벗기 어려운데, 요즘 고기까지 안 잡히니 수심(愁心)이 깊은 분위기이다. 다시 희망을 걸고 그물을 손질하고 있지만 자주 한숨이 새어 나온다. 우리 일상에서 자주 만나게 되는 소박한 정경이다. 정끝별 시인은 그 정경을 이렇게 노래로 풀어낸다. "가까스로 저녁에서야/ 두 척의 배가/ 미끄러지듯 항구에

닻을 내린다/ 발가벗은 두 배가/ 나란히 누워/ 서로의 상처에 손을 대며/ 무사하구나 다행이야/ 응, 바다가 잠잠해서."[1] '다행이야.' 그 말 한마디에 그냥 행복이 서려 있다. 대단한 것을 거두지 못했어도, 대단한 것을 이루지 못했어도 그냥 감사한 마음이 가득 해서 그래도 안심이다.

그런 소박한 행복에 취해 있는데, 다른 행복의 자리로 부르시는 분이 계셨다. 그렇게 잠시의 고요를 깨뜨리며, 한 분이 그의 배에 오르셨다. 양해를 구하고 배에 오른 그분은 뭍에서 조금만 배를 뗄 수 있겠느냐고 부탁한 후, 배를 설교단 삼아 하나님의 말씀을 전하셨다. 많은 사람이 몰려오는 것을 보면서 이분이 대단한 분이구나 하는 생각을 했을 것이다. 옆에서 그물을 손질하며 듣는 그분의 말씀이 가슴을 파고들었다. 자신도 모르게 하던 일을 내려놓고 말씀 삼매경에 빠져들었다. 물고기에 이끌렸던 사람이 말씀에 이끌리는 모습이다. 그분이 전하시는 말씀을 들으며 심령 속에 파고드는 것이 있었다. 그래서 나는 설교를 "오늘도 말씀하시는 하나님께서 우리에게 말을 걸어오시는 사건"으로 규정한다. 그렇게 말씀에 이끌리는 그를 보시고 예수님께서 그에게 말씀하신다. "깊은 데로 가서 그물을 내려 고기를 잡으라." 말을 걸어오시는 주님 앞에서 그들은 말씀에 즉각 반응한다. "주님, 우리가 엊저녁 밤새도록 열심히 고기를 잡았지만, 피라미 한 마리 잡지 못했습니다. 하지만 주님께서 그렇게 말씀하시니 그물을 내리겠습니다"눅 5:5, *The Message*.

어부로서의 내 경험, 내 상황 판단, 내 생각에 이끌리지 않고 전적으로 말씀에 이끌리는 모습이다. 소박한 어부의 모습이 참 아름답다. "말씀에 의지하여 내가 그물을 내리리이다." 사실 이 차원이 한방에 이루어지는 모습이다. 하지만 그것은 우연히 일어난 일이 아니라 그들

---

1   정끝별의 시, "행복" 전문. 정끝별 시집, 『흰책』 (서울: 민음사, 2000).

내면에 메시야에 대한 간절한 갈망이 있었고, 그 어려움의 시간을 그 소망으로 달려온 일상의 훈련이 있었기에 가능한 차원이었을 것이다. 그렇게 말씀에 이끌리는 아름다운 모습을 보여주면서 그 결과까지 우리에게 들려준다. "그렇게 그물을 내렸더니 그물에 더 이상 담을 수 없을 정도로 많은 고기가 잡혔다." 그들이 어떻게 할 수 없을 정도의 고기가 잡혀서 다른 배의 동료들을 도와달라고 불렀는데 두 배가 물고기로 가득하여 물에 잠길 정도였단다.

하지만 그렇게 엄청나게 잡힌 물고기에 크게 흥분하지 않는 모습이 새삼스럽다. 그 엄청난 기적에 놀라지도 않고, 그들은 그 자리에서 무릎을 꿇었다. "주님, 저는 죄인이어서 이 거룩함을 감당할 수 없습니다." 부르심에 이끌리고 있는 모습과 고백이 참 아름답다. 사람들은 잡힌 그 엄청난 물고기를 보고 놀라고 있을 때 그는 주님의 부르심 앞에 서 있다. 이제 그 부르심에 이끌리기 위해 일어선다. "무서워하지 말라. 이제 후로는 네가 사람을 취하리라. 하시니 그들이 배들을 육지에 대고 모든 것을 버려두고 예수를 따르니라."

'요즘 경기도 어려운데 그 물고기 아까워서 어쩐대요? 그것 장만하기 위해 얼마나 애썼는데, 주일 저녁 사역 마치고 피곤한 몸을 집으로 돌아오게 했던 그 고마운 애마, 아직 할부금도 남아 있는데 남에게 주어야 한다니 아까워서 어떻게 한대요?' 하지만 모든 것 내려놓고 지금 부르심에 이끌리고 있다. 물고기에, 세상 명예에, 세상 출세와 성공에 이끌리던 사람이 말씀에 이끌리고, 주님께 이끌리고, 부르심에 이끌리고 있다. 그래서 아름답다. '보시기에 심히 좋았더라.' 히브리어로는 טוֹב מְאֹד 토브 메오드, 우리말로는 '와우, 멋져요!' 영어로는 'Amazing, wonderful', 불어로는 'Oh là là!' 울랄라, 이탈리어로는 'Bello! Mamma mia!' 벨로. 맘마 미아.

흔들림이 없었던 것은 아니다

그렇게 시작된 부르심은 복음서에서 열두 사람으로 이어졌고, 사도행전에서 맛디아로, 바울로, 그리고 우리들로 이어지고 있다. 부르심에 이끌려 달려가는 사람들의 모습은 아름답다. 그렇게 그들은 계속해서 흔들림없이 달렸던가? 아니었다. 주님의 말씀을 들으면서도, 십자가 앞에서도 그들은 흔들렸다. 예수님의 부르심따라 걸어가면서도 마음 깊은 곳에서는 세상 명예, 출세에 대한 욕망이 꿈틀거리고 있었다. 교묘하게 포장도 하고, 미화도 했지만, 깊은 곳에 있는 그 욕망은 계속 꿈틀거렸다. 주님 열심히 믿고, 섬겨서 세상에서 좀 잘되면 뭐가 나쁘다는 말인가?

에이브라함 매슬로 Abraham H. Maslow가 간파한 대로 인간 욕구는 타고난 것이며, 강도와 중요성에 따라 하위단계에서 상위단계로, 그는 5단계 계층적 욕구가 작동한다고 주장한다. "생리적 욕구, 안전의 욕구, 애정과 소속의 욕구, 존중의 욕구, 자아실현의 욕구" 등이 그것이다. 하위단계의 것이 충족되면 다음 단계의 욕구로 발전해 간다. 인간의 마음 속에 담겨 있는 그 욕구들은 어쩜 자연스러운 것이라고 말할 수도 있다. 하지만 그 욕망에 사로잡혀 살다가, 그것에 이끌려 가다가 그들은 십자가 사건 앞에서 처절하게 무너진다. 굴곡 많은 인생을 살았던 한 시인은 '꽃은 흔들리면서 핀다'고 외친다.

흔들리지 않고 피는 꽃이 어디 있으랴/ 이 세상 그 어떤 아름다운 꽃들도/ 다 흔들리면서 피었나니/ 흔들리면서 줄기를 곧게 세웠나니/ 흔들리지 않고 가는 사랑이 어디 있으랴// 젖지 않고 피는 꽃이 어디 있으랴/ 이 세상 그 어떤 빛나는 꽃들도/ 다 젖으며 젖으며 피었나니/ 바람과 비에 젖으며 꽃잎 따뜻하게 피웠나니/ 젖지 않고 가는

삶이 어디 있으랴.[2]

흔들리지 않고 믿음의 길을 걸어갈 수 있으면 참 좋으련만 삶의 자리에는 많은 '바람'이 작용하기에 흔들림은 어쩔 수 없는 인간 삶의 실재란다. 처음 부름을 받은 제자 베드로도 흔들린다. 아니 흔들리는 정도가 아니라 처절하게 무너지는 실패를 경험한다. 복구가 불가능할 정도였다. 그런 제자들을 예수님께서는 다시 시작하자고 갈릴리로 부르셨다. 요한복음 21장 말씀에는 그 광경이 그려지는데, 사역 초기 부르시는 자리에서 있었던 사건이 반복되고 있다.[눅 5장]

처음 제자로 부름을 받았을 때 있었던 사건이, 크게 무너진 다음, 예수님 부활 사건 이후 새롭게 시작하는 상황에서 다시 일어나고 있었다. 주님 말씀에 온전히 이끌리지 못하고 안개처럼 피어오르는 의심에 이끌리다가, 자기 야망에 이끌려 살다가 처절하게 무너진 그들이다. 모든 것을 걸고 따랐던 선생님이 비참하게 죽임을 당한 후, 먹고 살 생계 수단을 고민하다가 다시 옛 직업으로 돌아가 밤새 그물을 드리우고 있었다. 다시 물고기에 이끌리는 모습이다.

그러나 부활하신 주님 앞에서 회복된 후, 그들은 무엇에 이끌려 살아야 할지 방황을 끝내고 있다. "예수님께서 말씀하셨다. 그물을 배 오른쪽에 던지고 어떻게 되는지 보아라. 그들은 말씀대로 했다. 순식간에 수많은 고기가 그물에 걸려들었다. 힘이 달려서 그물을 끌어 올리지 못할 정도였다. 시몬 베드로가 그분이 주님이신 것을 알고는, 일하느라 벗어 놓았던 옷을 급히 챙겨입고, 바다로 뛰어들었다." 엉뚱한 것에 이끌리고, 흔들리고 있는 것 같지만 흔들리면서 소명의 꽃을 피우는 모

---

2 도종환의 시, "흔들리며 피는 꽃" 전문.

습이다.

> 예수께서 말씀하셨다. 내 양들을 먹여라. 이제 너에게 진실을 알려주겠다. 네가 젊었을 때는 네 스스로 옷을 입고 어디든지 원하는 곳으로 다녔다. 그러나 네가 나이 들어서는 두 팔을 벌려야 할 것이다. 다른 사람이 네게 옷을 입히고, 네가 원하지 않는 곳으로 너를 데려갈 것이다. 예수님께서 이렇게 말씀하신 것은 베드로가 어떤 죽음으로 하나님을 영화롭게 할 것인지를 암시한 것이다. 이 말씀을 하시고 예수님께서 이렇게 명하셨다. 나를 따라오너라.[3]

그들은 이제 주님께 이끌리고 있다. 말씀에 이끌리고, 주신 사명에 이끌리고 있다. 부활의 주님을 만난 이후, 성령님께 온전히 사로잡힌 그 이후, 그들은 이제 더 이상 흔들리지 않았다. 그 이후 그들의 삶의 이야기는 완전히 달라진다. 위협과 난관 앞에서도, 심지어는 죽음 앞에서도 더 이상 흔들리지 않는다. 어려운 박해 가운데 있는 교회, 목숨을 걸지 않으면 예배할 수 없고, 사역할 수 없는 상황에서도 그는 당당하게 외친다. "그러므로 형제들아, 더욱 힘써 너희 부르심과 택하심을 굳게 하라. 너희가 이것을 행한즉 언제든지 실족하지 아니하리라. 이같이 하면 우리 주 곧 구주 예수 그리스도의 영원한 나라에 들어감을 넉넉히 너희에게 주시리라" 벧후 1:10-11. 힘의 근원은 주님이었고, 그분의 말씀이었다.

---

3 요 21:19, *The Message*.

그대, 지금 무엇에 이끌리는가

우리는 하나님의 은혜로 구원을 받은 하나님의 백성들이다. 어떤 모양으로 섬기든 우리는 복음을 위해 사는 사람들이다. 바른길을 찾아가기 위해 광나루 동산은 심각하게 질문하고—나의 작음에 흔들리는 곳이기도 하지만—흔들림을 끝내야 하는 게네사렛이다. 자신에게 질문을 한번 던져 보라. '나는 지금 무엇에 이끌리고 있는가? 무엇을 가장 소중하게 여기는가? 무엇에 이끌리는가? 무엇을 할 때 큰 행복을 느끼는가?' 그것이 그대의 신앙관, 인생관, 세계관이다. 자기 확인이 필요하다. 무엇이 나를 이끌어 가고 있는가? 많은 물고기에, 그것을 팔아 번 많은 돈에, 멋진 배와 그물에, 주님의 수제자라는 직함이나, 어떤 학위에서 그런 힘이 나오지 않는다. 과거의 실패에 대한 후회하는 마음에서도 나오지 않는다. 주님의 말씀에 이끌렸을 때, 성령님께 이끌릴 때만 믿음의 여정, 부르심의 여정을 걸어갈 수 있다.

앞서 언급했지만 몽골 초원에 사는 쇠재두루미는 해발 8,000m의 히말라야산맥을 넘어 비행한다. 가장 높은 고도에는 영하 40~50도 혹한과 기압이 낮아 고산증을 겪게 된다. 히말라야를 넘기 위해 쇠재두루미들은 여정을 갖기 전에 체질도 바꾸고, 새로운 호흡법도 개발한다. V자로 비행하는 훈련과 바람을 이용하는 훈련을 한다. 그 긴 여정을 날아갈 때는 계속 소리를 내어 서로를 격려한단다. 공동체를 이루어 함께 간다. 생존을 위해, 환경을 이겨가기 위해, 그 여정을 끝까지 성공적으로 가기 위한 나름대로의 '자기 혁신'인 셈이다. 왜 그 먼 거리를 날아가야 하는지 비행의 목적도 분명하고, 생명 보존을 위해 날아가야 하는 존재라는 분명한 자기 정체성도 선명하다. 그래서 그들은 그 여정을 끝까지 날아갈 수 있다.

한신대 학장을 지낸 김정준 박사는 젊은 날, 폐결핵에 걸려 마산결

핵요양소에서 자기 생명이 하루하루 꺼져가는 시간에 서 있었다. 흔히 그곳에 입원한 사람 중에 살아서 퇴원한 사람은 없고 죽어 모두 무덤으로 갔기 때문에 '무덤 앞 병동'이라는 이름이 붙은 곳이었다. 하나님을 원망하게 되고, 깊은 좌절 속에서 찬송도 부르지 않았고, 기도도 하지 않았으며, 말씀도 읽지 않았다. 어느 날, 요양소 방안에 나비 한 마리가 들어왔다가 유리창 밖으로 나가려고 끊임없이 날갯짓하는 것을 보았다. 자신의 처치와 같다는 생각이 들어, 나비를 잡아 창밖으로 날려 보내기 위하여 가까이 갔더니, 나비는 위험이 닥친 것으로 알고 더 퍼덕거리다가 날개가 찢어졌다. '미련한 놈아, 너를 해하려는 것이 아니라 밝은 세상으로 보내 살게 하려는 것이다.' 일장 설교를 했다. 지친 나비를 잡아 창문 밖으로 내보내면서 깨달았다. 성경 찬송을 다시 집어 들었고, 주님 앞에서 회개했다.

자신의 생명을 하나님 손에 맡기기로 하고, 성경을 읽고 찬송을 드리기 시작했다. 그 소리를 듣고 찾아오는 환자들이 있어 함께 예배할 시간을 정하고 함께 찬송하고 기도했다. 의사들이 건강에 좋지 않으니, 찬송을 부르지 말라고 할 때, '그럼 당신들이 살려줄 수 있겠느냐, 기쁘게 살다가 죽으려는데 왜 막느냐'고 따졌다. 너무 많은 사람이 몰려와 병실에서 예배를 드릴 수 없어, 병원장의 허락을 받아 예배당을 짓게 되었다. 3개월이면 죽는다고 했는데 그 시간을 훌쩍 넘겼고, 점점 호전되어 3년만에 요양소를 살아서 걸어 나왔다. 하나님께서 주신 새생명을 허비할 수 없다는 생각에 대학원 공부를 시작했고, 캐나다와 영국으로 유학도 다녀왔다. 그는 생명의 근원이신 주님께 이끌림을 받으려고 몸부림치며 평생을 살았다.

그때 거기에서 그는 평생의 고백을 확립하였고, 그 은혜를 증거하기 위해 쓴 책이『삶에 이르는 병』이다.[4] 나비 사건 이후 쓴, "주님의 것"이라는 시에는 고백과 확신이 넘쳐난다. 죽음의 문턱에서 그 고백으로 그는 다시 일어설 수 있었다. 대학, 신대원 과정을 지내는 동안, 나에게도 많은 어려움이 있었고, 크고 작은 문제로 방황할 때, 그때마다 이 시를 되뇌며 다시 일어섰던 기억이 난다.

나는 주님의 것이외다/ 내가 주님의 것 되고자 원하기 전에/ 주님께서는 나를 주님의 것이라 말씀하셨나이다/ 내 부모 형제에게서 선함이 없고/ 내 자신에게서 아무런 의로움이 없지만/ 그저 주님은 나를 주님의 것이라 말씀하나이다// 내 과거나 현재도 죄뿐이요/ 또 내 미래도 거룩한 보증을 할 수 없건만/ 그저 주님께서는 나를 주님의 것이라 말씀하나이다

주님이 이것을 주님의 소유물로 하셨어도/ 천지나 역사에 털끝만한 변함이 없겠지만/ 주님께서는 그저 주님의 것이라 말씀하나이다// 이것을 주님의 소유로 하시오면/ 주님이 이것 위해 마음 쓰시기 괴로우실 텐데/ 그래도 주님은 나를 주님의 것이라 하나이다/ 주님께서 나를 주님의 것이라 하시지만/ 이것은 또 몇 번이나 주님을 반역할지 모르는데/ 그래도 주님께서는 너는 나의 것이라 하나이다

이것이 주님의 것 됨으로 주님의 곳간이 부해질 것 아니건만/ 그래도 주님께서는 너는 내 것이라 하나이다/ 내게는 아직도 뱀 같은 간사함이 있고/ 표범 같은 악독함이 있사온데도/ 주님은 그래도 너는 내 것이라 하나이다/ 음부도 내 흑암에 비길 바 못 되고/ 우주도 오히려 내 죄악보다 적건만/ 그래도 주님은 너는 내 것이라 하나이다

---

4 김정준, 『삶에 이르는 병』 (서울: 대한기독교서회, 1972).

주님, 너는 내 것이라 하신 참 뜻을 모르겠나이다/ 이것을 몰라도 주님은 상관하지 않으시고/ 그저 너는 내 것이라 말씀하나이다/ 주님, 이것이 주님의 소유의 하나이오니/ 쓰셔도 당신 뜻 또 버려도 당신 뜻이외다/ 다만 당신 뜻만이 이루어지사이다.[5]

힘들고 어려울 때 꺼내 부르는 찬양이 있다. 우리 삶의 아픔과 한계, 연약함과 작음을 깨닫게 되면서 울게 만드는 찬양이다. "주여 우린 연약합니다/ 우린 오늘을 힘겨워합니다/ 주 뜻 이루며 살기엔 부족합니다/ 우린 우린 연약합니다/ 주여 우린 넘어집니다/ 오늘 하루 또 실수합니다/ 주의 긍휼을 구하는 죄인입니다/ 우린 주만 바라봅니다." 아파서 울다가, 힘들어서 울다가 새로운 고백 앞에서 감격하여 울게 만드는 찬양이다. '그렇습니다, 주님. 우린 주님의 것입니다. 주의 긍휼과 은혜 힘입어 사는 존재들입니다. 주여 불쌍히 여겨주옵소서.' 그 고백과 함께 찬송은 이어진다. "한없는 주님의 은혜/ 온 세상 위에 넘칩니다/ 가릴 수 없는 주 영광/ 온 땅 위에 충만합니다/ 주님만이 길이오니/ 우린 그 길 따라갑니다/ 그날에 우릴 이루실/ 주는 완전합니다."[6]

주는 완전합니다

---

5   김정준의 시, "나는 주님의 것이외다," 전문.
6   함은진 작사, 소진영 작곡, "주는 완전합니다."

4부

우리 여기에 깃발을 세우자

뿌리 없이 흔들리는 부평초 잎이라도
물 고이면 꽃은 피거니
이 세상 어디서나 개울은 흐르고
이 세상 어디서나 등불을 켜지듯
가자 고통이여 살 맞대고 가자
외롭기로 작정하면 어딘들 못 가랴
가기로 목숨 걸면 지는 해가 문제랴…
두 팔로 막아도 바람은 불듯
영원한 눈물이란 없느니라
영원한 비탄이란 없느니라
캄캄한 밤이라도 하늘 아래선
마주 잡을 손 하나 오고 있거니

— 고정희, "상한 영혼을 위하여,"
『이 시대의 아벨』, 문학과지성사, 2019.

15

그때, 그 세대가 다시 일어섰다

너희는 빛이 되어
세상에 하나님의 빛깔을 드러내라고
여기 있는 것이다
하나님께서 지금 하고 계신 일에
온전히 집중하여라
— 마 5:14, 6:34, *The Message*

아포리아, 길 없음

어려움의 때를 지칭하는 여러 용어가 있다. '위기'危機라는 우리 말에는 '위험과 기회가 공존하는 때'라는 의미라면, 히브리어 '마쉬베르'משבר는 본래 '큰 재난의 때'를 뜻하는 말인데 '출산대'라는 의미로도 쓰이는 단어이다. 출산대는 새 생명을 낳는 자리였지만 자칫 아이도, 산모도 죽을 수 있는 위험이 도사리고 있는 자리라는 데서 나온 말인 듯하다. 옛 선인들은 위기의 때를 '절체절명'絶體絶命이라는 단어로도 표현했다. "죽을 정도로 사정이 힘들거나, 신체 일부를 잘라내지 않으면 빠져나올 수 없는 상황"이란 뜻이다. 과거 그리스에서는 위기 상황을 '아포리아'ἀπορία라는 단어를 사용하여 표현했다. '길'을 뜻하는 헬라어 '포로스'πορος에 부정 접두사 '아'α를 붙여서 '출구 없음'no exit, '어떻게 해 볼 수 없는 상태' lack of resources, '길 없음의 상태' impasse 등의 뜻을 가진다.

15. 그때, 그 세대가 다시 일어섰다 **227**

호메로스 서사시를 함께 읊던 동족끼리, 같은 언어를 쓰는 피붙이끼리, 올림픽에서 함께 뛰며 선의의 경쟁을 펼치던 친족끼리 서로 죽이는 전쟁과 폭력이 난무하던 시대, 군주의 자격을 갖추지 못한 인물이 리더가 되면서 진리가 무너지고 쇠락하는 시대, 그런 혼란의 때를 '아포리아'로 칭했다. 근본이 흔들리는 시대에 그 상황을 극복하는 방안을 그리스인들은 인문학에서 찾았다. 크세노폰 Xenophon 의 『키루스의 교육』, 헤로도토스 Herodotus 의 『역사』, 투키디데스 Thucydides 의 『펠로폰네소스 전쟁사』, 플라톤 Plato 의 『국가』 등을 읽으며 위기에 대한 답을 찾으려고 했다. 흔히 "군주의 거울" Mirror for Princes 이라고 칭했던 그 책들은 지도자가 되려는 사람들의 필독서였다. 리더들이 자신을 비춰보며 본받아야 할 지침으로 삼은 데서 유래한 용어이다.[1]

위기의 시간

그때 이스라엘 백성들은 광야 40년 끝자락, 싯딤에 서 있었다. 요단강 동편, 사해 북동쪽에 있는 싯딤 광야는 약속의 땅 가나안에 들어가기 전 마지막으로 진을 쳤던 곳이다. 가나안 문턱에 서 있었으니, 흥분도 되었을 것이다. 이제 고생이 끝났다는 생각에 환호가 터져 나오는 자리였다. 걸어온 인생길에 베푸신 수많은 은혜를 떠올리며 감사와 경배가 저절로 쏟아져 나오는 시간이었을 것이다. 400년 노예살이에서 풀려나게 하신 은혜, 힘들고 고통스러운 광야 길을 헤쳐나올 수 있게 하신 은혜, 가나안을 선물로 허락하신 은혜까지, 살아온 날 동안에 받은 은혜가 너무 커서 찬양이 가득한 자리였을 것이다.

---

1 김상근, 『군주의 거울: 키루스의 교육』 (서울: 21세기북스, 2021), 17.

하지만 바로 거기에서 이스라엘 백성들이 변질의 길을 걷고 있다. 모든 것이 무너져 내리고 있다. 어디에서 무엇을 어떻게 해야 할지 해결 방안이 보이지 않는 '아포리아' 상황이었다. 긴 광야 생활은 무미건조했고 참 힘이 들었다. 그런데 모압 땅에서 만난 사람들은 멋있어 보였고, 그 문화는 자극적이고 짜릿했다. 모압 여인들은 아름다웠고, 그들의 목소리는 감미로웠다. 사막길에서 보았던 이스라엘 여인들과는 비교할 수 없을 정도로 매력적이었다. 그들의 초대를 받아 그들의 종교 행사에도 참여했고, 행사 이후 그들의 신전에서 가진 행사는 처음 경험한 음란한 파티였고, 피가 솟구치듯 짜릿한 흥분이 몰려왔다. 수백 가지 율법으로 묶어놓는 그들의 예배 자리는 숨이 막히는데 비해, 모압의 신 바알브올을 섬기는 종교 행사는 아무것도 억압하지 않는 자유분방함이 너무 좋았다. 오랜만에 맛본 짜릿한 해방구였다. 말씀은 그 광경을 이렇게 들려준다.

> 이스라엘이 싯딤^{아카시아숲}에 머무는 동안, 남자들이 모압 여자들과 성관계를 갖기 시작했다. 이 사건은 모압 여자들이 음란한 종교의식에 남자들을 초대하면서 시작되었다. 그 남자들은 모압 여자들과 함께 음식을 먹고 그들의 신들에게 절했다. 이스라엘은 결국 브올의 신 바알을 숭배하는 의식에 참여하고 말았다. 하나님께서 진노하셔서 이스라엘에게 화를 발하셨다.[2]

모압 족속이 섬겼던 신, 바알브올은 가나안과 그 주변 국가에 널리 퍼져 있던 바알 신앙의 일종이었다. 바알은 당시 가나안의 다신교 신

---

2   민 25:1-3, *The Message*.

15. 그때, 그 세대가 다시 일어섰다   **229**

앙의 핵심으로 풍요와 다산의 신으로 섬겨졌다. 지역 이름을 붙여 '브올의 바알'이라는 의미이다. 그들은 바알이 비를 내리고 농작물을 풍성하게 자라게 하는 신이라고 믿었고, 그들의 종교 행사는 혼잡한 성행위와 부도덕한 제의로 이어졌다. 거기에서 이스라엘 백성들은 유혹을 떨치지 못하고 변질의 늪에 빠져든다.

잊어버림, 변질의 시작

그 변질의 근본적 이유는 무엇이었던가? 잊어버림. 자신이 누구인지, 어떤 은혜를 받은 존재인지, 잊어버림에서 시작되었다. 하나님의 은혜로 구원을 받았고, 지난 40년 세월을 먹이시고 입히시고 인도하시는 은혜로 살았고, 약속의 땅 가나안까지 은혜로 받았지만, 그 은혜를 잊어버린 것이다. 하나님을 잊어버렸고, 받은 은혜를 잊어버렸고, 자신이 누구인지 정체성을 잊어버렸다. 성경은 계속해서 잊어버림에 대해 경고한다. "네 하나님 여호와를 잊지 않도록 삼갈지어다…. 네가 만일 네 하나님 여호와를 잊어버리고 다른 신들을 따라 그들을 섬기며 그들에게 절하면… 너희가 반드시 멸망할 것이라." 신 8:11, 19

20세기, 서방세계가 무너지는 것을 계속해서 경고해 왔던 러시아의 문호 알렉산드로 솔제니친 Aleksandr Solzhenitsyn 은 1983년, 템플턴 상 수상 자리에서 수락 연설을 그렇게 시작한다.

> 반세기 전, 내가 아직 어렸을 때, 러시아에 닥친 큰 재난 볼셰비키 혁명 에 대해 많은 어른들이 설명하는 것을 들었습니다. '사람들이 하나님을 잊은 게야. 그래서 이런 일이 일어난 게야.' 그 후 나는 공산주의 혁명사를 연구하는 데 거의 50년을 보냈습니다. 그 과정에서 수백 권

의 책을 읽었고, 수백 명의 개인 증언을 수집했으며, 그 격변이 남긴 잔해를 치우기 위해 저는 8권의 책을 저술했습니다. 오늘 나에게 6천만 명의 우리 민족을 삼킨 파멸적인 혁명의 주요 원인을 가능한 한 간결하게 공식적으로 설명하라는 요청을 받으면 저도 이보다 더 정확하게 표현할 방도가 없습니다. '하나님을 잊은 게야. 그래서 이 모든 일이 일어난 게야.' …만약 나에게 누군가가 20세기 전체의 주요 특징을 간략하게 밝혀 달라고 요청한다면, 저는 다시 한번 반복해서 간결하지만, 정확한 답을 할 수밖에 없습니다. '사람들이 하나님을 잊은게야.'

잊어버림에서 모든 무너짐이 시작된다. 서방세계의 무너짐의 이유가 하나님을 잊어렸기 때문이고, 하나님을 잊어버리고, 말씀을 잊어버리고, 역사를 잊어버리고, 예배를 잊어버리면서 무너졌다. 자기만족과 즐거움을 찾아 헤매다가 교회가 무너지고, 예배가 무너지고, 신학교가 무너지고, 그 이야기이다. 하나님의 크신 은혜를 입은 그들이 지금 무너져 내리고 있다. 사단이 춤을 추고 있다.

그때 비느하스가 일어서다

그때 분연히 일어선 사람이 있었다. 비느하스, 제사장 비느하스. 하나님의 말씀을 떠나 쾌락과 풍요에 빠져 허덕이고 있을 때 그가 일어선다. 제사장의 책무는 이스라엘 백성을 하나님께로 인도하고, 하나님의 법을 지키게 하며, 이스라엘의 신앙과 도덕적 순결을 유지하는 것이었다. 그는 자신의 소명을 잊지 않았다. 본래 그의 이름은 '입을 벌리다'라는 이름 뜻을 가진다. 깊은 영적 어두움의 시대에 무너지는 야웨 신앙을 세우기 위해 입을 열어 외쳤던 사람, 제사장 비느하스. 세상 풍조를 따라 음행하고, 자신의 만족과 쾌락을 쫓아 우상을 숭배하면서 타락의 늪에서 허우적거리고 있을 때 거룩한 분노로 분연히 일어선 사람, 제사장 비스하스. 하나님의 열심으로 가슴이 불타올랐던 사람, 제사장 비느하스. 그 사람에 대해 성경은 이렇게 설명한다. "제사장 이론의 손자이자 엘르아살의 아들인 비느하스가 이스라엘 백성을 향한 나의 진노를 그치게 했다. 그가 나의 영광을 위해 나만큼 열심을 다했으므로, 내가 질투로 이스라엘 백성을 다 죽이지는 않았다." 민 25:11, The Message. 아브라함 헤셸 Abraham Joshua Heschel 은 그의 책, 『예언자들』에서 이것을 하나님의 정념 pathos 에 불타는 사람들이라고 표현한다.[3]

제사장 가문에서 태어나, 깊은 영적 훈련을 받고, 지금 무너지는 것을 바로 세우기 위해 안간힘을 쓰고 있다. 그런데 성경에는 다른 비느하스의 이야기도 나온다. 무너뜨리는 비느하스, 자신도 무너뜨리고, 교회도 무너뜨리고, 가정도 무너뜨리고, 예배도 무너뜨리고… 사무엘상 전반부에는 그 '비느하스' 이야기가 펼쳐진다 삼상 1-2장. 그도 제사장이었다. 신학과 사역 훈련도 받았다. 사역도 하고 있었다. 그런데 무너지고 있다. 자신만 무너지는 것이 아니라 모두를 무너지게 만든다.

주님께서는 공생애를 시작하신 후 제자들을 부르시고 훈련하시는 일을 가장 먼저 하셨다. 일정 기간 훈련이 끝나면 반복적으로 제자들을 파송하셨고, 그때마다 명령하셨다. '오이코도메오' οἰκοδομέω! 무너진 것을 다시 일으켜 세우고, 주님의 교회를 다시 일으켜 세우고, 피 묻은 십자가의 복음 위에 사람들을 세워라. 오이코도메오!' 하지만 그 열둘 가운데 '세우는 비느하스'가 있었고, 무너지는 비느하스, 아니 '무너뜨

---

3 Abraham Joshua Heschel, *The Prophets*, 이현주 역, 『예언자들』(서울: 삼인, 2004).

리는 비느하스'도 있었다.

　오래전, 이 땅에도 비느하스 세대가 벌떡 일어났다. 민족이 캄캄한 어두움 가운데 있을 때 평양 땅에 세워진 조선장로회신학교 초기 졸업생들은 길이 보이지 않아 길 되신 하나님 앞으로 나아갔다. 아포리아 상황에서 기도로 새벽을 깨웠다. 평양 땅에서 그렇게 '비느하스 세대'가 일어섰을 때, 거기에 부흥의 파도가 일어났고, 주의 교회가 힘있게 세워졌다. 그런데, 하나님의 은혜를 입은 그 민족은 이제 하나님께 등을 돌리고 있다. 진리를 헌신짝처럼 내던지고 있다. 비느하스 세대가 다시 일어나야 한다.

　성경은 타락한 상황, 무너지는 인간들에게 초점을 맞추지 않는다. 세상은 늘 어두웠고, 인간들은 늘 하나님을 잊고, 은혜를 잊어버리고 죄악 가운데로 재빠르게 달려가기 때문이다. 싯딤 광야에서 모압 여인들을 따라가 바알 신전에서 음란한 파티를 벌이고 있는 그들에게 초점을 맞추고 있지 않다. 그 시대에 우뚝 일어서고 있는 비느하스 세대에 초점을 맞추고 있다. 세상과 타협하면서 돈과 명예, 안락한 삶을 얻기 위해 서성이는 사람이 아니라 말씀을 붙잡고 분연히 일어서는 사람, 제사장 비느하스. 말씀은 그가 무엇을 했는지보다는 먼저 그의 정체성에 주목하게 한다. "아론의 손자, 엘르아살의 아들, 제사장 비느하스", 그는 제사장으로 부름을 받았고, 제사장으로 살았다.

　오늘 이 땅에는 다시 깊은 영적 어두움이 드리워지고 있다. 교회가 무너지고, 지도자들이 무너지는 소리를 듣는다. '그 세대가 다시 일어서더라.' 그렇다면 아무리 어려워도 그 시대는 희망을 노래할 수 있을 것이다. 교회가 무너지는 시대에 에베소교회를 사역하고 있는 젊은 사역자, 디모데에게, 그리고 그의 후예들에게 바울은 그렇게 권면한다.

하나님의 사람이여, 그대는 이 악한 것들을 피하십시오. 의와 경건과 믿음과 사랑과 인내와 온유를 좇으십시오. 믿음의 선한 싸움을 싸우십시오. 영생을 얻으십시오. 하나님께서는 영생을 얻게 하시려고 그대를 부르셨고, 또 그대는 많은 증인들 앞에서 훌륭하게 신앙을 고백하였습니다. 나는 만물에게 생명을 주시는 하나님 앞과, 본디오 빌라도에게 훌륭하게 증언하신 그리스도 예수 앞에서, 그대에게 명령합니다. 그대는 우리 주 예수 그리스도께서 나타나실 때까지 그 계명을 지켜서, 흠도 없고, 책망 받을 것도 없는 사람이 되십시오.[4]

무슨 말씀인가? '네가 이 시대의 비느하스이다. 하나님의 말씀으로 자신을 거룩하게 하고 흠도 없고 책망 받을 것도 없는 신실한 비느하스가 되어다오.' 그 뜻이다.

잊지 않기 위한 몸부림, 계속된다

지난 2001년, 장로회신학대학교 개교 100주년을 지낼 때가 생각이 난다. 학술대회 강사로 오신 분 가운데 한분이 프린스톤신학교 선교역사 교수였던 사무엘 H. 마펫 Samuel H. Moffett 박사였다. 장신대 설립자 마포삼열 Samuel A. Moffett 선교사의 셋째 아들이고, 한국에 선교사로 나와 장신대 교수와 대학원장, 협동 학장을 지내신 분이다. 선교사에서 은퇴한 후 그는 모교 프린스톤신학교의 부름을 받고 교수로 계셨다. 오랜 세월이 지났지만 학술대회에서 그분이 한 이야기가 아직도 뇌리에 선명하게 남아있다.

---

4 딤전 6:11-14, 새번역.

한국교회의 성장, 장로회신학대학교의 성장은 가히 세계적인 자랑거립니다. 가르친다고 할 것도 없이 서로 가르치고 배우면서 시작되었던 이 학교가, 이렇게 큰 학교가 된 것, 지난 100년 동안 한국 사회와 교회를 섬기는 수만 명의 지도자를 배출한 것, 힘차게 대한민국과 세계 열방을 섬기게 된 것이 얼마나 감사하고 기쁜지 모르겠습니다. 그러나 이 학교의 영광스러운 오늘의 모습만 보지 말고, 이 학교가 '피난민 신학교' refugee seminary였음을 잊지 말아야 합니다. 그것을 잊으면 학교도, 교회도, 주의 일꾼들도 잘못될 것입니다.

평양에 있었던 학교가 왜 서울에 와 있는지 잊지 말라는 당부이다. 평양에 있던 학교가 왜 오늘 서울 광나루 언덕에 서 있는가? 공산주의 압제 때문이었다. 4대 교장 김인준 박사, 5대 교장 이성휘 박사는 공산 치하에서 순교했고, 여러 재학생과 동문이 순교를 당했다. 더 이상 북녘땅에서는 신학교육을 이어갈 수가 없어 생명과 같은 학교 건물과 시설을 다 두고서 남쪽으로 내려왔다. 갈 곳이 없어 이리저리 배회하며 교회 교육관을 빌려서, 남산 조선 신궁에서, 한국전쟁 중에는 대구에서는 미군들에게 얻어온 24인용 군용 텐트에서, 부산에서는 교회 교육관을 빌려 신학교육을 이어갔다. "Don't forget that you were a refugee seminary."

예배는 기억의 자리이다. 내가 누구인지, 우리가 누구인지를 잊지 않기 위해 우리는 예배 공동체로 모인다. 평양에서부터 광나루까지 지난 124년 동안 해 왔던 것을 새롭게 해 가길 원한다. 그것이 무엇인가? 예배 공동체를 이루는 것이다. 하나님께서는 광야 길을 가는 이스라엘 백성들을 시내산에서 불러세우시고 그곳에 친히 강림하셨다. 그곳에서 언약을 체결하시고, 십계명을 주시고, 예배 절기를 명하시고, 예배

공간인 회막을 세우라는 명령을 주신다. 출애굽기 19장부터 31장까지 이어지는 말씀은 그 광경을 선명하게 보여준다. 말씀의 핵심은 '예배 공동체를 세우라'였다. 잊어버리지 않기 위하여, 변질되지 않기 위하여 예배 공동체를 명하셨다.

하나님과 만남의 장소인 회막을 어떻게 준비할 것인지, 거기에 작은 장식 하나까지 일일이 지시하신다. 그리고 출애굽기 31장에는 예배의 삼각편대를 세우신다. 모세, 브살렐, 오홀리압을 세워 이스라엘을 예배 공동체로 만들 성소를 만든다. 예배는 기억 공간이며, 경배 공간이다. 나 자신을 하나님 앞에 거룩하게 세우는 공간이다. 예배를 세워가야 할 사역자들에게 명령하신다. "여호와께서 시내산 곧 그 산꼭대기에 강림하시고 모세를 그리 부르시니 모세가 올라가매 여호와께서 모세에게 이르시되… 여호와에게 가까이 하는 제사장들에게 그 몸을 성결하게 하라"출 19:20-22. 이 거룩한 예배공동체를 세우기 위해 학교도 학생, 직원, 교수들이 함께 예배의 삼각편대를 이루어, 거룩한 예배공동체를 세우기 위해 몸부림치고 있다. 학업과 업무를 잠시 중단하고, 하나님 앞으로 나아가는 시간이다.

모압 앞에서 무너지지 않기 위해, 바알 앞에 무릎 꿇지 않기 위해 자신들을 거룩하고 성결한 예배자로 세워가기 위해 몸부림 칠 때, 그들은 건강했다. 싯딤은 거룩한 예배공동체를 꿈꾸는 곳이어야 한다. 복음이 춤추는 곳, 기도와 거룩한 말씀으로 자신을 하나님 앞에 온전히 세우는 곳, 경건과 학문 훈련을 통해 이 어두운 시대를 위해 하나님께서 나를 쓰시려 할 때 부끄럽지 않은 일꾼, 부족함이 적은 일꾼이 되기 위해 노력하는 곳이 되어야 한다. 그때도, 오늘도 일어서는 비느하스가 있었는가 하면, 모압 여인들을 기웃거리는 사람, 바알 신전을 기웃거리는 사람도 있다. 오늘 우리가 그곳을 기웃거리고 있다면 오늘 우리의

'싯딤'도 무너지고 있는 것이다. 세상이 어둔 것이 문제가 아니었다. 모압이 문제가 아니었다. 모압은 언제나 있었다. 풍요와 음란을 추구하는 바알 문화는 언제나 있었다. 하나님의 사람들이 은혜를 잊어버리고, 자신의 정체성을 잊어버리는 것이 문제이다.

그래서 우리에게 필요한 것은 예배의 자리이며, 기도의 자리이다. "그때에 비느하스가 일어나 중재하니 이에 재앙이 그쳤도다. 이 일이 그의 의로 인정되었으니 대대로 영원까지로다"시 106:30-31. 우리가 수행해야 할 사명은 분명해진다. 다시 비느하스 세대로 일어서는 것, 비느하스 세대를 세워가는 것이다.

우리 시대의 모세와 같은 영적 지도자를 세우자는 취지로 시작된 테바프로젝트에 3,000여 명이 소액기부운동에 참여하고 있고, 에베소교회의 사역자 디모데와 같은 일꾼을 우리 시대에도 세워보자는 취지에서 시작된 팀프로젝트에는 200여 교회가 동참하고 있다. 기도 없이는 아무 것도 할 수 없다는 생각에서 시작한 기도후원동역교회 프로젝트에는 70여 교회가 동참하여 새벽마다 장신대와 신학생들을 위해 기도하고 있다. 이 모든 것은 교회와 성도님들의 눈물 어린 헌금으로 준비되었다. 신학생이 하나님 나라와 교회를 세울 일꾼들이기 때문이다. 교회는 기다리고 있다. 이 어두운 영적인 밤에 교회를 세우고, 성도들을 세워갈 비느하스들이 달려오기를 기다리고 있다.

16

모든 중심에 그분이 계시면 된다

> 당신의 전체 생애가
> 아멘과 할렐루야가 되기를 기원합니다.
> 마음을 고요히 하세요.
> 그러면 보게 될 겁니다.
> 보면 알게 될 겁니다.
> 알면 사랑하게 될 겁니다.
> 사랑하면 찬양하게 될 겁니다.
> ― 어거스틴

어느 '시'의 시대

4년 전, 이맘때 총장 임기를 시작하면서 계속 생각이 났던 시가 있었다. 그래서 결국 22대 총장 취임식 취임사에서 그 시를 읽었다. 임기 끝자락, 마지막 개강예배 설교를 준비하는데 계속 그것이 생각이 났다. 우리가 지금 숨 쉬고 살아가는 시대이며, 대처해 가야 할 상황이고, 사역이 펼쳐지는 시대라는 생각을 갖게 하는 시였기 때문이다.

라면이 끓는 사이/ 냉장고에서 달걀 하나를 꺼낸다/ 무정란이다/ 껍데기에는 붉은 핏자국과 함께 생산 일자가 찍혀 있다/ 누군가 그를 낳은 것이다/ 비좁은 닭장에 갇혀, 애비도 없이/ …곧장 가격표가 붙고 유통된다/ 소비는 그의 약속된 미래다/ …그는 완전한 무엇이 되어 세상 밖으로 날아오르기를 꿈꾸지 않았다/ 자신의 처지를 한탄하거나/ 누군가를 애끓게 사랑했던 기억도 없다/ 그런데 까보면 노른자도 있다/ 진짜 같다.[1]

이창기 시인의 산문시, '시의 시대'라는 작품이다. 무정란의 시대, 가짜와 진짜가 구분이 안 되는 시대, 생명 없는 것들이 판을 치는 시대란다. 타락한 세상은 처음부터 그랬다. 더 큰 문제는 생명을 외쳐야 할 시, 생명의 세계를 보여주어야 할 시가 제 역할을 하지 못하는 것이다. '무정란의 시'가 넘쳐나고 있는 것이 오늘 우리 시대의 문제란다.

'시'로 형상화 한 단어에 '교회, 사역, 설교, 예배'란 단어를 넣으면 가슴이 먹먹해진다. 무정란의 예배, 무정란의 설교, 무정란의 교육, 무정란의 선교…. 무정란과 유정란이 분간되지 않고, 생명 없는 것이 판을 치는 것이 우리 시대의 비극이라고 말한다. 자기 욕심에 사로잡혀 이름 드러내기에 분주한 시대, 거룩한 사역마저도 인간 욕심의 도구로 변질되어 가는 시대, 거짓이 판을 치고, 거룩한 자리에도 세속의 가치관이 들어와 판을 치는 시대, 무엇이 진리이고 바른길인지 모호함과 불확실성이 지배하는 시대란다. 이런 시대를 밝혀야 할 시가 제 역할을 하지 못하는 시대, 시답지 않은 시가 넘쳐 나는 시대란다. 이런 시대를 무엇으로 밝혀갈 것이며, 어떻게 대처해 나갈 것인가?

---

[1] 이창기, "시의 시대," 전문. 이창기, 『착한 애인은 없다네』 (서울: 창비사, 2014),

어느 도망자들 이야기

젊은 날에 큰 성공을 거두어서 많은 이들의 부러움 대상이었던 사람이 있었다. 하지만 대역죄인의 누명을 쓰고 도망자의 삶을 살게 된다. 붙잡히면 죽임을 당할 도망자의 삶을 산 지 십수 년이 지나가고 있었다. 얼마나 힘이 들었을까? 눈물의 기도는 얼마였으며, 억울하고 분해서 밤잠을 이루지 못했던 시간은 얼마였을까? 하지만 거기에도 하늘 위로는 준비되어 있었다. 마음이 같고, 뜻이 같고, 비전이 같은 사람들을 많이 붙여주셨다. 도망자로 살아야 했던 시간은 가장 어두운 시간이었으나 가장 행복한 시간이었다.

다윗은 오랜 도망 생활 때문에 수년 동안 고향에 가지 못했다. 부모님이 계신 고향 베들레헴은 언제나 마음 깊은 곳에 자리 잡고 있었다. 강대국 블레셋이 침공해 베들레헴과 그 주변 땅을 점령해 버렸기 때문에 이제는 갈 수 없는 땅이 되었다. 어느 날, 그는 숙소로 쓰고 있던 동굴에서 장수 몇 사람과 회의를 마친 후 굴 밖으로 나왔다. 그날따라 휘영청 달이 유난히 밝았다. "자네들도 고향에 한참 못 갔지? 나도 고향에 못 간 지 벌써 10년이 훨씬 넘었네. 요즘 들어 왜 고향 생각이 이리 많이 나는지, 우리 고향은 이제 갈 수도 없는 적국의 땅이 되었어. 고향 집 우물물이 얼마나 시원한지, 그거 한잔이면 더위가 싹 가시지. 요즘엔 그거 한잔 마셨으면 하는 생각이 들 때가 있어!" 그리움의 표현이었다. 그런 이야길 나누다가 각자 숙소로 돌아갔다.

다음 날 새벽 아직 동이 트기도 전, 부르는 소리에 그는 눈을 떴다. 나가보니 지난밤 늦게 돌아간 세 장수가 밤이슬에 흠뻑 젖어서 돌아왔다. 무엇인가를 건네는데 그들의 손에 물 한 잔이 들려 있었다. 그제야 지난밤 무심코 던졌던 말이 생각이 났다. '아니 그렇다면 이 사람들이 그 삼엄한 경비를 뚫고 고향 집에 가서 물을 떠 왔다는 말인가?'

당시 베들레헴은 블레셋 군대 총사령부가 있던 곳이니 경비가 아주 삼엄했을 것이다. 물 한 잔을 떠오기 위해 생명을 걸고 그곳에 다녀온 것이다. 참 무모하고 어리석은 사람들이다. 그런데 본문 말씀은 이들을 향해 "강한 용사" mighty men 라고 칭한다. 사람들은 그 이름을 기억하지 못한다. 하지만 하나님은 기억하신다. 그래서 성경에는 그들의 출신지까지 더하여 이름이 선명히 쓰여있다. "다그몬 사람 요셉밧세벳, 아호아 사람 도대의 아들 엘르아살, 하랄 사람 아게의 아들 삼마."

도대체 어떤 사람들이고, 어떻게 살았기에 강한 용사라고 칭하는가? 월터 브루그만 Walter Brueggemann 은 이 장면을 주석하면서 그렇게 밝힌다. "그들에게 남다른 용기와 충성심, 사랑함이 있었다. 그들은 사랑과 용기, 충성심의 모델과 같은 사람들이었다" They are the model of courage and loyalty.[2] 그들은 어떻게 사랑하고, 어떻게 용기를 내고, 어떻게 충성해야 하는지를 보여주는 모델이었다. 'a model'이 아니라 'the model'이라고 쓴다. 하나님을 섬기려면 이렇게 섬기고, 충성하려면 이렇게 충성하고, 용기를 내려면 이렇게 용기를 내야 한다는 말이다. 어려운 시대였다. 무엇으로 그들은 넘어섰는가? 섬기는 왕에 대한 사랑, 헌신, 충성심이었다. 우리는 '누구를' 왕으로 섬기고 있으며, 그분을 지금 '어떻게' 섬기고 있는가? 바로 그 물음이다.

어느 도시의 주변인 이야기

거대한 도시 문명의 그늘에 숨어 주변인으로 살아야 했던 사람들이 있었다. 오랜 역사를 가진 도시에 교회가 세워진다. 사도행전은 그

---

2   Walter Brueggemann, *First and Second Samuel: Interpretation: A Bible Commentary for Teaching and Preaching* (Louisville: John Knox Press, 1990), 347.

곳에 교회가 세워진 과정을 상세하게 들려준다. 바울 일행은 성령님의 인도하심을 따라 마케도니아의 첫 도시인 빌립보로 갔고, 그곳에서 열심히 복음을 전했는데, 그 결과가 무엇이었는가? 체포되어 죽도록 매를 맞고 감옥에 갇혔다. 그런 상황에서도 입술에서 찬양이 쏟아져 나왔고, 감사 기도로 가득했다. 예수님으로 충만했다는 말이다. 그때 신비한 은혜를 경험한다. 그 후 일행은 그곳을 떠나 데살로니가로 갔다. 마케도니아주의 중심 도시였고, 주의 수도였다. 소아시아와 유럽을 잇는 교통 요충지였고, 정치, 무역, 군사, 문화의 중심인 도시였다.

그 도시가 복음을 듣게 되었고, 그곳에도 복음을 받아들인 사람들이 있어서 교회가 세워졌다. 그런데 반대자들로 인해 온 도시에 소동이 일어났는데, 거의 폭동 수준이었다. 생명을 보존하기 위해 한밤중에 그들 일행은 80km 정도 떨어진 베뢰아로 피신해야 했다. 참 어려운 상황 아닌가? 그 이후 박해는 계속되었지만, 그 교회는 흔들림 없이 믿음을 지켰다. 거대한 도시 변두리에 살고 있던 '주변인'이었다. 출세하고, 성공하려면 그런 길에서 빨리 돌아서야 한다. 세상의 흐름을 따라 걸어가야지 그런 길을 걷는다면 영원한 주변인으로 살 수밖에 없다.

하지만 주변인이 가지는 이점도 있다. 미국의 소설가인 커트 보니것(Kurt Vonnegut. Jr.)이 한 말이 생각이 난다. "가장자리에서는 중심에서 볼 수 없는 것을 볼 수 있다. 꿈에도 생각하지 못한 큰 것을, 가장자리에선 사람들이 맨 처음 발견한다." 거대한 도시의 가장자리에서 서성거려야 했지만, 그들은 지금 온 세상의 중심이 되신 분을 보고 있다. 그분 때문에 행복했던 그들은 고달픈 길을 넉넉히 헤쳐 나간다. 불이익도 문제가 되지 않았다. '이 길을 걸으면 무슨 대가와 유익이 주어질 것인가'를 묻지 않고, '내 인생의 주인이 누구이시며, 그분이 무엇을 원하시는가'를 물으면서 걷는다. 누가 내 인생의 주인이신지, 삶의 중심이 무엇이어야 하는지를 늘 물으며 걸어간다. 그렇게 주님을 나의 구주로 받아들이고, 그분을 섬기기 위해 교회를 이루고, 온 마음으로 섬기고 있다.

멀리 고린도에서 디모데를 통해 그들의 섬김의 이야기를 전해 듣고, 바울은 무릎을 꿇고 앉아 주님께서 주시는 말씀을 이렇게 적어 보낸다.

> 우리는 여러분을 생각할 때마다 여러분을 두고 하나님께 감사를 드립니다. 우리는 하나님 우리 아버지 앞에서, 여러분의 믿음의 행위와 사랑의 수고와 우리 주 예수 그리스도를 따르면서 보여준 소망의 인내를 떠올리며 밤낮으로 기도합니다. 우리는 하나님께서 여러분을 몹시 사랑하실 뿐만 아니라 여러분에게 안수하셔서 특별한 일을 맡기신 것을 잘 알고 있습니다. 우리가 여러분에게 전한 메시지는 그저 말에 그치지 않았습니다. 여러분 안에 무엇인가 중요한 일이 일어났습니다. 성령님께서 여러분의 확신을 강철같게 해 주셨습니다.[3]

강철같은 확신, 믿음의 행위와 사랑의 수고, 소망의 인내로 대처해 갔다. 그때 못지않게 복음에 대해 적대적인 오늘, 여러분은 무엇으로 대처해 갈 것인가? 주님이 살아계시는데, 여전히 우리 가운데 운행하시고 역사하시는데, 어렵다고 돌아설 것인가? 우리에게 향하신 구원의 신비가 크고 놀라운데, 세상 가치, 행복이 더 좋다고 부르심을 내던지고 돌아설 것인가? 흔들리지도, 돌아서지도 마라. 하나님의 부르심을 하찮은 것과 바꾸지 말라.

---

3 살전 18:10, *The Message*.

재림 문제로 혼동 가운데 있다는 소식을 듣고 두 번째 편지에서도 바울은 같은 메시지를 그들에게 전한다. "그러므로 친구 여러분, 땅에 발을 딛고 굳게 서서 머리를 치켜드십시오. 우리의 말과 편지로 배운 가르침을 굳게 잡으십시오. 사랑으로 다가오셔서 끊임없이 도움과 확신을 선물로 주시며 여러분을 놀라게 하실 예수와 하나님 우리 아버지께서, 친히 여러분 안에 새로운 마음을 주시고, 여러분의 일을 격려하시며, 여러분의 말에 생기를 더해 주시기를 바랍니다" 살후 2:15-17, The Message.

어려움의 시간

목숨을 걸고 베들레헴에 잠입한 세 용사에게는 해피엔딩의 각본도 없었고, 안전에 대한 보장도 없었다. 그렇게 달려가다가 죽을 수도 있었다. 그러나 그들은 달려간다. 그들에게 그 정도는 아무것도 아니었기 때문일까? 그들이 섬기는 주군主君을 사랑했고, 생명을 드려도 아깝지 않을 만큼 사랑했기 때문이었다. 헌신의 사람들이었기 때문이다.

아주 오래전, 미국에서 박사과정 때 있었던 일이 생각이 났다. 박사과정 세미나에서 설교학자 토마스 트로거 Thomas H. Troeger 박사의 설교 신학에 대한 발제를 준비하고 있었다. 그의 책뿐만 아니라 행한 설교 녹음테이프까지 뒤졌다. 어느 교회에서 행한 설교에서 그는 20세기 최고의 교회 부흥을 경험한 한국교회 성장의 이유를 설명하고 있었다. 이것은 그의 설교 가운데 나오는 이야기이다.

한국전쟁 당시, 인민군이 한 마을을 점령한 후 사람들을 교회당에 모두 모이게 했다. 반동분자를 색출하여 현장에서 처형하기 위해 신문하던 인민군 장교가 붙잡혀 온 사람에게 물었다. "무엇하던 사람이야? 너희들 예수쟁이지?" 선뜻 나서는 사람이 없자 그는 좋은 수가 생겼다는 듯 회심의 미소를 지으며 교회당 뒤편으로 걸어갔다. 교회당 뒷벽에 걸려있는 예수님의 성화를 떼어 가지고 와서 땅에 팽개치고, 침을 뱉고 군홧발로 짓밟았다. 그리고 붙잡혀 온 사람에게 총을 겨누며 침을 뱉고, 성화를 짓밟도록 위협했다. 그러나 그들은 아무도, 어린아이들까지 아무도 주님을 배반하지 않았다. 그리고 그들은 죽어갔다. 그들의 귀한 헌신, 눈물의 헌신, 그들의 목숨과 자식의 목숨까지도 드리는 피의 헌신이 있었기에 교회가 세워졌다.

그렇게 주님을 섬긴다면 최소한 산다는 보장은 있어야 하는 것 아닌가? 그런 보장이 없었다. 그런데도 생명을 걸고 주님을 섬겼다. 그렇게 헌신하는 사람들이 있었기에 한국교회가 세워졌다는 그의 분석은 옳았다. 몇 년 전, 북미설교학회에서 만나서 이런저런 이야길 나누다가 그 설교 이야길 했더니 어떻게 자기 설교 내용까지 기억하느냐며 그렇게 좋아할 수가 없었다. 오늘 필요한 사람은 논리 정연한 '머리꾼'도, '이론가'도, 정확한 논리로 잣대질하는 '비평가'도 아니다. 오늘 필요한 사람은 '헌신하는 사람'이다. 헌신하는 사람이 있어 데살로니가 교회가 세워졌고, 이스라엘 신앙공동체가 세워졌다.

오늘 우리에게는 더 이상 생명을 위협하는 총부리도, 핍박도 없다. 하지만 부요하여 하나님을 찾지 않고, 열정이 사라져 버렸으며, 자기 소견대로 살아가는 시대, 모호성이 지배하고, 생명 아닌 것이 판을 치는 무정란의 시대가 되었다. 아니 복음이 무기력해졌고, 신학생들이 허우적거리고 있고, 사역자들이 허우적거리고 있는 그것이 문제이다. 이 시대를 무엇으로, 어떻게, 어떤 마음과 자세로 밝혀가야 할까?

세움 받은 자리에서 나름 성실하게, 바로 섬기기 위해 몸부림치며 달려왔지만 걸어온 길을 가만히 돌아보면 하나님 앞에 죄송한 것 투성이다. 그 어간, 주님께서 무엇을 원하실까 고뇌하며 기도했던 시간도 있었고, 하염없이 울어야 했던 시간도 있었다. 억울하고 분해서 밤잠을 이루지 못한 시간도 비껴가지 않았다. 나름대로 하나님 앞에서 부끄럽지 않게 살려고 노력했고, 총장이 되어서는 지인으로부터 선물 받은 '옳을 의'義 자가 적힌 서예 족자를 가져다 총장실에 걸어놓고 최대로 공정하게 모든 일을 하려고 노력했지만 억울한 일도 많았고, 밤잠을 이루지 못한 날도 하루 이틀이 아니었다. 평생 지켜온 나의 명예를 짓밟는 이들도 있었고, 학교를 공격하고 허위 사실로 나를 공격하는 이들도 있었다. 힘든 시간이었다. 하지만 주님께서 부족한 사람을 사용해 주심에 대한 감격 때문에 버틸 수 있었다. 평양에서 광나루까지 124년 동안 하나님께서는 초대 교장 사무엘 마펫으로부터 18명의 리더를 세우셔서 학교를 섬기게 하셨는데, 부족한 사람을 18번째로 세워주신 은혜에 대한 감격을 잃지 않기 위해서 새벽마다 엎드렸다.

그렇다. 인생길, 사역의 길에서 우리는 이야기를 만든다. 그리고 우리는 결국 이야기로 남는다. 구약의 세 용사의 이야기가 참 아름답지 않는가? 거대한 도시와 웅장한 문화의 가장자리, 변두리에 서 있지만 그 도시의 그리스도인들 이야기가 참 아름답다. 우리도 지금 이야기를 써가고 있다. 그래도 생각보다 인생도, 사역도 재미있다. 아무리 힘들어도 우리 주님 시퍼렇게 살아계시니 막막함과 불안함이 서려 있어도 힘을 내자. 하나님께서 잘해 주실 것이다. 좋은 일이 더 많을 것이다.

1997년 발매된 조용필의 16집 앨범 「Eternally」에 수록된 곡인 "바람의 노래"를 종종 꺼내 듣는다. 노랫말도 좋고, 절규하듯 외치는 가수의 열정이 좋아서이고, 노래 가사도 아름다운 한 편의 시이기 때문이다. "내가 아는 건 살아가는 방법뿐이야/ 보다 많은 실패와 고뇌의 시간이/ 비켜 갈 수 없다는 걸 우린 깨달았네/ 이제 그 해답이 사랑이라면/ 나는 이 세상 모든 것들을 사랑하겠네." 이 세상의 모든 것들을 사랑하며 길을 가겠다고 한다. 그것이 구약의 세 용사의 마음이었고, 음란하고 타락한 거대한 도시 가장자리에 서 있었던 교회, 그리스도인들의 마음이었다.

 19세기, 독일의 교회는 긴 시간이 지나가면서 예배도, 설교도, 사역도 형식화 되고 생명력이 약해지고 있었다. 그때 승리자 예수님의 복음의 능력을 생생하게 들려주었고, 경험할 수 있게 했던 설교자가 있었다. 요한 크리스토프 블룸하르트 Johann Christoph Blumhardt. '하나님의 현실성' die Wirklichkeit Gottes 과 '하나님 나라의 새로운 돌입' new breakthrough 을 선포하고, 실재화 하는 설교 사역을 감당했던 설교자였다. 뫼틀링겐에서 첫 담임 목회를 시작했는데 영적으로 죽어있는 교회였다. 첫 5년 동안 아무리 노력하고 몸부림을 쳐도 결국 문을 닫아야 할 상황으로 치닫고 있었다. 그런데 '결정적 전환점'을 이룬 사건이 일어난다. 참혹한 질병에 걸려 죽음의 문턱에 서 있던 한 여인의 치유 사건이었다. 악령에 사로잡혀 심각한 영적 억눌림과 고통을 당하고 있던 그를 치유하기 위해 오랜 기간 처절한 영적 싸움을 계속한다.

> 위로부터 승리의 영이 그 위에 내려왔고, 그와 함께 머물렀다. 그가 어렸을 적 성경에서 읽었던 주님의 은혜로우시며 강력하고도 의미심장한 개입하심을 경험하였다…. 영적 대적들이 사람들로부터 하나님의 이름과 그의 아들 예수 그리스도의 이름을 감춰버리기 위해 조작을 하고 있으며, 그가 배워야 할 것은 오직 하나님과 예수 그리스도의 존재에 대해 묻고 배워야 할 진정한 탐구의 대상이 되어야 한다는 사실을 그는 깨닫게 되었다. 하나님 나라의 대의 cause 가 진작

된다면 그러한 대적들은 그분의 발 앞에 놓인 발판이 되고 말 것이다…. 그때 악령의 반항은 더 거세졌고, 죽일 듯 달려들었지만, 그는 전혀 동요하지 않았고 오히려 더 굳게 서서 기도로 대처하였다. 계속 치열한 영적 싸움 가운데서 성경이 기록한 대로 모든 질병을 최종적으로 치료하시는 분은 오직 하나님과 예수 그리스도, 성령님의 역사라는 확신을 가지고 전적으로 말씀과 기도에 끈질기게 매달렸다. 결국 역사하던 악령은 '예수님은 승리자다!'라는 큰 외침과 함께 떠나갔다.[4]

승리자 예수님, 그분이 중심에 계시면 된다. 인생의 중심에, 학업의 중심에, 사역의 중심에, 삶의 중심에 그분이 계시면 된다. 모든 중심에 그분이 계시면 된다. 사도행전 15장에 나오는 초대교회의 예루살렘 공의회는 이방인들이 복음을 듣고 믿음을 갖게 되었는데, 그들이 율법을 어떻게 준수하게 할 것인지에 대해 중요한 결정을 내린다. 모세의 율법대로 그들도 할례를 받아야 한다는 주장에 대해 바울과 바나바 등 안디옥 교회 지도자들이 예루살렘 교회를 방문하면서 열린 공의회였다. 유대주의자들은 이방인의 할례 문제를 양보하고, 안디옥교회 지도자들은 부가되는 율법 조항을 양보하면서 아름다운 합의가 이뤄진다. 누가 더 힘이 있고, 주도권을 잡을 것인지, 누구의 의견을 따라야 할 것인가의 이슈가 아니라 그들의 논의의 중심에 그리스도가 계셨기 때문에 가능한 일이었다.

예루살렘 그리스도인들의 관심사는 이야기를 제대로 이해하는 데

---

4 김운용, 『하늘 신비를 담아내는 설교』 (서울: 장로회신학대학교 출판부, 2025), 355-56.

있습니다. 처음부터 시작하지 않으면 어떻게 이야기를 바로 이해할 수 있겠습니다. 한 번의 대화로는 한 사람을 정확하게 이해할 수 없습니다…. 예수님이 성취하신 구약의 이야기와 실천에 푹 잠기지 않고는 누구도 예수님을 이해할 수 없습니다. 예수님이 꽃이라면 유대교는 줄기와 잎, 근계와 토양입니다. 안디옥 그리스도인들의 관심사는 복음 이야기를 단순하게 유지하는 것입니다…. 기독교 복음의 특별함은 예수님이 내가 있는 바로 그 자리에서 나를 받으시고 내 삶의 재료로 새로운 이야기를 창조하신다는 것입니다. 두 가지 관심사는 모두 타당했습니다. 문제는 양측 모두 자신들의 옳은 부분만 볼 수 있었다는 것입니다. 그들은 논쟁했습니다. 토론했습니다. 예루살렘 교회의 지도자인 베드로가 안디옥 측을 대변하는 연설을 하자 상황이 조금 풀리기 시작했습니다. 야고보는 예루살렘교회와 안디옥교회가 열정적으로 쏟아내는 각각의 관심에 귀를 기울였습니다. 그는 경청하고 숙고하고 기도했습니다. 그러고 나서 그가 찾아낸 해결책은 지금도 우리를 이끌어줍니다. 야고보가 내린 결정은 바로 이것입니다. '우리는 서로가 필요하다. 하지만 우리는 서로에게 자신의 생각을 강요하지 않을 것이다. 그리스도가 중심이시다. 예루살렘도 아니고, 안디옥도 중심이 아니다. 그리스도가 중심이시다.'[5]

어두움이 가득한 시대, 진리 아닌 것들이 판을 치는 무정란의 시대를 우리 믿음의 선배들이 그랬듯이 '다시 복음으로' 우리가 등불을 밝혀가자고 방향을 정하였다. 우리가 살아나면 된다. 그래서 우리는 계속해서 자신에게 외쳐야 한다. Re-vive, PUTS! 그렇게 외치고 난 가슴에

---

5   Eugene H. Peterson, *Lights a Lovely Mile*, 홍종락 역, 『길 위의 빛 예수 그리스도』(서울: 복있는 사람, 2024), 381-382.

찬송이 고인다. 우리도 고백할 수 있을까?

하나님 독생자 예수 그리스도/ 그분만이 오직 길과 진리 생명이라/ 세상 다 변하고 사람들 변해도/ 나에겐 복음/ 십자가뿐이라/ 하나님 독생자 예수 그리스도/ 그분만이 나의 길과 진리 생명이라/ 세상이 비웃고 사람들 떠나도/ 나에겐 복음/ 십자가 뿐이라/ 다시 복음으로/ 다시 십자가로/ 다시 하나님께로 나아갑니다/ 오직 복음만이/ 오직 십자가만이/ 오직 하나님만이/ 나의 전부입니다/ 오직 하나님만이/ 나의 전부입니다.[6]

다시
복음으로

6 손경민 작사, 작곡, "다시 복음으로."

17

Holy Distinction*
세상 속에서 구별된 자로, 그분의 거룩한 백성으로 살라

내야 흙이온데
밀랍이듯 불 켜시고
한평생 돌이온걸
옥의 문양 그으시니
난생 처음
이런 조화를 보겠네
― 김남조[1]

두 도시 이야기

1859년 발표된 영국 소설가 찰스 디킨스^{Charles J. H. Dickens}의 역사소설 『두 도시 이야기』는 프랑스 혁명기를 배경으로 펼쳐지는 사랑과 희생의 이야기를 담고 있다. 2억 부가 팔려 지금껏 '세계에서 가장 많이 팔린 단행본'으로 기록되고 있다. 소설의 첫 문장은 그렇게 시작한다.

> 최고의 시절이자 최악의 시절이었고, 지혜의 시대이자 어리석음의 시대였다. 믿음의 세기이자 의심의 세기였으며, 빛의 계절이자 어둠

---

[1] 김남조의 시, "선물," 일부.

의 계절이었다. 희망의 봄이자 절망의 겨울이었다. 우리 앞에는 모든 것이 있었지만 한편으로는 아무것도 없었다. 우리 모두는 천국으로 향해 가고자 했지만, 다른 방향으로 걸어가고 있었다. 간단해 말해서 그 시대는 오늘의 시대와 같은 꼴이다.[2]

혼탁한 시대에 사람들은 바른길로 가기를 원하지만 "엉뚱한 방향으로 걸어가고" 있었다. 약간의 차이는 있지만 당시 두 도시는 혼돈과 어둠에 덮여 있었고, 혁명의 당위성 앞에 서 있었다. 런던은 법치주의 아래 합리적 통치와 위로부터의 혁명, 즉 무혈혁명에 성공해서 안정을 누리고 있었다면, 파리는 부패한 왕정으로 인해 혁명에 대한 열망이 용광로처럼 끓으면서 피의 혁명을 통해 왕정이 무너졌다. 디킨스는 첫 문단에서 결론과 같은 내용을 먼저 제시한 후에 긴 이야기를 풀어간다. '그 시대는 오늘의 시대와 같은 꼴이다.'[3]

하나님을 떠난 시대, 부요와 욕심을 따라 분주한 시대, 법과 질서, 원칙이 무시 되는 시대에는 언제나 어두움이 가득했다. 복음의 진리를 따라 크리스천 리더가 되기 위해 선지 동산에 올라온 이들 앞에도 두 갈래 길이 놓여 있다. 최고의 시간과 최악의 시간, 지혜가 넘치는 시대와 어리석음으로 넘치는 시대, 믿음의 시대와 의심의 시대, 빛의 계절과 어둠의 계절, 희망의 봄과 절망의 겨울, 디킨스는 속삭인다. '지금 당신이 어떤 길을 선택하여 걷는지에 따라 그 시대가 달라질 수 있다.'

---

2   Charles Dickens, *A Tale of Two Cities* (New York: Signet Classic, 1997), 13.
3   김운용, 『하늘 신비를 담아내는 설교』, 48.

두 지도자 이야기

　열왕기서를 묵상하다가 갈림길에 서 있는 사람들의 이야기를 들을 수 있었다. 한 나라, 한 도시 이야기로 시작하더니 그 도시의 지도자 이야기로, 그리고 영적 지도자 이야기로 확대된다. 어두움의 시대였다. 진리가 힘을 잃고, 무엇이 옳은지, 무엇이 바른길인지 구분이 안 되는 모호함과 불확실성이 지배하는 시대였다. 다행스러운 것은 비록 소수였지만 거기 바른길을 걸어간 사람들이 있었다. 말씀은 계속 확장 되어 가는 구조로 전개된다. 처음 이야기에는 어두움이 가득한데, 차츰 희망과 빛의 이야기로 서서히 바뀌고, 얼어붙은 겨울 왕국에서 서서히 새봄이 열리는 구조이다.

　다윗 왕조는 특별한 하늘 축복과 은혜로 시작했다. 하지만 3대를 가지 못하고 온 나라에 어두움이 뒤덮인다. 그에 대한 성경의 결론은 단순하다. 하나님을 잊어버렸고, 은혜를 잊어버렸고, 하나님의 말씀을 잊어버렸기 때문이다. 결국 둘로 쪼개진다. 열왕기상 14장부터 16장까지 그렇게 나뉘진 두 나라, 두 도시에서 일어나는 권력 찬탈 이야기가 펼쳐진다. 열왕기 사가는 그 이야기를 전하면서 한 가지 사실을 계속 상기시킨다. '너희 시대와 닮은 꼴이다.' 성경은 그 시대 이야기의 결론을 그렇게 맺는다. "여호와 보시기에 악을 행하여…."

　열왕기상 16장 중반부터는 북왕국 이스라엘의 지도자들 이야기로 좁혀간다. 오늘 우리 시대만큼이나 진실이 통하지 않고, 음모와 권력 암투가 벌어지고, 반란의 반란을 거듭하는 시대였다. 그리고 두 지도자 이야기로, 다시 한 지도자 이야기로 좁혀간다. 그들은 아버지와 아들이었다. 세상적으로 보면 이들은 북왕국 이스라엘의 유능한 군주였다. 아버지 오므리는 12년이라는 비교적 짧은 재위 기간에 불안정한 나라와 왕권을 굳건하게 세운 능력 있는 왕이었고, 아들 아합은 부친의 정책을 계승하여 나라를 안정시키고 외교력을 발휘하여 왕권과 국권을 강화한 지도자였다.

세상적으로는 유능하고 탁월했을지 모르지만, 성경의 평가는 완전히 달랐다. "오므리가 여호와 보시기에 악을 행하되 그 전의 모든 사람보다 더욱 악하게 행하여… 이스라엘의 하나님을 노하시게 하였더라" 왕상 16:25-26. 아버지의 정책을 그대로 따라 나라를 더 부강하고 든든하게 만든 아들에 대한 평가는 어땠을까? "오므리의 아들 아합이 그의 이전의 모든 사람보다 여호와 보시기에 악을 '더욱' 행하여… 그 이전의 이스라엘의 모든 왕보다 심히 이스라엘 하나님 여호와를 노하시게 하였더라" 왕상 16:30, 33.

하나님 보시기에

'나쁜 왕, 나쁜 놈!' 그 정도 선에서 멈추지 않는다. 성경은 축약해서 함축적으로 들려준다. "여호와 보시기에 악을 행하여…." '악을 행하였다'가 먼저 언급되지 않고 "여호와 보시기에"가 먼저 나온다. 하나님께서 보고 계셨다. 아무리 잘 위장하고, 거짓말을 늘어놓고, 홍보를 해도 하나님께서 보고 계셨다. 우리는 타락한 세상과 교회를 하나님의 말씀을 따라 바로 세우려고 했던 '개혁교회 전통' 위에 서 있다. 바른 신학을 통해 교회와 세상을 바로 세우려고 했던 '개혁 신학 전통'에 서 있다. 우리는 매 순간마다 성찰해야 할 것이 있다. '나는 하나님 앞에 서 있다, 하나님께서 나를 보고 계신다.' 불꽃 같은 눈으로 감찰하시는 하나님 앞에 서 있는 존재라는 인식, 즉 '신전의식'神前意識이 필요하다.

그래서 장신대 중앙광장 미스바에는 밤낮으로 선명하게 보이는 문구가 외치듯 서 있다. 나라가 어려울 때 기도하던 자리이고, 하나님의 말씀에 따라 목소리를 높이던 자리이고, 잘못된 정권에 대해 저항했던 곳이고, 때론 교회가, 교단이 방향을 잃고 표류할 때 저항의 목소리를 높였던 곳이다. 때론 금식하고, 철야하며 하나님의 긍휼을 구하던 자리이다. 그 역사적인 자리를 지나가는 이들을 향해 낮에도 밤에도 외치는 소리, 갈림길에 서 있는 이들, 미몽에서 헤매는 이들을 향해 외치는 구호, "Coram Deo, 하나님 앞에서!" 그것은 개혁 신학의 근간이자, 장신 신학의 핵심이다. 그것이 세상에서 기죽지 않고, 당당하게 만들고, 무명이어도 가난해도 기죽지 않고, 하나님의 사람들로 당당하게 걸어가게 한다. Coram Deo. 누가 나를 알아주지 않아도, 박수를 보내지 않아도 당당하게 달릴 수 있도록 하는 동력이다.

그것을 알지 못해, 만왕의 왕이신 그분을 믿지 않았기에 그들은 악을 행하고 있었고, 수단과 방법을 가리지 않았다. 유익이 된다면 수단 방법을 가리지 않았고, 이방 나라의 우상도 가져다가 세우고, 신앙도, 양심도, 신앙 전통도 다 팔아버렸다. 아합은 가장 부요한 시대를 열었고, 국민 지지율도 높았던 지도자였다. 그래서 교만했고, 유익이 된다면 수단과 방법을 가리지 않고 권모술수를 행했던 사람이었다. 믿음의 전통도 하나님의 말씀도 별로 중요하지 않았다. 무엇이 내게 유익인가에만 온 마음을 두고 살고 있었다.

갑자기 무대 위에 세워진 사람

그 혼돈의 시대, 어두움이 가득한 시대에 갑자기 무대 위에 한 사람이 뛰어 올라온다. 그에 대한 소개도 거의 없다. 다른 이들은 출신, 집안, 삶의 여정까지 비교적 자세하게 소개하면서도 열왕기 사가는 그에 대해서는 별다른 소개도 없다. 의도적이다. 갑자기 무대 위에 세워지는 구조이다. 디셉 사람 엘리야. 시대가 너무 급해서 하나님께서 특별히 불러 세우신 모습이다. 성경은 이 광경을 아주 간단하게 설명한다. "여호와의 말씀이 엘리야에게 임하여…" 왕상 17:2, 8. 하나님의 말씀 때문에 일어섰고, 그분의 부르심 때문에 일어섰다. 말씀의 등불을 손에 들려주시니 그것을 들고 일어났고, 그분이 지시하시는 곳으로 달려간다. 거대한 왕권 앞에서는 작고 희미해 보일지 모르지만 그를 통해 진리의 세계가 펼쳐진다. 빛의 시대가, 믿음의 시대가 열리고 있다.

그렇게 신실하게 순종하며 달렸고, 사역을 감당하지만, 그는 그 시대에 그리 환영받지 못한 인물이었다. 전하라고 주신 메시지는 권력자의 분노를 일으킨다. 그렇게 시대를 거슬러 잘못된 권력을 비판했던 것은 본래 겁이 없고, 세상 물정 모르는 사람이었기 때문이었을까? 아니었다. 하나님의 부르심 때문이고, 그분의 말씀 때문이었다. 그분의 명령 때문이었다. 왕의 명령을 수행하는 자, 그 어두움의 시대에 그가 희망이 되었던 이유이다.

하나님의 부르심을 따라 달려간다. 그래서 그 악한 왕이 회개하고 돌아왔던가? 바로 상황이 달라졌을까? 그 명령을 수행하고 난 후 그는 심각한 생명의 위협을 당한다. 그에 대한 하나님의 대책이 무엇이었는가? 인적없는 그릿 시냇가에 가서 몸을 숨기란다. 까마귀가 먹을 것을 물어다 줄 것이니 그것 먹으면서 숨어있는 것이었다. 참 궁색하다. 그런데 가뭄이 심해지면서 시냇물이 다 말라버렸다. 그랬더니 사르밧으로 가서 한 과부 가정에 얹혀살라 하신다. 그것도 밀가루 한 줌 남아서 아들과 마지막 빵을 만들어 먹고 굶어야 할 상황에 있는 한 과부의 가정을 지명하시며 그 집에 얹혀살라 하신다. 그것도 3-4일은 걸어야 하는 140km 이상 떨어진 사르밧의 한 과부 집이었다. 참 궁색하다.

하지만 그 하나님의 사람은 거기에서 왕 되신 하나님을 신뢰하는 훈련을 받고 있었고, 그분의 말씀을 따라 길을 걷고, 세상을 보는 훈련을 받고 있었다. 하나님은 그에게 하나님의 사람으로 사는 방법을 훈련하고 계셨다. 하나님의 구원 드라마가 펼쳐지는 무대 위에 세워진 그 사람은 지금, 말씀에 이끌려 사는 훈련, 순종훈련을 받고 있었다. "그가 여호와의 말씀과 같이 하여…" 왕상 17:5. 잘 먹고 편히 사는 길을 찾고, 좋은 자리, 높은 자리를 탐하는 사람이었다면, 왕의 비위를 맞추고, 적당히 타협하고 눈감고 살면 되었을 것이다, 바알에게 고개도 숙이고, 필요하면 적당히 거짓말도 하고, 음란파티에도 적당히 몸도 담그고, 그렇게 '아합의 길'을 따라 살면 된다. 하지만 그 하나님의 사람은 그 길을 따르지 않았고, 묵묵히 하나님의 길, 말씀의 길을 따라 걸어간다. 거기에 생명의 봄이 열린다. 한 시인은 마치 그 광경을 보고 우리 시대가 그리되어야 한다는 듯이 그의 노래를 이렇게 들려준다. "눈 내리고 내려 쌓여 소백산 자락 덮어도/ 매화 한 송이 그 속에서 핀다/ 나뭇가지 얼고 또 얼어/ 외로움으로 반질반질해져도/ 꽃봉오리 솟는다."[4]

그렇게 하나님 앞에서 사는 사람, 그분의 말씀에 이끌리는 사람, 그가 서는 곳에서 생명의 역사가 일어난다. 죽은 아이가 살아나고, 하나님이 없어 목말랐던 그 기갈의 시대에 영적 갈증이 해결된다. 예배 제단에는 하늘에서 불이 내려오는 역사가 일어나고, 세상과 타협하며 눈치를 보던 사람들이 하나님께 마음을 돌리기 시작한다. 중요한 것은 그 시대가, 그 도시가, 그 교회가 하나님의 살아계심과 현존에 생생하게 사로잡히고 있었다는 사실이다. 부르심을 따라 사는 사람, 자신을 세상과 구별하여 하나님 앞에 바로 서기 위하여, 바로 살기 위하여 몸부림치는 사람이 우뚝 서 있었기 때문이다.

---

4 도종환의 시, "홍매화," 일부.

우리도 오늘 '두 도시'에서 살아간다. 두 길 앞에서 살아간다. 향락과 명예, 돈을 좇아 분주할 수도 있고, 하나님의 말씀에 이끌려 살 수도 있다. 우린 부르심을 따라 산다. 무엇보다 자신을 구별하는 훈련을 하라. 하나님의 말씀에 이끌리고, 소명에 이끌리는 삶을 훈련하라. 그러려면 하나님의 말씀에 집중하고, 그 말씀을 신뢰하고, 그것을 실천하는 훈련이 필요하다. 영적 분별이 필요하기 때문이다. 무엇이 하나님의 뜻이고, 어떤 것이 그분의 부르심의 길인지 분별해야 한다. 영적 분별은 "하나님의 뜻이 무엇인지, 하나님이 어떤 것을 기뻐하시고 어느 것은 그렇지 않은지, 어떤 방향이 하나님이 원하시는 방향이고, 어떤 방향은 그렇지 않은지를 구분하는 것"이다 "자신을 향한 하나님의 마음과 기대를 알아차리는 것이고 어떤 방향으로 인도하시는지 구별하는 것"이다.[5]

'경건'을 뜻하는 히브리어 הָסִיד 하시드나 헬라어 εὐλάβεια 유라베이아는 그분의 현존과 역사하심 앞에서 자신을 구별하고, 거룩한 두려움을 가지고 산다는 뜻을 가진다. "여호와께서 자기를 위하여 경건한 자 חָסִיד를 택하신 줄 너희가 알지어다" 시 4:3. 하나님께서는 그런 자를 택하시고 부르셨다. 하나님 앞에 서 있고, 그분에 대한 거룩한 두려움을 가졌기에 그들은 세상을 두려워하지 않는단다. 권력자, 부자 앞에서 비굴해지지 않고 당당하다. "그러므로 우리는 흔들리지 않는 나라를 받았으니, 감사를 드립시다. 그리하여, 경건함과 두려움으로 하나님이 기뻐하시도록 그를 섬깁시다" 히 12:28, 새번역. 구별된 자로 그분 앞에서, 그분의 거룩한 백성으로 살아라! 우리 주님의 초청이다. 결단할 수 있을까? 언젠가 입학 예배에서 신입생들과 눈물로 불렀던 찬양이 기억이 난다. 그 찬양은 젊은 신

---

5 김경은, 『묵상과 기도』(서울: 성서유니온, 2023), 30.

학도들의 마음 깊은 간구였고, 소원이었다.

> 내 손에 들려있는 지팡이 사용하셔서/ 주님만이 주되심을 나타내소서/ 맡겨주신 사명을 감당할 힘을 주시고/ 주 이름만 높이게 하소서/ 완악한 세상에서 믿음을 지키는 자로/ 선하신 주 의지하여 살게 하소서/ 거룩한 백성으로 구별된 주의 자녀로/ 주 이름만 따르게 하소서/ 나의 하나님 그는 여호와/ 유일하신 이름/ 그 위대하심 찬양해/ 세상 속에서 구별된 자로/ 주가 주되심을 나 선포하리라.[6]

주가 주되심을

---

6 박은미 작사, 임선호 작곡, "주가 주되심을."

18
Messenger
누군가 우뚝 서 있어 봄 동산이 펼쳐진다

봄이 꽃나무를 열어젖힌 게 아니라
두근거리는 가슴이 봄을 열어 젖혔구나
봄바람 불고 또 불어도
삭정이 가슴에선 꽃을 꺼낼 수 없는 건
두근거림이 없기 때문이다
두근거려 보니 알겠다
— 반칠환[1]

달려온 사람이 있어

아주 오래전, 미국의 한 젊은이가 대학을 졸업하고 스코틀랜드 에든버러대학에 유학을 다녀왔다. 당시 최고 엘리트 코스를 밟은 것이다. 하지만 그는 강한 부르심에 이끌려 당시 미국 남장로교 대표 신학교인 버지니아 유니온신학교에 진학한다. 깊은 어두움 가운데 있는 아시아의 작은 나라 코리아에 선교사로 가기 위해서였다. 하지만 그 청년은 학교 졸업 후 조선 땅으로 달려가지 않고, 그곳에서 한 시간 남짓 떨어진 샬롯츠빌 Charlottesville 로 달려간다. 토마스 제퍼슨이 세운 학교인 버지니아주립대학교 University of Virginia 의과대학에 진학한다. 의사가 되기 위해

---

1 반칠환의 시, "두근거려 보니 알겠다," 전문. 반칠환, 『새해 첫 기적』(대전: 지혜, 2020), 25.

서였다. '지금 조선 땅에는 목사 선교사도 필요하지만, 의사 선교사가 더 필요하다.' 유니온을 방문한 한 조선 선교사의 이야기를 들었기 때문이었다. 의사 면허^{MD} 취득 후 수련의 과정까지 마친 후, 1898년에 그는 조선 땅으로 달려간다. 깊은 어두움에 둘러싸인 미지의 땅으로 달려간 것은 그의 가슴에 생명의 복음이 진동하고 있었고, 주님의 부르심이 있었기 때문이다.

당시 조선의 상황은 언어습득을 위해 차분히 앉아 있을 수 없을 정도로 피폐했다. 1897년 개설된 목포 선교스테이션으로 달려가 유진 벨 Eugene Bell 선교사와 함께 사역을 시작한다. 주로 밤에 한국어를 공부하고, 낮에는 말씀 사역과 진료를 감당했다. 미국 북장로교 의사 선교사였던 조지아나 휘팅 Georgiana Whitting 과 결혼하면서 그의 사역은 힘을 얻게 되었다. 남도 여러 지역을 순회하면서 복음 증거와 환자 치료에 전념하였고, 호남지방 선교는 활기를 띠기 시작했다.

하지만 그가 담당했던 선교 지역은 너무 넓었고, 무료 진료 소문이 퍼져나감에 따라 환자들이 몰려오면서, 결국 과로로 쓰러지기에 이른다. 건강 악화로 치료를 받아야 하는 상황이라 본국으로 돌아간다. 그렇게 1년여 기간 치료를 받은 후 1903년 10월, 조선 땅으로 돌아온다. 광주 선교스테이션을 기점으로 화순, 무안, 목포, 영암, 해남, 완도, 진도, 강진, 장흥, 고흥, 여수, 순천, 광양, 보성 지역을 중심으로 마을마다 순회하면서 복음을 전한다. 1909년, 순회 전도 여행 중에서 광주에서 가장 먼 장흥에서 과로로 쓰러진다. 가마에 실려 이틀에 걸쳐 광주로 이송되지만 회복되지 못하고 1909년 4월 3일, 42살의 나이로 세상을 떠난다. 그는 보내심을 따라 달려갔고, 부르심을 따라 산 사람이었다. 도대체 누가 보냈기에 미국에서의 안락한 삶을 포기하고 그 험한 길을 달려간 것이며, 그 부르심이 무엇이었기에 그 험한 길을 달려간 것일까?

성경은 계속해서 보내심을 받은 사람의 이야기를 들려준다. 어느 때는 보낼 사람이 없어 안타까워하시는 하나님의 외침도 들려주시기도 한다 사 6:8. 예수님께서 이 땅에 내려오실 때의 상황을 전하면서도 보내심의 이야기를 병치한다. "일찍이 한 사람이 있었다. 그의 이름은 요한이었다. 그는 그 생명 빛에 이르는 길을 보이라고 하나님께서 보낸 사람이었다. 그가 온 것은, 어디를 보고 누구를 믿어야 할지를 모든 사람에게 보여주기 위해서였다. 요한 자신은 그 빛이 아니었다. 그는 그 빛에 이르는 길을 보여주려고 온 사람이었다" 요 1:6-8, The Message. 그의 정체성은 분명하다. "보내심을 받은 사람." 무엇을 하라고 보내신 것인가? "생명 빛에 이르는 길을 보이라고." 누가 보내는가? "하나님께서." 아주 선명하다.

복음을 위해 살겠다고 달려온 사람들에게는 이것이 중요하다. '나는 누구에게 속하였는가, 나는 누구를 위해서 일하는가? 누가 나의 주인인가? 누가 나를 보내셨는가?' 그 정체성이 희미해질 때 어려워진다. 자신도 어려워지고, 교회도 어려워진다. 나는 고등학교 2학년 때 이런 부르심을 받고 모든 것을 내려놓고 목사가 되기 위해 선지 동산으로 달려왔다. 40년이 지났지만 지금도 그것을 순간순간 확인한다. "나를 지으신 이가 하나님, 나를 부르신 이가 하나님, 나를 보내신 이도 하나님, 나의 나된 것은 다 하나님의 은혜라."[2] 분명하게, 떨림으로 그 고백을 드릴 수 있을까? 이 고백이 약해지지 않으면 끝까지 달려갈 수 있다. 그래서 성경은 바로 확인한다. "요한은 참 빛을 증거하라고 하나님께서 보내신 사람이었다."

---

2 조은아 작사, 신상우 작곡, "하나님의 은혜."

보내심의 주체이자 이유인, 빛이 되신 분이 소개된다. 포르테로 외치듯 소개한다. 보내심의 사건을 언급하면서 요한복음 기자는 '로고스 기독론'을 활짝 펼쳐 보인다. "태초에 '말씀'^λόγος 이 계시니라. 이 말씀이 하나님과 함께 계셨으니 이 말씀은 곧 하나님이시니라." '로고스'라는 심오한 의미를 가진 고유명사를 사용한다. 직역하면 '그 말씀'이란 뜻이고, 성육신하신 예수 그리스도를 지칭한다. 태초에 계셨던 하나님의 독생자이신 그 로고스가 이 땅에 오셨단다. 요한은 '참 빛, 로고스, 창조자, 통치자, 하늘 왕자'라는 개념을 병치시키면서 얼마나 놀라운 분이 지금 오신 것인지를 강조하고 확장해 보여준다. 인간이 타락하는 창세기 3장부터 시작된 사랑의 하나님의 추격, 그것은 결국 성육신과 십자가 사건에서 정점을 이룬다. 십자가 위에서 '단번에'^ἐφάπαξ 죄의 문제를 해결하신다 히 9:12, 롬 6:10. 이것은 '한 번에 영원히', 혹은 '오고가는 모든 세대를 위해 단번에'라는 뜻을 담은 것으로 예수 그리스도의 십자가에서 이루실 구속 역사를 완성하셨음을 선명하게 보여준다.

그리고 말씀은 복음의 정점으로 치닫는다. "말씀이 육신이 되어 우리 가운데 거하시매 우리가 그의 영광을 보니 아버지의 독생자의 영광이요, 은혜와 진리가 충만하더라." 하늘 왕자께서 이 땅에 오셔서 우리 가운데 거하시는 '신비'^μυστήριον 가 펼쳐지고 있단다. 여기에서 요한은 가슴 벅찬 감격으로 '거주하다, 장막을 치다'라는 뜻을 가진 헬라어, '에스케노센'^ἐσκήνωσεν 을 사용하여, 우리와 함께 하시고, 길을 함께 가시고, 함께 식탁에 앉으시고, 우리 이야기에 귀를 기울여 주시는 분을 소개한다. 하나님의 현현이며, 은총이다. 말로 설명할 수 없고, 우리 지혜로는 이해할 수 없는 신비이다.

전하는 자가 필요하다

생명의 빛, 참 빛이 오셨지만 어두움 가운데 있는 사람들은 그 빛을 영접하지 않았다. 그래서 세상은 여전히 어둠 가운데 놓여 있다. 그래서 전하는 자가 필요하다. 하나님께서는 세례 요한을 부르신다. 독생자를 이 땅에 보내시고, 영접하지 않은 인간을 위해 생명의 빛을 전할 사람을 찾고 찾으셨다. 그리고 독생자의 현현과 하나님의 구속 역사를 증거 할 사람을 부르신다. 태중에서부터 주목하셨던 그를 불러내신다. "하나님께로부터 보내심을 받은 사람이 있으니, 그의 이름은 요한이라."

그 부르심에 그가 응답하지 않았다면, 일어서지 않았다면, 달려가지 않았다면, 아니 어떻게 증거할 줄을 몰랐다면, 세상은 여전히 어두움 가운데 있었을 것이다. 하지만 그는 성령님으로 충만했고, 사막으로 달려가 하나님과의 깊은 교제 가운데 머물며, 그 하늘의 신비를 온몸으로 체험한 증인이 일어선다. 그가 일어섰을 때, 입을 열었을 때, 세상은 하나님의 독생자를 영접하였고, 구원의 역사가 펼쳐진다. 예수 그리스도를 믿었고, 구세주로 영접하는 역사가 일어난다. 하지만 그의 생은 짧았다. 하지만 그가 머물렀던 곳에서, 외치는 곳에서 하나님의 구속 역사가 힘있게 펼쳐졌다. 생명의 봄 동산이 활짝 펼쳐진 것이다. 그는 그 구원 역사의 맨 앞에 서 있다.

앞서 언급한 선교사님은 조선 땅에 온 지 10년 6개월 만에 어린 세 딸과 아내를 남겨두고 떠났다. 한 달 후, 넷째 딸, 프랜시스가 유복자로 태어났다. 인간적으로는 너무 안타까운 죽음이었다. 그런데 부르심에 순종하여 달려간 누군가가 있어, 거침없이 달리며 복음을 전하고 사랑의 의술을 베풀었던 누군가가 있어, 그곳에 교회가 세워졌고, 십자가 앞에 많은 영혼이 세워졌다. 1901년 송정리교회, 1902년 해남 선두교회, 1904년 광주 양림교회 등을 세웠다.

1903년 10월, 미국에서 어느 정도 건강을 회복하고 돌아와, 1904년 2월, 순회전도 여행 중에도 복음을 전하여 여러 교회를 세웠다. 어느 마을 부잣집 사랑방에서 하룻저녁 머물게 되었는데 처음 본 서양 사람을 구경하려고 찾아온 이들에게 복음을 전했고, 그 주인이 예수님을 믿게 되어 그 마을에 며칠을 더 머물렀다. 1904년 3월 1일, 그곳에 세워진 교회가 해남 고당교회이다. 나는 그 교회에서 처음 복음을 들었고, 예수님을 영접했으며, 예배 신앙을 배웠고, 세례를 받았으며, 하나님 나라를 꿈꾸게 되었다. 유진 벨 선교사와 함께 그가 세운 목포 영흥학교와 정명학교에서 부친이 공부했고, 아내가 공부했다. 부르심에 순종했던 누군가가 있어, 세워지는 역사가 계속되고 있었음을, 그냥 주어진 것이 아니라 오늘 내가 누리는 하늘 축복은 누군가의 헌신과 연결되어 있음에 전율이 일어났다. 1890년대, 그가 공부했던 그 학교, 그

Clement C. Owen 선교사
(1867-1909)

건물, 그 계단을 오르내리며, 나는 그곳에서 박사과정을 밟았다. 그가 올랐을 본관의 삐걱거리는 나무 계단을 오르내리며 박사과정 세미나를 가졌고, 그 건물의 채플에서 예배를 드렸고, 새벽기도를 드렸다. 가슴 벅찬 부르심을 따라 평생을 달렸던 그의 이름은 클레멘트 오웬 Clement Carrington Owen, 1867-1909, 한국명 오기원 이다.[3]

하나님의 역사에는 보내심을 받은 자, 부르심을 따라 달리는 사람이 필요하다. 요한복음서 기자는 그 부르심을 받은 사람의 이름을 독특한 방식으로 소개한다. 다른 복음서 기자는 '세례 요한'이라고 소개하는데, 요한복음 기자는 그의 이름을 '요한'이라고 표기한다. 자신의

---

3 클레멘트 오웬 선교사의 사역에 대해서는 송현강, "남장로교 선교사 클레멘트 오웬(Clement C. Owen)의 전남 선교," 『남도문화연구』 29집 (2015), 159-81를 참고하라.

이름도 요한이었다. '하나님의 독생자를 통해 보이신 구원의 신비를 깨달은 사람은 모두가 '요한'이고, 모두가 부르심 앞에 서 있다.' 그 사실을 강조하고 있는 듯하다. 전에 공부할 때, 미국 친구들이 나의 이름을 부를 때 발음을 잘 못해서 소개할 때마다 교정해 주어야 했다. 그래서 지금은 잘 사용하지 않지만, 영어 이름을 'John'이라고 지었다. 우리는 모두 '요한'으로 부름을 받았다는 생각에서였다.

생명의 빛에 등을 돌리고 서 있는 사람들에게 바라보아야 할 것을 알려주고, 구주 되시는 예수님을 보여주라고 보내심을 받은 사람, 요한. 오시는 하나님의 독생자 예수 그리스도를 제일 먼저 알아보았고, 가슴 벅찬 부르심 때문에 일어섰던 사람, 요한. 생명을 걸고 달려가 그분을 증언하다가 홀연히 이 땅을 떠난 사람, 요한. 그의 생애는 짧았지만, 복음의 길목에서, 하나님의 구원 역사의 현장에서 가장 소중한 이름으로 기억되고 있다.

혼미함에서 벗어나

가슴 뛰게 하는 부르심 때문에 달려왔다면, 그대는 그 소명을 이루기 위해 무엇을 걸었는가? 요한은 자기 인생을, 젊음을, 생명을 걸었다. 예수 그리스도 십자가의 피 묻은 복음을 통해 펼쳐지는 여정에서 제일 먼저 달렸고, 짧은 생을 살다가 제일 먼저 순교자가 되었지만, 그 누구보다 주신 사명을 성실하게 수행한 사람이었다. 세상과 하나님의 세계, 구원의 역사를 잇는 다리가 되었다. 신학은 바로 세상과 하나님의 세계를 잇는 건전하고도 견고한 교량이 되어야 한다. 오늘 하나님의 시선이 어디에 머무는지, 내가 바라보도록 가리키는 곳이 어디인지에 민감할 때 살아있는 생명의 학문이 될 수 있다.

유학 가기 전에, 다녀와서, 유학 중에도 몇몇 교회에서 담임 목회를 했다. 여건의 변화 때문에 장기 목회는 아니었지만, 주님께서 세우시는 곳에 순종하려고 노력했다. 유학 중에 사역했던 교회는 박사 논문을 완성해야 하는 바쁜 때였음에도, 버지니아 주에서 매릴랜드 주까지 매주 주말이면 4시간을 달려가 사역을 감당했다. 새로 교회에 부임하면 교인들이 늘 갖는 공통적 관심사가 있다. "목사님 무슨 띠세요?" "저는 가죽 띠입니다." "나이를 안 알려주고 싶으시면 생일만 알려주세요." 괜한 부담을 드릴 것 같아 한 번도 생일을 알려드린 적이 없었다. 그래도 지혜로운 교인들은 한 달 정도만 지나면 나이, 생일, 심지어는 식성까지 다 파악하였다. 언젠가 심방을 하다 보니 가는 집마다 내가 좋아하는 것들로 대접을 했다. 연세가 지긋하신 권사님께 물었다. 오랜 시간이 지났고, 그분은 이제 천국에 가셨지만, 그분의 대답이 선명한 기억으로 남아있다. "목사님, 간단해요. 식사하실 때 목사님 젓가락이 어디로 가는지를 보고 있으면 뭘 좋아하시는지 금방 알 수 있어요." 목사 젓가락이 어디로 가는지를 자세히 살피는 교인들, '아 사역 잘해야겠구나' 생각을 새롭게 했던 기억이 난다.

그렇다. 한 가지에만 충실하면 된다. "하나님의 젓가락이 어디로 가는가?" 거기에 온 마음을 두면 그 길을 잘 달려갈 수 있다. 혼미함에 사로잡혀 살지 말라. "어디로 배를 저어야 할지 모르는 사람에게는 어떤 바람도 순풍이 아니다." 프랑스의 철학자 미셸 드 몽테뉴Michel Eyquem de Montaigne의 말이다. 공부하는 동안, 사는 동안, 사역하는 동안 하나님께서 부르시는 곳, 보내시는 곳이 어디인지, 이 시대에 하나님의 젓가락이 어디로 가는지에 온 마음을 두고 살라. 내 가슴에 삭풍이 몰아치고, 생명이 넘실대지 않는 곳에서는 결코 봄 동산이 펼쳐지지 않는다는 사실도 잊지 말자. 나무가 아무리 싫다고 버텨도 봄기운이 가득한 봄 동산에서는 꽃은 피어난다. 이 동산에 불어오는 성령님의 바람에, 성령님께서 일으키시는 파도에 주목하라. 그리하기 위해 마지막에는 기도로 덮어야 한다는 사실도 기억하자. "'주님!' 단지 이 한마디에 천지도 아득한 눈물/ 날마다의 끝 순서에/ 이 눈물 예비하옵느니/ 남은 세월 모든 날에/ 나는 이렇게만 살아지이다/ 깊은 밤 끝 순서에/ 눈물 한 주름을 주께 바치며 살아지이다."[4]

언젠가 졸업생들을 파송할 때, 부르심의 자리, 사역의 자리로 나아가는 학생들을 위한 기도가 간절했다. 부르심 따라 걷는 길에 주님께서 바람은 늘 뒤에서 불어오고, 마음엔 늘 하늘 평강으로 덮어주시길, 그리고 내가 왜 길을 달리고 있는지 잊어버리지 않도록 성령님께서 순간순간 가슴에 불을 질러 주시고, 깨우쳐 주시길 빌며 기도의 손이 모아졌다. 그 길은 한 번의 결심이나 내 의지로 걸어갈 수 있는 길이 아니다. 그래서 계속 공급받아야 하고, 왜 달려야 하는지를 확인해야 하고, 그 길을 걸어갈 준비와 엎드림이 필요하다. 또 누군가의 격려와 기도도 필요하다.

인생길에는 마음을 시리게 하는 '꽃샘추위' 사건이 너무 많아, 종종 시인 박희진의 기도를 내 기도로 바꾸어 드릴 때가 있다.

이 봄엔 풀리게/ 내 뼛속에 얼었던 어둠까지/ 풀리게 하옵소서/ 온 겨우내 검은 침묵으로/ 추위를 견디었던 나무엔 가지마다/ 초록의 눈을, 그리고 땅속의/ 벌레들마저 눈 뜨게 하옵소서/ 이제사 풀리는 하늘의 아지랑이/ 골짜기마다 트이는 목청/ 내 혈관을 꿰뚫고 흐르는/ 새소리, 물소리에/ 귀는 열리게 나팔꽃인 양/ 그리고 죽음의 못

---

4 김남조의 시, "밤 기도," 일부. 김남조 시집, 『기도』 (서울: 고요아침, 2005).

물이던/ 이 눈엔 생기를, 가슴엔 사랑을/ 불붙게 하옵소서.[5]

---

[5] 박희진의 시, "새봄의 기도," 전문.

19
Waving Flag
오늘은 우리가 여기에 여호와의 깃발을 세우자

> 처음으로 쇠가 만들어졌을 때
> 세상의 모든 나무가 두려움에 떨었다
> 그러나 어떤 생각 깊은 나무가 말했다
> 두려워할 것 없다
> 우리들이 자루가 되지 않은 한
> 쇠는 결코 우리를 해칠 수 없는 법이다
> — 신영복[1]

어려움은 늘 있다

지구 최남단인 남극은 대한민국을 기준으로 지구상에서 가장 먼 곳이면서 가장 추운 곳이다. 5일 이상 비행기를 타고 약 22,000km를 날아가야 하는 곳이다. 1988년, 우리나라는 남극과학기지인 세종기지를 건설해서, 현재까지 미지의 세계인 남극 탐사를 계속하고 있다. 지난 20여 년간 생명을 걸고 먼 거리를 오가며 극지탐사를 해 온 세종기지 탐험대장 윤호일 극지연구소 소장의 이야기를 읽은 적이 있다. 베테랑 탐사대장인 그는 남극을 "세상에서 가장 아름다운 곳인 동시에 생존의 위협이 도사리고 있는 곳, 매번 다가오는 죽음의 공포 앞에서 두려움에 떨

---

[1] 신영복, 『나무야 나무야』, 29.

어야 했던 곳"이라고 고백한다.

남극은 정말 아름다운 곳이지만 겨울에는 영하 80도가 넘는 극한의 추위가 있고, 생명을 앗아갈 수 있는 크레바스^{crevasse}가 사방에 널려 있으며, 연평균 초속 20m가 넘는 '블리자드'^{blizzard}, 눈보라가 끊임없이 몰아치는 곳이다. 특히 빙하의 갈라진 틈인 크레바스는 수백 미터에 달하는 깊이 때문에 발을 잘못 디뎌 빠지게 되면 살 수가 없는 곳이다. 위험한 곳을 탐사하는 탐험대장에게 어떻게 그런 위협을 뚫고 임무를 수행하는지 한 기자가 물었다. "'본질'을 파악하고 정면으로 돌파하는 길밖에는 없습니다."[2] 그의 대답은 생각보다 간단했다. 본질 파악과 정면 돌파. 남극을 탐사하기 위해 그곳이 어떤 곳인지, 어떤 난관이 있는지 철저하게 연구하고, 준비하고, 훈련을 했을 것이다.

인생길도 가만히 돌아보면 눈물이 날 정도로 아름답지만, 길목마다 많은 난관과 위험이 놓여있다. 그래서 철저한 준비가 필요하고, 위험 앞에서 대처 능력이 요구된다. 칠순의 한 노시인도 그렇게 권고한다.

> 넘어져 본 사람은 안다/ 넘어져서 무릎에/ 빨갛게 피 맺혀 본 사람은 안다/ 땅에는 돌이 박혀 있다고/ 마음에도 돌이 박혀 있다고/ 그 박힌 돌이 넘어지게 한다고// 그러나 넘어져 본 사람은 안다/ 넘어져서 가슴에/ 푸른 멍이 들어 본 사람은 안다/ 땅에 박힌 돌부리/ 가슴에 박힌 돌부리를/ 붙잡고 일어서야 한다고/ 그 박힌 돌부리가 나를 일어서게 한다고.[3]

---

2   김은영, "남극탐험대장의 위기 극복법은?," *The Science Times* (2018년 8월 12일).
3   이준관의 시, "넘어져 본 사람은," 전문.

갑작스럽게 시작된 전쟁

넘어지게 하는 '돌부리'는 늘 있기에 자주 걸려 넘어지지만 그 돌부리를 잡고 다시 일어서면 된단다. 하나님의 은혜로 해방되어 긴 광야 길을 갈 때 많은 난관도 있었고, 넘어짐도 있었다. 하나님의 말씀 의지하여 범람하는 요단강도 건넜고, 하나님의 명령을 따라 행하며 여리고 성 전투에서 극적인 승리도 거둔다. 하지만 그 길에서 아이 성 전투의 처절한 패배도 경험했고, 술수에 넘어가 속기도 했다. 가나안 원주민 부족 국가 기브온 사람들이 먼 나라에서 온 것처럼 꾸미고 사신을 보내 평화조약을 맺고자 했을 때, 감격하여 조약을 체결했는데 속임수였다. '그 먼 나라에서 우리 소문을 듣고 평화조약을 맺으려고 그 먼 길을 달려오다니…' 여호수아와 이스라엘 장로들은 감격하여 바로 평화조약을 체결한다. 사흘이 지나서야 여호수아는 자신이 속은 것을 알게 된다. 그래도 약속은 약속이었다. 또 한 번의 넘어짐이었다. 하지만 '눈에 보이는 것과 나타나는 현상으로 판단하고 결정하면 낭패를 당하는구나'라는 깊은 깨달음과 함께 다시 일어선다.

이제 이스라엘 백성들은 본격적인 가나안 정복 전쟁에 돌입하여 진군한다. 아얄론 골짜기 전투는 갑작스럽게 시작된 전쟁이었다. 지금의 레바논 북쪽 지중해 연안에 살고 있던 가나안 토착민 5개 부족 국가 왕들이 동맹을 맺고 연합군을 형성하여 기브온을 공격해 온 것이다. 이에 기브온은 이스라엘 군대에 긴급 요청을 보낸다. "기브온 사람들이 길갈 진영에 사람을 보내어 여호수아에게 전하되 당신의 종들 돕기를 더디게 하지 마시고, 속히 우리에게 올라와 우리를 구하소서. 산지에 거주하는 아모리 사람의 왕들이 다 모여 우리를 치나이다" 수 10:6.

갑작스러운 요청을 받은 여호수아는 머뭇거릴 수밖에 없었을 것이다. 사실 지금껏 눈에 보이는 대로 판단하고, 행동하여 여러 번의 넘어

짐을 경험했기 때문이다. 하나님 앞에 엎드렸을 때 말씀이 들려온다. "그때에 여호와께서 여호수아에게 이르시되 그들을 두려워하지 말라. 내가 그들을 네 손에 넘겨주었으니 그들 중에서 한 사람도 너를 당할 자 없으리라 하신지라" 수 10:8.

그렇게 여호수아는 군대를 이끌고 길갈로 진군한다. 그렇게 시작된 전투는 주로 아얄론 골짜기에서 펼쳐진다. 아얄론은 쉐펠라 지역의 최북단에 위치한 곳으로 넓은 골짜기였다. 골이 깊은 골짜기라기보다는 산과 산 사이에 놓여 있는 넓은 구릉지대였다. 아얄론 골짜기는 벧호론 능선 길을 따라 지중해 해안 지역과 예루살렘으로 연결되는 중요한 길목이어서 전략적 요충지였다. 그래서 역사의 길목마다 이곳은 크고 작은 전쟁이 끊임없이 이어지던 곳이다. 애굽의 시삭도 이 골짜기를 따라 예루살렘을 침공했고, 앗수르, 바벨론, 페르시아, 알렉산더 대왕, 로마도 예루살렘을 공격할 때 이 길목을 이용할 정도로, 전략적으로 중요한 곳이었다.

그 골짜기를 덮은 빛

아얄론 골짜기에서 벌어진 그 전쟁의 시작을 말씀은 이렇게 알려준다. "여호수아가 길갈에서 밤새도록 올라가 갑자기 그들에게 이르니." 길갈에서 기브온까지는 약 40여km 거리이다. 다급한 지원요청을 받고 출동한 것이니, 100리 길을 달리듯 급히 갔을 것이다. 야간 산악 행군은 길 찾기도 쉽지 않고, 시간이 오래 걸린다. 무엇보다도 갑작스럽게 출동하여 전쟁을 수행해야 했으니 쉽지 않았을 것이다. 모든 전쟁이 그렇지만 패하면 모두 죽고, 나라가 망한다. 미리 계획된 전쟁도 아니었고, 속아서 실수로 맺은 화친조약 때문에 모든 것을 걸고 수행해야 하는 전쟁이었다. 연합군인 적은 숫자도 많고, 그 땅 정착민들이니 지형도 익숙했고, 무기도 훨씬 더 첨단이었을 것이다. 부담스러운 전쟁이었다.

그런데도 달려갈 수 있었던 이유는 단 하나, 바로 하나님의 말씀 때문이었다. "그들을 두려워하지 말라. 내가 그들을 네 손에 넘겨주었으니 그들 중에서 한 사람도 너를 당할 자 없으리라"수 10:8. 군대를 믿고 달린 것도 아니고, 탁월한 전략이 있어 달린 것도 아니었다. 그들은 지금 말씀을 붙잡고 달려가고 있었다. 한밤중의 기습작전은 성공이었다. "여호와께서 그들을 이스라엘 앞에서 패하게 하시므로 여호수아가 그들을 기브온에서 크게 살륙하고 벧호론에 올라가는 비탈에서 추격하여 아세가와 막게다까지 이르니라"수 10:10. 말씀은 "여호와께서"라는 표현을 반복하면서, 한 가지 사실을 계속 확인한다. '그것은 하나님의 도우심으로 이룬 승리였다.' 워낙 치열했던 전쟁이어서 전선은 기브온에서 시작하여, 벧호론 능선 길을 따라 아세가와 막게다까지 이르렀다. "여호와께서 하늘에서 큰 우박 덩이를 아세가에 이르기까지 내리시매 그들이 죽었으니 이스라엘 자손의 칼에 죽은 자보다 우박에 죽은 자가 더 많았더라"수 10:11. 말씀은 하늘의 융단폭격을 보여준다. 하나님의 도우심이었다.

그래서 막게다까지 추격하고 있는데 해가 저물어가고 있었다. 완전한 승리를 거두기 위해서는 시간이 더 필요했는데, 날이 저물어가고 있었다. 오늘을 넘기고 나면 어떤 일이 벌어질지 모르는데 이대로 접을 수 없었다. 그래서 여호수아는 하나님께 나아가 간절하게 기도한다. 그의 간절한 외침이 골짜기에 울려 퍼진다. "이스라엘의 목전에서 이르되 태양아 너는 기브온 위에 머무르라. 달아 너도 아얄론 골짜기에 그리할찌어다"수 10:12.

마치 굉음을 내며 300km 속도로 무섭게 달려오는 고속열차를 향해 동네 꼬마가 손을 들고 멈추라고 외치는 것과 같은 무모한 모습이다. 그런데 성경은 그 무모함에 초점을 맞추고 있는 것이 아니라 여호수아가 사명을 수행하면서 하나님 나라를 위한 절박함과 도우시는 하나님에 대한 철저한 신뢰를 강조한다. 그래서 말씀은 강조하듯 무엇을 앞에 배치하는가? "여호와께서 아모리 사람을 이스라엘 자손에게 넘겨주시던 날에." 그들 가운데서 일하시는 하나님께서 돕고 계셨고, 승리를 주고 계심을 확신하였던 믿음에서 나온 기도였다. 하나님에 대한 절대 신뢰, 수행해야 할 사명에 대한 절박함에서 나온 간구였다.

어떤 사람들은 어떻게 그것이 가능할지, 양자중력공간 이론과 천문학 이론을 통한 해와 달의 궤도 추적 이론을 통해 설명하는 이들도 있다. 하지만 성경의 관심은 과학적 가능성에 대한 논증이 아니라 사명의 길에 주의 종들이 간구할 때 성삼위 하나님께서 어떻게 역사하셨는지에 초점을 맞춘다. 많은 어려움과 위험이 도사리고 있는 사명의 길, 하지만 이런 절박함과 간절함을 가지면 하나님의 역사는 나타난다는 약속이다.

수행하는 사역에 대한 긴박함이 온전히 작동하고 있는가? 한밤중에 산악행군을 계속하였던 긴박감, 하나님의 역사를 완수해야 한다는 절박감, 그래서 태양과 달을 향해 멈춰 서게 해달라고 외치는 절박감이 가득하다. '그날 하나님께서 돕고 계심'을 알았던 사명자가 절박함으로 부르짖은 기도에서 나온 결과였다. 하나님을 신뢰하며 주님께서 맡겨주신 사명을 감당하기 위해 오늘 영적 전쟁터에서 하늘의 도우심을 간절하게 기도하며 달려가는 그곳에서는 하나님의 역사가 계속된다는 영적 원리를 말씀해 준다. 그래서 신달자 시인은 간절함을 이렇게 시로 멋지게 풀어낸다.

그 무엇 하나에 간절할 때는/ 등뼈에서 피리 소리가 난다/ 열 손가락 열 발가락 끝에/ 푸른 불꽃이 어른거린다/ 두 손과 손 사이에/ 깊은 동굴이 열리고/ 머리 위로/ 빛의 통로가 열리며/ 신의 소리가 내려온다/ 바위 속 견고한 침묵이/ 온기 피어오르며/ 자잘한 입들이 오물거리고/ 모든 사물들이 무겁게 허리를 굽히며/ 제 발등에 입을 맞춘다/ 엎드려도 서 있어도/ 몸의 형태는 스러지고 없다/ 오직 간절함 그 안으로 동이 터 른다.[4]

문제는 오늘 하나님의 사람들에게 그런 절박함, 그런 열정이 있느냐이다. 하나님께서 승리를 주시는 날에 임무를 완성해야 하는데, 아무리 추격해도 끝이 나지 않는 전쟁에서 하나님의 도우심을 간절하게 구하고 있다. 어떻게 그것이 가능할까를 묻는 사람들에게 오히려 본문은 묻고 있다. 당신에겐 지금 그런 열정이 불타고 있는가? 그런 간절함이 작동하고 있는가? 그런 절박함이 있는가? 물론 그것은 전적인 하나님의 역사였다. 하지만 하나님께서 절박감을 가지고 있는 곳에서 역사하시고 일하신다. 그런 절박감을 가지고 공부하고, 사역하고, 사명을 감당하려고 발버둥 치는 이들을 사용하신다.

미국의 대각성운동 당시에 '새로운 방식' New Measure 을 통해 집회를 인도하는 설교자 찰스 피니 Charles G. Finney 를 공격하는 사람들이 많이 있었다. 그 공격에 대해 그가 했던 대답이 기억난다. "철부지 어린 아들이 나이아가라 폭포 바위 난간에 서 있는데, 한발만 앞으로 내디디면 수천 길 물길로 떨어져 목숨을 잃을 위기 앞에 서 있다면 아이를 향해

---

[4] 신달자의 시, "간절함," 전문. 신달자 시집, 『간절함』 (서울: 민음사, 2019).

어떻게 말하겠는가? 'Stop!!!' 그렇게 외치지 않겠는가?"

오늘 설교자들에게, 예배자들에게 필요한 것은 그런 절박함이다. 절박함이 사라지면 설교가 죽고, 간절함이 사라지면 예배가 죽고, 찬양이 죽고, 가르침이 죽는다. '하나님께서 도와주셔야만 이 모든 일이 가능합니다.' 하늘 향한 절박한 간구였다. 하나님께 대한 절대적 신뢰에서 나온 간구였고, 하나님께서 보여주신 비전 때문에 나온 간구였다. 사명을 감당하려는 열정에서 나온 간구였다. 적어도 여호수아는 이 신앙과 열정, 절박함을 여리고 성 전투에서 배웠다. '하나님께서 도와주시면 불가능한 일도 가능해진다.' 적어도 그는 이 확신을 아이 성 전투에서 배웠다. '나 혼자 바로 서는 것만으로는 안 되고, 공동체가 함께 성결해야 한다.' 오늘 아얄론 전투에서 배웠다. '하나님 기뻐하시는 일에 목숨을 걸고 달리면 하나님께서 도와주신다.'

구한말舊韓末, 나라가 기울어져 갈 때 목숨을 걸고 싸웠던 의병들의 이야기를 섬세한 구성을 통해 전하고 있는 드라마 "미스터 선샤인"의 마지막 부분이 생각난다. 의병대장 황은산은 의병 활동을 돕기 위해 조선 땅으로 다시 돌아온 미군 해병대 대위 최유진에게 결전을 앞두고 동지의 무덤 앞에 앉아 그렇게 말한다. "우리가 하나를 보태 갈 때마다 그들은 열을 보태 간다. 지키려는 이가 백 명이라면 나라를 팔겠다는 놈들은 천명이다. 허나 그들이 보탠 열은 쉬이 무너질 것이다. 나라를 파는 건 목숨 걸고 하지 않으나, 우린 목숨을 걸고 지키니까…."

마지막 장면은 넓은 만주 들판에서 젊은 독립군이 훈련하는 장면으로 끝이 난다. "눈부신 날이었다. 우리 모두는 불꽃이었고, 모두가 뜨겁게 피고 졌다. 그리고 또다시 타오르려고 한다. 동지들이 남길 불씨로… 잘 가요 동지들. 독립된 조국에서 See you again!" 가장 마지막 대사는 성장하여 조국을 되찾는 운동에 달려든 청년이 독백하는 내용으로 끝을 맺는다. "멈추지 않고 가겠습니다. 이건 우리의 싸움입니다."[5]

아직 우리 전쟁은 끝나지 않았다

목숨을 걸고 싸우다가 많은 의병이 죽었다. 나라를 되찾았는가? 아니었다. 하지만 생명을 걸고 싸운 그들의 열정과 헌신이 있어 이 나라는 다시 찾아진다. '우린 목숨 걸고 지키니까.' 지금 여호수아도 그 열정으로 달리고 있었다. 아직 그 일을 다 이루지 못했는데 해가 지고, 달이 지려고 한다. 그래서 소리치고 있다. '멈춰서라!' 열정이다. 절박함이다. 우리가 수행해야 할 영적 전쟁은 아직 끝나지 않았다. 반드시 이겨야 할 싸움이지만 오늘 사역의 현장은 어둡다. 어두워졌다고 해서 우리 깃발을 내려놓아서는 안 된다. 코로나 팬데믹 상황에서 함께 모여 찬송할 수 없고, 예배할 수 없었을 때, 영상예배라는 것을 개발하여 우리는 그때도 깃발을 내려놓지 않았다.

아침저녁 서늘해 지면서 도심의 매미 소리가 많이 줄어들고, 태풍이 지나가니 잠시 조용해졌다. 한여름이면 매미 소리는 도심을 흔들어 놓는 소음으로 다가온다. 생태계의 변화 때문에 생긴 현상이라고도 하지만 4년에서 길게는 17년 동안 땅속에서 유충으로 살다가 지상에 올라와 딱 한철을 살고 죽는다니 그 요란한 울음이 절규처럼 들려 숙연함을 느꼈다. 더욱이 그것이 종족 번식을 위해 짝을 부르는 구애의 소리라니 그 외침이 요란할 만하다. 그래서 박지웅 시인은 "매미가 울면 나무는 절판된다"고 했을 것이다.

---

[5] 감독 이응복, 각본 김은숙, 『미스터 션샤인』(화앤담픽쳐스, 2018), 24화.

붙어서 우는 것이 아니다/ 단단히 나무의 멱살을 잡고 우는 것이다/ 숨어서 우는 것이 아니다/ 반드시 들키려고 우는 것이다/ 배짱 한번 두둑하다/ 아예 울음으로 동네 하나 통째 걸어 잠근다/ 저 생명을 능가할 것은 이 여름에 없다/ 도무지 없다/ 붙어서 읽는 것이 아니다/ 단단히 나무의 멱살을 잡고 읽는 것이다/ 칠 년 만에 받은 목숨/ 매미는 그 목을 걸고 읽는 것이다/ 누가 이보다 더 뜨겁게 읽을 수 있으랴/ 매미가 울면 그 나무는 절판된다/ 말리지 마라/ 불씨 하나 나무에 떨어졌다.[6]

"붙어서 우는 것"이 아니라 "단단히 나무의 멱살을 잡고 우는 것"이란다. "숨어서 우는 것"이 아니라 "반드시 들키려고 우는 것"이라는 시어는 목숨을 거는 처절함을 보여준다. 시인이 '운다'는 표현을 사용하다가 '읽는다'는 표현으로 바꾼 것은 매미에게 배워야 할 시인의 자세를 보여주려는 의도이다. 지금 시인은 자신이 하는 일에 목숨을 걸지 못하는 자신을 모습을 발견한 것이다. 그러면서 단정적으로 "저 생명을 능가할 것은 이 여름에 없다"고 외친다. 그러면서 조용히 외친다. "말리지 마라 불씨 하나 나무에 떨어졌다." 불씨가 떨어졌으니 뜨겁게 타오를 수밖에 없다면서 네 인생을 불태워도 좋은 그 불이 너에게도 여전히 불타고 있는지를 묻고 있다.

지금 여호수아에게도 그 불씨가 떨어진 것이다. 지금 자신에게는 그 나라를 바라보는 비전을 주셨고, 그 나라를 위해 달릴 수 있는 젊음을 주셨고, 사명을 주셨으니 불타오르고 있다. 그래서 해도, 달도 잡아두어 반드시 승리하겠다는 열정이다. 맡겨주신 사명을 반드시 수행하

---

6 박지웅의 시, "매미가 울면 나무는 절판된다," 전문. 박지웅 시집, 『구름과 집 사이를 걸었다』 (서울: 문학동네, 2012).

겠다는 열정에서 나온 것이다. 그러면서 우리에게 그렇게 말을 걸어온다. '당신들의 시대도 어렵다면서요? 코로나로 묶여서 함께 모여 예배도 못 드린다면서요? 당신들이 일할 교회는 신뢰도가 곤두박질치고 있다면서요? 졸업하고 나가도 오라는데도 별로 없다면서요? 그런데도 불이 붙지 않는다구요? 매미에게 배우세요. 아니 흉내라도 내 보세요. 하나님의 역사를 위해 새벽을 깨우고 밤을 지새우는 애절한 기도가 있을 때 태양이 기브온 도성 위에 머물렀고, 달이 아얄론 골짜기에 머물렀던 기적은 당신 삶에도 준비되어 있습니다.'

장신대 신대원 71기로 졸업하고, 주님의 교회를 가슴에 품고 평생 불태우듯 열정으로 평생을 달리신 한 선배는 후배들에게 그렇게 권면한다. 가나안 땅에 들어가는 것을 허락받지 못한 모세가 가나안 정복 전쟁을 수행할 여호수아에게 권면하듯, 코로나 팬데믹 상황에서 새 학기를 시작하는 후배들에게 잘 싸우라고, 결코 여호와의 깃발을 이 동산에 세우라고 권면하듯 외친다.

> 아얄론 골짜기에 지지 않는 해야/ 승리하는 그날까지/ 오늘은/ 이곳에 머물러라/ 목자는 많아도 선한 목자는 없고/ 스승은 많아도 아비 같은 스승은 없고/ 제자는 많아도 참 제자가 없는/ 어제보다 더욱 메마르고 황폐한 이곳에/ 자신을 위해서가 아니라/ 우리를 위해/ 지배하기 위해서가 아니라/ 살리기 위해/ 하늘은/ 족장 여호수아를 여기 보냈다
>
> 보라/ 비록 바람에 흔들려도 꺾이지 않는/ 백발로 나부끼는 청렴과 지조/ 아무것 가진 것 없어도/ 모든 것 줄 수 있는 지성/ 아무것 할 수 없는 곳에서/ 모든 것 할 수 있는 영성으로 부요한/ 선지 동산의 사람/ 그 한 사람으로 인해/ 이미 이 땅에 불은 타오르고 있다.

> 이때 우리가/ 깃발을 들고/ 뿔을 세우고 하나가 되어/ 일어나 앞으로 가자/ 환영하는 곳으로야/ 누구인들 못 가겠는가/ 우리는 환영받지 못한 곳으로도 가자/ 가고 싶은 곳으로야/ 누구인들 못 가겠는가/ 우리는 가기 싫은 곳으로도 가자/ 길이 있는 곳으로야/ 누구인들 못 가겠는가/ 우리는 길이 없는 곳으로도 가자/ 웃는 곳으로야/ 누구인들 못 가겠는가/ 우리는 피눈물 토해내는 곳으로도 가자
>
> 터 닦아둔 곳으로야/ 누구인들 못 가겠는가/ 우리는 터 닦아두지 않은 곳으로도 가자/ 성공한 곳으로야/ 누구인들 못 가겠는가/ 우리는 실패할 곳으로도 가자/ 뒤돌아 올 수 있는 곳으로야/ 누구인들 못 가겠는가/ 우리는 뒤돌아 올 수 없는 곳으로도 가자/ 사는 곳으로야 누구인들 못 가겠는가/ 우리는 죽는 곳으로도 가자/ 가장 좋은 것은 아직 오지 않았다/ 아얄론 골짜기에 지지 않는 해야/ 승리하는 그날까지/ 오늘은 이곳에 머물러라.[7]

우리는 그 자리를 지킬 수 있으며, 과연 그 일을 할 수 있을까? 여호수아도 두려웠다. 다섯 나라가 연합한 강력한 대적이다. 갑작스럽게 나선 전쟁이다. 치밀하게 준비도 제대로 못 했는데, 패한다면 나라가 망한다. 하지만 물러설 수도 없고, 포기할 수도 없었다. 하나님께서 맡기신 사명이고, 생명을 걸고 감당해야 할 사명이었기 때문이다. 그래서 절박함으로 외친다. 깃발을 내려놓을 수가 없었다. 아얄론 골짜기의 여호수아처럼 우리도 고백할 수 있을까? 이 어려움 가득한 때에 기도할 수 있을까?

---

7 고훈의 시, "아얄론 골짜기의 해야," 일부. 정장복, 『어느 시골 총장님의 고뇌』(서울: WPA, 2013), 32-34. 특정 내용을 수정하여 인용하였음을 밝힌다.

누가 이 깃발을 들 것인가

1989년에 개봉한 에드워드 즈윅 Edward Zwick 감독의 영화, 「영광의 깃발」 Glory 은 미국 남북전쟁 당시 북부연방 제54 매사추세츠 의용보병연대의 활약상을 그린, 실화를 바탕으로 한 영화이다. 이듬해 아카데미 최우수 촬영상, 최우수 음향상, 최우수 남우조연상 등을 수상했다. 54연대는 자유를 위해 남부에서 온 흑인 지원자 1천여 명 중에서 600명을 선발하여 구성한 최초의 흑인 부대로, 병사들 대부분은 군대 경험은커녕 소총도 한 번 잡아본 적이 없었다. 큰 부상에서 복귀한 젊은 백인 로버트 굴드 쇼 Robert Gould Shaw, 1837-1863 대령이 연대장을 맡는다. 군복, 군화, 소총도 제대로 지급되지 않았고, 흑인에 대한 편견과 차별, 조롱과 불신이 크게 작용하고 있었다. 그런 상황에서 부대 훈련에 돌입한다.

그리고 첫 임무가 주어지는데, 사우스캐롤라이나주의 찰스턴 Charleston 남부군 요새를 공략하는 것이었다. 사방으로 열려 있는 해변을 달려 요새를 탈환하는 임무는 거의 불가능에 가까웠다. 생명을 걸어야 하는 일이니 서로 눈치를 보며 나서지 않아, 결국 54연대가 자원하여 그 전투에 투입된다. 그 전투에서 부대원 절반이 전사했고, 남은 대부분도 중상을 입었고, 연대장도 전사한다. 전투는 결국 패배로 끝난다. 하지만 목숨을 걸고 국가의 부름을 수행했던 그들의 이야기가 전해지면서 북부연방 자원 입대자가 줄을 섰고, 남북전쟁 전세를 바꾸어 놓는다. 훗날 링컨 Abraham Lincoln 대통령은 남북전쟁 승리는 54연대의 헌신과 희생으로 이뤄진 것이라고 치하한다.

한두 장면이 깊은 여운으로 남아있다. 병사들을 훈련하면서 연대장이 이렇게 외친다. "나는 전투에 대비해야 한다. 여기서 하는 일에 확신이 없으면 주어진 임무를 수행할 수가 없다. 내 임무는 병사들을 준비시키는 것이야!" It is my job to get these men ready. 어려운 전투를 앞둔 병사들에게 연대장이 성조기를 들고 있는 병사를 가리키며 물었다. "이제 우린 전투에 임할 준비가 되었다. 만약 이 친구가 쓰러지면 누가 우리 국기를 들 것인가?" 나이가 지긋한 상사가 일어나 외친다. "제가 하겠습니다!" I will!. 그러자 여기저기서 내가 하겠다고 병사들이 나섰다. 병사들이 준비시키는 것이 자신의 임무라는 지휘관이나 앞 사람이 쓰러지면 내가 하겠다고 외치는 병사들의 모습은 비장했다. 무엇이든 그 비장함이 세운다.

우리도 자신에게 물어야 한다. '저런 비장함이 내게도 여전히 꿈틀거리고 있는가?' 비장함을 멋지게 그려낸 유안진 시인은 '겁난다'로 풀어낸다. "토막 난 낙지다리가 접시에 속필로 쓴다/ 숨 가쁜 호소(呼訴) 같다/ 장어가 진창에다 온몸으로 휘갈려 쓴다/ 성난 구호 같다/ 뒤쫓는 전갈에 도마뱀 꼬리가 흘려 쓴다/ 다급한 쪽지 글 같다/ …비장한 유서 같다/ …공 들이는 상소 같다."[8]

오늘 우리는 어두움이 깊게 드리우는 영적 전쟁터에 서 있다. 여기저기 무너지는 소리가 요란하다. 영적 지형도를 보고 있으면 때론 심란한 마음을 감추기 어렵다. 지금 한국 사회는 세계에서 가장 빠르게 탈종교화가 진행 중이고, 한국교회 신뢰도는 바닥을 치고 있으며, 마이너스 성장의 진지는 더 견고해진 듯하다. 7년 흉년기, 영적 빙하기의 도래인가? 하지만 '우린 무너진 것들을 세우도록 부름을 받은 비느하스 세대'임을 선포하면서 또 한번 학기의 문을 열었다. 광야에서 하나님의 말씀을 받고 예배의 삼각편대 모세, 브살렐, 오홀리압를 형성하여, 더 좋은 예배로 세워가는 말씀 출 19-31장을 묵상하며, 예배 공동체를 세워가야 할

---

8   유안진의 시, "겁난다," 일부.

우리가 거룩한 예배자가 되자는 다짐으로 문을 열었다.

개강하면서 첫 주간, 학생들과 지역교회 청년들이 기도 모임으로 모였다. 3년 전부터 장신대에서 이어지고 있는 자발적 기도 운동인 '장신한마음기도회'였다. 약 700여 명의 젊은이들이 함께 목이 터지라고 찬양하며, 말씀을 받고 하나님의 마음을 느끼며 간절함으로 모두가 바닥에 무릎을 꿇었다. "내가 돌아와서 다윗의 무너진 장막을 다시 지으며, 또 그 허물어진 것을 다시 지어 일으키리니…" 행 15:16. 허름한 장막에서 전심으로 그분을 찾으며 눈물로 예배하는 그 예배자처럼 거룩한 예배자로 살겠다는 다짐으로 결단하였다.

신학교육은 깃발을 드는 것이고, 깃발을 들어야 할 사람을 세우는 사역이다. 무관심 속에서는 결코 세워질 수 없는 사역이다. '세우는 비느하스 세대로 서겠다'고 눈물로 다짐하면서 학기의 문을 열었다. 그들이 우리 시대의 희망이기에, 그 젊은이들에게 보내고 싶은 한 노시인의 외침이 계속 입술에 맴돌았다. "가을이다 아프지 마라." 너는 이 시대의 희망을 만들어야 하는 존재이니 아프거나 쓰러져서는 안 된다는 외침이다. 인간 실존의 절망에 더 천착했던 『이방인』의 작가 알베르 카뮈Albert Camus도 거든다. "겨울은 언제나 봄 속에서 끝난다!"

한 노시인은 이 시대를 감당해 갈 젊은이들에게 속삭이듯 외친다.

> 히말라야 오르는 길/ 어느 외딴 고산高山 마을 밖/ 비어 있는 마을 어귀, 비어 있는 길 가운데/ 새끼 나귀 한 마리가 혼자 서 있었다/ 고삐 매지 않은 채로 마냥 서 있었다/ 올라갈 때 서 있더니/ 내려올 때도 서 있었다/ 행복한 눈빛으로 무작정 서 있었다/ 한참을 내려와 돌아다보니/ 도포 자락 같은 흰 구름을 따라가고 있었다/ 신神을 기다리는 줄은/ 상상도 못했다.[9]

목숨을 걸어야 했던 어려운 시대, 복음의 깃발을 들고 소아시아의 광활한 땅을 걸었고, 타우루스산맥을 넘었던 노사도는 흩어져 나그네로 살고 있는 성도들에게 외친다. 아니 성령님께서는 그 외침을 바꾸어 이 시대를 감당해 갈 젊은 종들에게 다시 주신다.

나 시몬 베드로는 예수 그리스도의 종이며 사도입니다. 나는 우리 하나님의 직접적인 돌보심과 우리 하나님과 구주이신 예수 그리스도의 간섭하심에 힘입어 우리처럼 하나님을 경험하여 삶이 변화되고 있는 여러분에게 이 편지를 씁니다. 하나님과 우리 주 예수를 더욱 깊이 경험하므로, 은혜와 평화가 여러분에게 임하기를 바랍니다. 우리는 하나님을 기쁘시게 해드리는 삶에 어울리는 모든 것을 기적적으로 받았습니다. 그것은 우리를 하나님께로 초청해 주신 분을 우리가 직접 친밀하게 알았기 때문입니다. 그분의 초청은, 이제껏 우리가 받은 초청 가운데 최고의 초청입니다. 또한 우리는 여러분에게 전해 줄 멋진 약속도 받았습니다. 그 약속은 여러분이 욕망으로 얼룩진 세상에 등을 돌리고 하나님의 생명에 참여할 수 있는 입장권입니다…. 그러니 친구 여러분, 하나님께서 여러분을 초청하고 선택하신 것이 옳았음을 입증해 보이십시오. 미루지 말고 지금 당장 그렇게 하십시오.[10]

2차 세계대전 승리의 상징으로 통하는 사진을 기억하는가? 일본 이오지마 섬 상륙 작전에 투입된 미 해병대가 수리바치산에 성조기를 꽂는 사진이다. 그 장면을 담은 종군기자는 조 로젠탈 Joe Rosenthal 이었고,

---

9   유안진의 시, "몰랐다," 전문.
10 벧후 1:1-4, 10, *The Message*.

그 사진이 전 세계에 타전되면서 전쟁 종식을 알리는 의미가 되었고, 고통스러운 전쟁 종식을 염원했던 가족들에게 희망과 위안의 심볼이 되었다. AP 사진기자였던 그는 이 사진으로 퓰리처상을 수상한다. 이것은 버지니아주 알링턴 국립묘지의 해병대 전쟁기념관 추모비로 제작되었다.

Raising the Flag on Iwo Jima
(1945년 2월 23일, 조 로젠탈)

미 해병대 전투 중 가장 치열한 전투로 기록되고 있는 일본 이오지마 섬 상륙작전은 1945년 2월 19일에 상륙작전이 개시되어 3월 26일까지 40여일 동안 이어진 전투였다. 5일이면 끝날 것으로 예상했는데 이렇게 길어진 것은 일본군이 18km에 이르는 땅굴을 조성하여 요새화하였기 때문이다. 5주간의 전투는 가장 치열한 전투였고, 이 전투에 패하면서 일본군은 2만여 명이 자결하였고, 미군 6,800여 명이 전사하고 2만여 명이 부상을 당했다.[11] 여섯명의 병사가 힘을 모아 깃발을 꽂는 사진은 전쟁의 종식과 승리의 상징으로 모두에게 각인이 되었다.

우리는 하나님 나라의 깃발을 들고 행진하는 여호와 군대, 마하나임이다. 지금도 군대에서 깃발은 단순 장식물이 아니라 그 부대의 상징이고, 정체성과 사기 유지에 중요한 역할을 한다. 과거 로마 군단은 전쟁터에서 부대의 상징인 깃발을 빼앗기는 것을 부대의 치욕으로 여겼다. 깃발은 부대의 사기와 밀접한 관계가 있어 전쟁터에서 그 깃발을 지키기 위해 많은 이들이 목숨을 바쳤다.

---

11 클린튼 이스트우드(Clinton Eastwood Jr.)와 스티븐 스틸버그(Steven Spielberg)가 의기투합하여 이오지마 전투에서 깃발을 세우는 평범한 전우들의 이야기를 「아버지의 깃발」(Flags of Our Fathers)이란 제목으로 영화로 제작하였다. 2007년에 한국에서도 개봉되었다.

깃발은 해당 집단의 역사와 가치관을 담고 있고, 그들이 추구하는 목표를 향해 함께 나아가게 한다. 그래서 팀 마샬Tim Marshall은 깃발을 "천 조각 하나에 담긴 이념의 우주"라고 규정하면서, 깃발에는 같은 이상, 목표, 역사, 신념으로 사람들을 통일시키고 하나로 묶어준다고 주장한다.[12] 오늘 우리에게 쥐어진 복음의 깃발은 이런 상징성을 가진다. 우리는 복음의 깃발 아래 함께 모였다. 예수님 당시부터 지금까지 그들은 사랑과 열정으로 그 깃발을 높이 들었다. 한 시인이 그것을 잘 담아낸다.

> 사랑의 진정성은/ 이 하나로 판정된다/ 네 목숨을 바칠 수 있는가/ 누구도 너의 최후를 전해 줄 수 없는/ 아무도 보아주지 않는 그 자리에서/ 그 사랑 하나 살려내고 지켜내기 위해/ 눈물 어린 네 모든 걸 등 뒤에 두고/ 기꺼이 네 목숨을 바칠 수 있느냐/ 고맙다/ 이 낯선 지구에서의 힘겨운 한 생에/ 내 목숨을 바칠 사랑하는 사람들이 있고/ 내 목숨을 걸고 싸워야 할 적이 있고/ 내 목숨을 다해 해야만 할 일이 있다는 것/ 그것이면 되었다/ 내 등 뒤에 그대가 있어 나는 웃으며 간다/ 짧아도 길어도 그것으로 좋았다 난.[13]

---

12 Tim Marshall, *Worth Dying for: The Power and Polotics of Flags*, 김승욱 역, 『깃발의 세계사: 왜 우리는 작은 천 조각에 목숨을 바치는가』 (서울: 푸른숲, 2022), 12.
13 박노해의 시, "사생관," 전문. 박노해 시집, 『너의 하늘을 보아』, 111.

에필로그
: 그대, 멈추지 마시오

한겨울 마른 나뭇가지 끝에도
주먹만큼한 별들은 매달려
외로워 외로워 말라고 파랗게 빛나는데
아직은 심장에 따뜻한 피 흐르는
내 가슴과 어깨 위에
어찌 별들이 맺혀 빛나지 않겠는가
— 나해철[1]

하늘을 나는

모처럼 여유를 누리는 저녁, 문득 오래전 적어둔 메모장을 꺼내 읽다가 한 시인의 시를 읽는데 미소가 번졌다. "아버지 송지호에서 좀 쉬었다 가요/ 시베리아는 멀다/ 아버지 우리는 왜 이렇게 날아야 해요?/ 그런 소리 말아라/ 저 밑에는 날개도 없는 것들이 많단다."[2] 그 정경이 생생하게 그려지기도 하고, 아이들 키울 때가 생각이 나서 나도 모르게 미소까지 번졌다. 창공을 나는 거위 아빠와 아들의 정겨운 대화가 들려온다. 힘들게 먼 길을 가는 고단한 여정도 느껴진다. 시베리아까지 가야 하는 긴 여정인데 '송지호'를 내려다보며 쉬어 가자며 어린 아들은 벌써 칭얼댄다. 한가롭게 놀고 있는 이들, 멋진 인생을 구가하며 여유를 누리는

---

1 나해철의 시, "별" 일부.
2 이상국의 시, "기러기 가족" 전문. 이상국 시집, 『어느 농사꾼의 별에서』(서울: 창비, 2005).

이들이 아마도 부러워서 짜증도 나서 그럴 수도 있었을 것이다. 속초에 거주하는 시인은 아마도 강릉쯤에서 비행을 시작한 기러기 부자가 지금 속초 송지호 해수욕장을 지나는 광경을 그린 것이다. 갈 길이 멀다며 단호하게 거절하는 아빠에게 어린 아들은 투덜댄다. '우린 왜 맨날 먼 길을 날아가야 하는 거예요.'

아빠의 대답은 단호하다. '그것이 생명을 지키는 길이기 때문이다.' 그러면서 아빠는 한마디를 더한다. "저 아래엔 날개 없는 것들이 많아." 창공을 나아갈 생각은 못하고 땅을 뒤지며 사는 동물들, 아니 그런 생각을 해도 날 수 있는 날개가 없는 동물들까지⋯ 생명을 보존하는 길이기에 그 길이 멀어도 가야 한단다. 누구나의 앞에는 가야 할 길이 놓여 있다. 생명을 지키는 길이어서, 창조자께서 부여한 소명의 길이어서 멀어도 가야 하고, 피곤해도 가야 하는 길이 놓여 있다.

나중 시인은 시에 덧붙이는 것이 있었다. 거기에는 기러기 부자의 대화가 좀 더 이어진다. 시베리아 항로가 처음인 아들이 묻는다. "아버지, 그럼 우리에게 날개란 무엇이에요?" 아버지가 대답한다. "그걸 알면 내가 왜 하늘을 날겠느냐. 하늘을 날건, 땅 위를 기건, 물속을 헤엄치건, 우리는 모른다. 왜 날고, 기고, 헤엄치는지를. 하지만 아들아, 일단 날아올랐다면 날갯짓을 멈추지 말아야 한다. 이유는 단 하나. 날갯짓을 멈추는 순간, 추락하기 때문이다. 아들아, 시베리아는 멀다." 날갯짓을 멈추는 순간 추락하기 때문에 일단 날아올랐다면 멈추지 말란다. 가야할 목적지, '시베리아'는 멀단다. 그러니 마음 단단히 먹고 그 길을 가야 한단다. 생명의 길을 걷는 그대, 부디 멈추지 마시오. 소명의 길을 걷는 그대, 가던 길 돌아서서는 안 된다. 창공을 날 수 있는 축복도, 날개를 달아주신 은혜도, 그 소명의 길도 특별한 은혜요 축복이라는 사실 잊지 말자. 오늘 우리가 여기에 복음의 깃발을 힘차게 세우자.

한 고백이 늘 필요하다

성탄절이 가까워져 오면 늘 꺼내서 바라보는 그림이 있다. 렘브란트의 "아기 예수님을 안은 시므온"이라는 작품이다. 렘브란트Rembrandt, 1606-1669는 네덜란드가 자랑하는 화가로 미술사의 획을 그은 중요한 인물이다. 특히 그의 그림은 성경의 세계를 새롭게 해석해서 보여주고, 들려준다. 성경을 해석하는 설교자가 닮아야 할 모습을 구체적으로 보여주는 화가이기도 하다. 자기 삶의 경험과 이야기를 통해 성경을 해석하고, 그것을 그림에 담아내는, 다시 말해 삶의 고백을 통해 성경을 읽고 그 메시지를 예술로 승화시킨 화가이다.

열다섯에 그림 공부를 시작하여 22세에 화가로서의 가능성을 널리 인정받았다. 든든한 후원자를 만나 암스테르담으로 옮겨 활동을 시작했고, 28세에 암스테르담 시장의 딸사스키아과 결혼하는 행운도 얻었다. 이듬해 아들이 태어났다. 하지만 3개월 만에 아들이 세상을 떠났고, 2년 후에 딸이 태어나지만 몇 주 후에 세상을 떠난다. 그 이듬해 아들이 태어나지만, 이듬 해에 사랑하는 아내가 세상을 떠나고 만다. 고난은 멈추지 않고 계속 이어졌다. 한 작품으로 인해 혹평을 받으면서 삶의 고난은 더 깊어진다. 50세가 되던 해1656년, 결국 파산 선고를 한 후 재산이 경매 처분에 넘겨진다. 끼니 해결도 어려워 유대인 빈민촌으로 이주하였다. 그 아픔의 시간에 재혼한 두 번째 아내가 세상을 떠나는 아픔을 겪는다. 그의 나이 62세 때, 하나 남은 아들티투스이 결혼을 하지만, 7개월만에 그 아들이 또 세상을 떠났고, 며느리

렘브란트
'아기를 안은 시므온'

는 상복을 벗지도 못한 상태에서 딸을 낳았다. 고난으로 얼룩진 삶이었다.

그가 남긴 작품은 2천여 점인데, 유화 600여 점, 에칭 300여 점, 소묘 1,000여 점 등이다. 현재 그 작품들은 가격을 매길 수 없는 명작이 되었지만, 당시엔 그림 한 점 팔리지 않아 끼니를 거를 정도로 어려웠다. 무너진 화가로서의 삶을 회복하지 못한 채 1669년, 63세의 나이로 세상을 떠난다. 그의 작품 중 최고 명작을 꼽으라면 사람들은 "탕자의 귀향"과 "아기 예수를 안은 시므온"을 꼽는다. 두 작품 모두 그가 세상을 떠나던 해[1669], 그러니까 인생의 가장 비참한 상황에서 그린 작품이다. 특별히 성경의 시므온을 그린 그림에는 주님의 품 안에서 깊은 안식과 평강을 누리고 있는 자기 모습을 담아낸다. 늙고 가난하지만, 주님을 품 안에 안는 행복을 담아낸다. 혼신의 힘을 다해 그런 광경과 고백을 화폭에 담아낸 후, 지켜보는 사람 아무도 없이 그는 사모하는 주님 품에 안긴다.

스웨덴 스톡홀름국립박물관 소장 유화 작품인 "아기 예수를 안은 시므온"은 그의 생애 마지막 작품이다. 아기를 안고 기뻐하는 시므온을 그린 작품에는 한 아이와 나이 많은 노인, 한 젊은 여인이 등장한다. 당연히 젊은 여인은 마리아였겠지만 자세히 보면 상복을 입고 있다. 상복을 벗지도 못한 채 아이를 낳은 자기 며느리까지 끼워 넣은 것이다. 자기 삶의 아픈 이야기를 그대로 투영시키고 있다. 하지만 그림에 나오는 시므온은 벅찬 가슴을 주체하지 못하는 감격의 도가니에 빠져 있다. 너무 기뻐서 기쁨을 주체하지 못하고, 너무 놀라서 그 감격을 다 표현할 수 없어 하는 모습이다. 늙고 허약한 시므온의 얼굴에는 인내와 시련의 흔적이 가득 담겨 있다.

지그시 감은 눈, 흰머리, 이마에 새겨진 세월의 주름살, 그는 지금 얼마나 삶의 회복과 위로를 간절하게 기대하며 기다렸을까? 그 눈물의 기도는 또 얼마나 간절했을까? 그 기도는 응답되지 않고, 이제 죽음의 문턱에 서 있다. 하지만 아기 예수를 품에 안고 평안한 얼굴로 고백한다. '이젠 됐어. 난 죽어도 여한이 없어.' 시므온은 아기 예수를 안고 있다. 아기 예수를 안았다기보다는 기도하는 두 손 위에 아기를 올려놓고 있다. 두 손은 경배하는 자세이다.

지금 늙은 시므온은 경배하고 있다. "내 눈이 주님의 구원을 보았습니다. 만민에게 베푸신 구원을 보았습니다. 종은 평안히 눈을 감겠습니다. 이방인들에게는 주의 길을 밝히는 빛이 되고, 주의 백성들에게는 영광이 됩니다"눅 2:30-32. 육신의 눈은 어두웠고, 세상의 영광은 다 사라졌지만, 내 삶에는 지금 하늘 은혜로 가득하다. 더 이상 세상의 아름다움은 없지만 이제 그는 하나님의 구원을 보고 있다. 어쩌면 이것은 화가 자신의 모습이었다. 문득 이 작품을 유심히 관찰하는데, 노화가에 물으시는 듯한 음성이 들려오는 듯했다. "네가 세상을 떠나고 난 다음, 네가 그린 작품들은 가격을 매길 수 없는 명작이 될 것이다. 너 그래도 괜찮겠니?" 노화가는 눈을 감고 미소를 지으며 그렇게 대답한다. "네 주님, 저는 주님이면 충분합니다."

1727년, 주님 오시는 성탄절을 준비하면 독일 루터교 칸토르교회음악감독였던 요한 제바스티안 바흐Johann Sebastian Bach는 누가복음 2장, 시므온의 이야기를 배경으로 한 찬송을 작곡한다. "칸타타 BWV 82, Ich habe genug." 곡은 베이스 독창만으로 이루어졌고 오보에와 현 등의 저음 반주를 중심으로 한 독특한 형식을 취한다. 첫 번째 아리아는 그렇게 시작된다.

Bach, 'Ich Habe Genug'

Ich habe genug

이제 저는 충분합니다

Ich habe den Heiland, das Hoffen der Frommen,

Auf meine begierigen Arme genommen;

저는 뭇 사람의 희망이신 구세주를

간절히 열망하던 내 팔로 안았습니다

Ich habe genug!

이제 저는 만족하나이다

Ich hab ihn erblickt,

저는 지금 그분을 바라봅니다

Mein Glaube hat Jesum ans Herze gedrückt;

나의 믿음은 예수님을 가슴 깊은 곳에 모셔 들였습니다

Nun wünsch ich noch heute mit Freuden

Von hinnen zu scheiden.

이제 죽어도 여한이 없습니다.

기쁨으로 오늘이라도 세상을 떠날 수 있습니다

Ich habe genug!

이제 저는 만족합니다

하늘 사랑이 가득 펼쳐지는 성탄 절기에도, 어려운 사역의 자리에서도, 평생의 사역을 접는 퇴임 자리에서도, 한해의 끝자락에서도, 인생의 끝자락에서도, 아니 인생의 마지막 순간인 죽음의 자리에서도 온 가슴으로 고백할 수 있을까? "네 주님, 저는 주님이면 충분합니다." 학교에서의 26년의 시간을 정리하면서 요즘 계속 연습하는 고백이다. Ich habe genug.

어두운 세상 깨우리

116년 전, 차가운 냉기로 온 대지가 꽁꽁 얼어붙어 있던 때 12명의 젊은이가 잃어버린 조국을 다시 찾겠다는 염원에 불타 러시아 땅 크라이스키노Kraskino 근처 빙토의 땅에 함께 모였다. 깊은 패배감이 서려 있던 때였다. 동의단지회. 거기에서 소위 단지동맹이 결성된다. "조선의 이천만 동포가 일심단결하여 생사를 무릅쓰고 투쟁을 전개하여야 독립을 달성할 수 있다"는 취지에서 결성된 모임이었다. 그 모임은 서른 살의 한 젊은이가 이끌었다. 당시 일제 탄압으로 국내 의병 활동은 활발하지 못했고, 나라는 점점 일본제국주의 야욕 앞에서 기울어 가는 절박한 상황이었다.

대한의군 참모중장 출신, 안중근. 고종 황제가 강제 퇴위를 당한 후 1907년, 그는 러시아 연해주로 달려가 기울어 가는 조국을 지키기 위해 의병 활동에 목숨을 건다. 제국주의 야욕 앞에서 비록 나라를 빼앗길 위기에 있고 이국땅에서 조국을 지키기 위해 싸우고 있었지만, 짐승이 되어서는 안 된다는 신념으로 국제법에 따라 적의 포로를 풀어주어 위험을 자초하였다는 것 때문에 의병들 사이에서도 불만을 가진 이들이 있어 서로 신뢰가 허물어진 상황이었다. 뜨거운 마음으로 다시 뜻을 모아야 할 때였다. 빙토의 땅, 러시아 크라스키노로 그는 달려간다.

1909년 2월 7일, 한 여관에서 몇 젊은이들이 모여 향후 의병 활동을 논의하던 중 '동의단지회'란 비밀 결사대를 결성한다. "동지들! 우리는 국권을 회복하기 위해 갖은 고초를 무릅쓰고 의병 투쟁을 했지만 실패하고 말았소. 그러나 나라의 운명이 백척간두에 서있으니 좀 더 강력한 투쟁이 필요하오. 우리 모두 손가락을 끊어 '대한독립' 네 글자를 혈서로 쓰고, 3년 안에 나라의 원수 이토 히로부미와 나라를 팔아먹은 이완용을 죽이지 못하면 자결합시다." 안중근의 비장한 연설을 들은 12명의 동지는 왼손 약지藥指, 넷째 손가락를 스스로 끊어 흐르는 피로 태극기에 '대한독립大韓獨立'이란 글자를 쓰며 동맹을 다짐한다. 소위 '단지동맹'斷指同盟이었다.

신문 배달원으로 일하면서 때를 기다리던 안중근과 단원들은 10월 26일, 조선 침탈의 원흉이자 일본제국주의 수장 이토 히로부미伊藤博文를 하얼빈역 근처에서 민족의 이름으로 처단한다. 경비와 검문이 심하여 불가능한 일로 보였으나 하늘의 도우심이 있었다. 주도면밀한 준비와 하늘의 도우심, 그날의 거사는 그렇게 이뤄졌다. 현장에서 체포된 안중근은 일본인 관할 뤼순형무소에서 수감 되었다가 이듬해 교수형을 당한다.

대한의군 참모중장으로서 조국을 침탈하는 일본제국주의에 대한 항거였으며 독립 전쟁의 일환으로 감행한 일이었기에 재판 과정에서도 원흉 처단의 정당성과 동양 평화론을 당당하게 진술했고, 대한의국 군인의 품격을 그는 잃지 않았다. 안중근의 어머니 조마리아 여사 역시 죽음 앞에 서 있는 아들에게 오히려 당당하도록 격려를 보냈다. "옳은 일을 하고 받는 형이니 비겁하게 살지 말고 대의에 죽는 것이 어미에 대한 효도이니라."

취조를 받으면서 그는 단지동맹 12명의 단원이 있다고 실토했지만, 끝까지 그 이름을 밝히지 않았다. 동지들을 보호하기 위하여 철저히 비밀에 붙였기 때문에 아직도 그 대원들을 정확히 알 수 없다. 거사에 참여한 엄인섭, 김태훈, 우덕순, 조도선, 유동하 등은 분명히 그 대원이었을 것으로 추정한다. 1910년 3월 26일, 그는 순국 직전 마지막 유언을 이렇게 남기고 교수형을 당한다.

내가 조선 독립을 회복하고 동양 평화를 유지하기 위하여 3년 동안 해외에서 풍찬노숙하다가 마침내 그 목적을 달성하지 못하고 이곳에 죽노니 우리들 2천만 형제자매는 각각 스스로 분발하여 학문을 힘쓰고 실업을 진흥하며 나의 끼친 뜻을 이어 자유 독립을 회복하면 죽는 여한이 없겠노라… 나는 천국에 가서도 마땅히 우리나라의 회복을 위해 힘쓸 것이다. 대한독립의 소리가 천국에 들려오면 나는 마땅히 춤추며 만세를 부를 것이다.

그는 옥중에서 자서전인 『안응칠 역사』와 거사의 이유를 담은 『동양 평화론』을 집필한다. '안응칠'은 안중근의 본명이다. 그가 말하는 동양 평화론은 갑자기 형이 집행되면서 미완성으로 남았지만 선명하고 명쾌하다. "일본의 야욕이 조선의 국권을 박탈하고 만주와 청국에 대한 야욕 때문에 동양의 평화가 깨지게 되었다. 이제 동양 평화를 실현하고 일본이 자존하는 길은 조선의 국권을 돌려주고 만주와 청국에 대한 침략 야욕을 버리는 것이다." 독립운동의 이유와 거사에 대한 명쾌한 논리를 담고 있다.

심문 과정에서 대원이 열둘이라는 것을 밝혔지만 안중근은 고문에도 불구하고 끝까지 동지들의 이름을 끝까지 밝히지 않았다. 그래서 아직도 정확하게 12인의 이름을 밝혀내지 못하고 있다. 하지만 살아남은 동지들의 증언, 동시대의 기록 등을 토대로 '황병길, 김기룡, 강기순, 정원계, 조응순, 박봉석, 유치홍, 백규삼, 김백춘, 김천화, 강창두, 안중근' 등으로 추정한다. 안중근의 순국 후 단지동맹 동지들은 초심을 잃지 않았고, 연해주와 시베리아 등지에서 독립운동과 후세 교육에 일생을 바친다.

얼마 전, 나라 상황이 어려운 때, 100여 년 전 빙토의 땅에서 다시 뜻을 다졌던 단지동맹을 생각했다. 장신대 사역멘토링스쿨 강의를 준비하다가 우리도 복음의 '단지동맹'을 맺어야 한다고, 함께 한 하나님 나라를 위해 달리는 동지요, 민족과 함께 교회와 함께 달리는 그 후예들이어야 한다는 내용을 담았다. 새벽에 학교를 위해서 기도하다가, 나라를 위해서 기도하다가 생각이 나서 한 뮤지컬에 나온 구구절절한 노래를 다시 꺼내서 들었다.

"단지동맹"(정성화)
뮤지컬 "영웅" 중

내 조국의 하늘 아래 살아갈 그날을 위해/ 수많은 동지들이 타국의 태양 아래 싸우다 자작나무 숲으로 사라졌습니다/ 그들의 간절했던 염원이 하늘을 감동시킬 수 있도록/ 뜨거운 조국애와 간절함을 담아/ 저 안중근 이 한 손가락 조국을 위해 바치겠습니다. 울창한 자작나무 숲/ 망국의 땅/ 우리는 모였다/ 간절히 기도하는 마음으로/ 뜨거운 심장으로 나 이 순간 맹세하나니/ 비록 조그마한 일이나 이것은 결의의 시작이니/ 뜨거운 피로써 싸우리라/ 나 오늘 이 순간 맹세하나니/ 내 조국 위하는 우리의 열정/ 우리 여기 모여 함께 나눈 순간/ 결코 저버리지 않으리/ 대지로 내리는 이 햇살처럼/ 나무를 흔드는 이 바람처럼/ 너와 나의 약속/ 우리 가슴속에 영원토록 기억되리/ 우리의 함성이 잠자는 숲을 깨우듯/ 어두운 이 세상 깨우리/ 잊지 말자 오늘.[3]

---

3 뮤지컬 「영웅」.

별빛 달빛

언젠가 왕숙천을 따라 자전거를 타고 올라가다 보니 백일홍 단지가 기다랗게 펼쳐지고 있었다. 지난 여름 찬란하게 피었던 백일홍이 잡초 속에 자태를 자랑하고 있는데 아름다웠다. 이미 시든 것도 있고, 색깔이 바래가지만 아직은 꽃의 자태를 여전히 간직하고 있는 것도 있었다. 지나가는 사람들 가운데는 눈길을 주는 사람이 별로 없는 듯 해서, 돌아올 때는 일부러 꽃밭 사이로 난 길을 따라 자전거를 달렸다. 여름에 피어나 긴 시간이 지났고, 백일도 넘었는데 처음의 아름다운 자태는 많이 삭아졌지만, 여전히 그 자리를 지키고 있다는 것만으로 귀하게 느껴졌다. 코스모스 피어나는 가을이라 이제 물러서야 할 때이지만 마지막까지 주신 날들을 불태우는 모습이 참 아름다웠다. 화무십일홍花無十日紅이라는데 꽃을 피워 100일 넘게 지켜내는 그 열정이 참 아름다웠다. 강수정 시인은 그 아름다움을 그렇게 노래하고 있었다.

> 이슬에 얼굴 씻고 곱게 단장한 꽃아/ 바다를 잃어버리고 타는 노을에 기대어/ 피고 지고 또 피는 생명이 긴 꽃아/ 너의 생명 하늘이 쉽게 준 것이 아닐진대/ 꼭, 태양값, 물값, 치루는 심정으로/ 별빛 값 달빛 값도 치루는 심정으로/ 달빛 으스름하면 누군가 아파서 울고 있음을 기억하고/ 붉게, 더 붉게, 위로하라.[4]

멕시코가 원산지인 백일홍은 피고 지고, 또 피는 생명이 긴 꽃이다. 무더운 여름에 피어나 가을 언저리까지 그 자리를 지키고 있어 시들어 가도 아름다운 이유이다. 태양과 바람과 비를 맞으며 꽃을 피웠

---

4 강수정의 시, "백일홍," 전문. 강수정 시집, 『재즈가 흐르는 창 너머 비행기 한 대가』 (서울: 문학과 경계, 2002).

을 것이고, 별빛과 달빛까지 받으면서 꽃을 피웠을 것이다. 누군가 아파하는 어둠 내려앉는 길목에 서서, 아파서 힘들어서 외로워서 홀로 울고 있는 사람이 있어서 그냥 쉽게 주저앉아 있을 수 없고, 시들 수 없는 꽃이란다. 사역자가 되기 위해서 나선 사람, 예수님의 정신으로 크리스천 리더로 살기를 원하는 사람이 닮아가야 할 모습이다. 햇살의 은혜, 달빛의 은혜까지 받았으니 그 값을 해야 한다는 외침이 긴 여운으로 남는다.

성경에는 그런 부류에 대해 자주, 많이 언급한다. 값을 못하고 사는 인생, 악하고 게으른 종, 무익한 종, 차라리 나지 않았으면 좋았을 사람… 그런 부류들이 더 많았다고 알려주기에 문득 나도 그런 모습이 아닐까, 아니 그 음성이 내게도 들려오지 않을까 생각이 되어 자주 자신을 돌아보게 되고 '잘 살아야 한다'는 생각을 하게 된다. 화무십일홍花無十日紅이라고 보통은 '열흘이나 붉은 꽃은 없다'지만 백일홍은 100일이나 간다니 참 예쁜 꽃이다.

하지만 다른 꽃보다 길게 서 있다고 해서 영원히 살 것처럼 착각하지 말고, 모든 것은 지나간다는 사실을 잊지 말고 살아야 함을 깨우쳐 준다. 영원히 살 것처럼 착각도 말고, 욕심도 부리지 말고, 그저 겸손하게 달려가는 길 밖에는 없다. 햇빛의 은혜, 별빛과 달빛의 은혜까지 감사하는 마음으로 그 값을 해야 한다는 빚진 자의 마음으로 살아야 한다. 마지막이 있음을, 심판대 앞에 설 날이 있음을 기억하며, 세움 받은 시간, 간절함과 따뜻한 가슴으로 살아야 한다.

매력적인 사람

조선 영조, 정조 시대 문인이었던 유광익이 쓴 『풍암집화』에 그런

글귀가 나온다. "完平可欺而 不忍欺, 西厓欲欺而 不可欺" 완평가기이 불인기, 서애욕기이 불가기, "완평은 속일 수는 있지만 차마 속이지 못하겠고, 서애는 속이고 싶어도 속일 수가 없다." 완평完平은 이원익의 호이고, 서애西厓는 유성룡의 호이다. 한양대 교수 정민은 그의 책, 『죽비소리』에서 이 구절을 그렇게 해설한다.

> 병법에서 불가기不可欺, 즉 속일 수 없는 지장智將과 불인기不忍欺, 곧 차마 못 속이는 덕장德將, 불감기不敢欺, 즉 감히 못 속이는 맹장猛將으로 지휘관을 나눈다. 지휘관은 속이고 싶어도 속일 수 없는 사람과 차마 속이지 못하는 사람과 무서워서 감히 못 속이는 사람으로 구분할 수 있다고 했다. 이도 저도 아닌 사람은 무능한 사람이니 논할 것도 없다. 천벌을 받지 어떻게 그 사람을 속여 먹을 수가 있단 말인가? 사람들이 이렇게 평했다던 이원익이 나는 늘 궁금했다. 너무도 똘똘해서 속일래야 속일 수가 없었다던 유성룡보다 이원익에게 자꾸 정이 간다.[5]

이원익은 태종의 왕자 익녕군 이치의 5대손으로 선조, 광해군, 인조 3대에 걸쳐 5번이나 영의정을 지낸 인물이다. 병졸 입번入番 제도를 개선하여 백성의 부담을 덜어주었고, 대동법大同法을 실시하여 백성들의 세금 부담을 덜어주었다. 임진왜란 당시 평양 탈환에 지략을 세웠으며, 이순신이 삼도수군통제사로 임명되는데 결정적 역할을 하는 등 왜란 극복에 큰 공을 세웠다. 왕이 인정하고, 백성이 인정하고, 당 시대가 인정하고, 후대가 인정했다면 잘 산 사람임에 틀림이 없다.

---

5 정민, 『죽비소리: 나를 깨우는 우리 문장 120』 (서울: 마음소리, 2005), 272-73.

우리의 목표도 그것이어야 한다. 주님의 미소! 결국 그것이 승리의 인생이 되게 하는 유일한 이유임을 잊지 말자. 우리의 여정을 다 마친 후, 그분 앞에 서는 그날, 부끄럽지 않기 위해, 아니 덜 부끄럽기 위해 작은 것에도 정성을 다하며 사는 것이다. 결국 우리의 삶은 영광송으로 나타나야 한다. 삶의 예배, 일상 속에서의 믿음을 펼쳐가는 것이 필요하다.

　1666년, 프랑스의 18세 청년이 기독교로 회심했습니다. 그의 이름은 니콜라 에르망입니다. 군인이었던 그는 어느 집의 심부름꾼으로 일했고, "만지는 것마다 다 망가뜨리는 심각한 얼치기였다고 자평했습니다. 자신의 삶이 뭔가 유용한 일에 쓰이기를 바라면서 수도원으로 들어갔지만, 기술도 없고 글도 몰랐기 때문에 수도원에서 가장 천한 일들을 맡게 되었습니다. 결국 그는 수도원의 요리사가 되었고 죽을 때까지 요리사로 일했습니다. 그는 하인의 지위를 벗어나지 못했습니다. 수도원에서 그를 로렌스 형제라고 불렀습니다. 3백 년이 지난 지금도 우리가 로렌스 형제를 아는 이유는 그가 일의 세계를 예배의 세계로 바꾸는데 놀랍게 성장했기 때문입니다. 그의 주방은 그에게 대성당이었습니다.
　아주 평범한 환경에서, 내세울 만한 재능이 없던 로렌스 형제는 "자신의 일 가운데서" 하나님의 임재를 연습하는 법을 배웠습니다. 그는 "하나님을 사랑하기 때문에 다른 어떤 것도, 심지어 하나님이 주시는 선물조차 바라지 않고 오직 그분만을 구하면서 바닥에 떨어진 지푸라기 하나를 주울 수 있었을 때 기뻤다"고 했습니다. "내가 일하는 시간은 기도하는 기간과 다르지 않습니다. 시끄럽고 소란스러운 주방에서 여러 사람이 동시에 내게 각기 다른 일들을 요구하며 소리를 높여도 무릎을 꿇고 복된 성찬을 받을 때처럼 너무나 평온하게 하나님을 소유합니다." 우리는 이 대단히 서툰 사람이 하나님의 영광을 위하여 팬케이크를 뒤집고 자연스러운 경배의 행위로 설거지하는 모습을 그려볼 수 있습니다.[6]

자기에게 주어진 길을 묵묵히 걸어가는 사람, 일상을 예배로 바꾸고 있는 모습이 참 매력적이다. 문득 다윗의 생애를 묵상하면서 발견한 것도, 그것이다. 그는 일상에서 하나님의 현존을 경험하며 예배하고 있다. 바다가 갈라진다든지, 하늘에서 불이 내려 대적을 물리쳐 주셨다든지, 억울하게 만든 대적은 그대로 허리를 부러뜨렸다든지, 죽을병에 걸린 자녀를 위해서 간절하게 기도했더니 나았다든지, 그런 기적 스토리는 전혀 없다. 하지만 그의 이야기가 진행되는 동안 이야기의 중심부에는 항상 하나님이 계셨고, 부조리한 그 사건들 속에 침묵하는 것처럼 보이지만 현존하고 계시는 하나님이 선명하게 드러나고 있다. 그의 삶의 이야기를 통해 '하나님의 현존'을 드러낸다. 환경은 실망하고 좌절할 수밖에 없는 상황이다. 그런데 거기에서 하나님의 임재를 경험하며 예배하고 있다. 온통 하나님께 시선을 집중하니 그분이 보이기 때문이다.

한 시인이 그 영적 원리를 잘 들려준다. "천천히 걸어가는 사람에겐 보입니다/ 하루살이의 춤/ 사금파리의 눈물// 천천히 걸어가는 사람들은 봅니다/ 웅덩이 물거울에/ 흘러가는 구름 몇 점/ 천천히 걸어가는 사람들만 봅니다// 순하게 밟히고 쉽게 뽑히는/ 벽돌공장 빈터에 무성한 풀들."[7] 일상 속에서 경험하게 되는 은혜로 인해 찬양이 터져 나오고, 감사가 터져 나오

---

6 Eugene H. Peterson, 『길 위의 빛, 예수 그리스도』, 383-84.
7 서경은의 시, "목숨" 전문.

고, 다윗도 거기에서 하나님을 뵈면서 예배가 시작된다. 삶의 일상에 만나게 되는 은혜를 다양하게 표현한다. 힘주시는 하나님, 능력으로 띠 띄우시는 하나님, 내 길을 완전하게 하시는 하나님, 내 손을 가르쳐 싸우게 하시는 하나님, 내게 방패를 주시는 하나님, 나를 크게 하시는 하나님, 내 걸음을 넓게 하시는 하나님, 나를 실족시키시지 않으시는 하나님, 일상의 삶에서 그분을 뵙게 되면서 그는 벌떡 일어나 찬양한다. "이러므로 내가 이방 나라들 중에서 주께 감사하며 주의 이름을 찬송하리이다" 시 18:49.

달리다가 성벽을 만나면 주저하지 않고 뛰어넘는다. 왜 성벽이냐고 원망하지 않는다. 골리앗이라는 성벽, 사울이라는 성벽을 만났을 때도 그는 원망하지 않고 뛰어넘었다. 그래서 유진 피터슨은 "다윗의 이야기는 정열로 들끓는 이야기이며 오늘의 삶을 사는 영성"이라고 주장한다.[8] 때론 그의 인생길에서 하나님은 거의 숨어계시는 듯 보이지 않을 때도 있었다. 그러나 그는 늘 하나님의 현존에 사로잡혀서 인생길을 걸어간다. 힘들어서 쓰러질 즈음에는 이를 악물고 찬양하며 달려간다. "하나님이 없으면 나는 살 수 없습니다. 하나님이 나와 함께 계신다면 저는 이길 수 있습니다. 높은 장벽도 뛰어넘을 수 있습니다." 이 영성을, 이 고백을, 이 찬양을 배워야 한다. "주께서 나와 함께 계셔서 도와주셨기에 나는 날쌔게 내달려서 적군도 뒤쫓을 수 있으며 높은 성벽이라도 뛰어넘을 수 있었습니다."

우리 여정에서도 그 고백이 날마다 새로울 수 있기를, 부디 걸어가는 그 길목에 주님께서 하늘 빛 가득 채워주시길, 늘 걸음마다 이끌어주시길 빌며 기도의 손을 모은다. "무슨 일을 하든지 사람에게 하듯이 하지

---

8   Eugene H. Peterson, *Leap over a Wall: Earthy Spirituality for Everyday Christians*, 이종태 역, 『다윗: 현실에 뿌리박은 영성』(서울: IVP, 1999), 15-23.

말고, 주님께 하듯이 진심으로 하십시오. 여러분은 주님께 유산을 상으로 받는 다는 사실을 기억하십시오. 여러분이 섬기는 분은 주 그리스도이십니다" 골 2:23-24, 새번역.

 퇴임을 준비해야 하는 지난 6개월, 쉼없이 숨 가쁘게 달려왔던 지난 5년의 여정이 주마등처럼 스쳐 지나갔다. 그리고 계속 떠올리게 하셨던 것, 고백하게 하셨던 것은 한가지였다. "모든 것이 은혜, 한없는 은혜." 그러면서 내가 걸었던 길, 우리가 걸어가야 할 길이 참 복되다는 생각에 눈물로 6개월 전부터 지금까지 고백하게 하셨던 찬송이 있었다. 마지막 생활관 특별새벽기도회를 인도하면서 그 찬송을 주제곡으로 정했고, 학생들과 눈물로 올려드렸던 찬송이었다. 아마도 이 세상 마치는 날도 그 찬송을 부르게 될 것 같다. 주님의 은혜로 살아가는 우리가 부를 주제곡이 되었으면 좋겠다.

<blockquote>
이 길을 알게 되어 나의 삶은 복되다
내 육신의 연약함 깨달을 수 있기에
담을 수 없는 큰 사랑 담아볼 수 있기에
나의 삶은 참으로 복되다
아버지의 때를 기다리며 내 원함을 꺾어도 보고
주의 뜻이 이루어지길 구하며 울 수 있어 영광이라
이 길을 걷게 되어 나의 삶은 복되다
신실하신 아버지를 의지할 수 있기에
영원하신 주의 나라 소망이 있기에
나의 삶은 참으로 복되다
</blockquote>

나의 삶은 복되다